A PRACTICAL COURSE OF INTERNATIONAL BUSINESS DOCUMENTATION (SECOND EDITION)

外贸单证实训精讲（第二版）

龚玉和　齐朝阳◎编著

中国海关出版社有限公司
中国 · 北京

图书在版编目（CIP）数据

外贸单证实训精讲/龚玉和，齐朝阳编著. --2版
.—北京：中国海关出版社有限公司，2021.11
ISBN 978-7-5175-0534-1

Ⅰ.①外… Ⅱ.①龚… ②齐… Ⅲ.①进出口贸易—
原始凭证 Ⅳ.①F740.44

中国版本图书馆CIP数据核字（2021）第224651号

外贸单证实训精讲（第二版）

WAIMAO DANZHENG SHIXUN JINGJIANG（DI-ER BAN）

作　　者：龚玉和　齐朝阳
策划编辑：刘　倩
责任编辑：刘立梅
出版发行：中国海关出版社有限公司
社　　址：北京市朝阳区东四环南路甲1号　　邮政编码：100023
网　　址：www.hgcbs.com.cn；www.hgbookvip.com
编 辑 部：01065194242-7533（电话）　　01065194234（传真）
发 行 部：01065194221/4238/4246/5127/5616（电话）　　01065194242-7504（传真）
社办书店：01065195616（电话/传真）　　01065195616（邮购电话）
https://weidian.com/?userid=319526934
印　　刷：北京铭成印刷有限公司　　经　　销：新华书店
开　　本：710mm×1000mm　1/16
印　　张：22.75　　字　　数：372千字
版　　次：2022年3月第2版
印　　次：2022年3月第1次印刷
书　　号：ISBN 978-7-5175-0534-1
定　　价：68.00元

前　言

本书为经济类院校的必修课教材，具有一定的权威性，既可作为外贸高职院校的基本教程，也可作为经贸类本科生的实训课教材，更可以作为外向型企业和单位（诸如海关、中国贸易促进委员会、交通运输部门、国家外汇管理局、银行国际结算部门等）的培训教材。本书内容深入浅出，侧重实践性与应用性，以培养学生的外经贸职业能力。

在编写过程中，作者集数十年外贸商务单证实务、教学、研究之经验，博采众家之长，以外贸职业能力为本位，以工作流程为导向，以进出口基本理论知识为支撑，以同一个外贸合同（同一份信用证）项下的业务操作为主轴，逐步展开整笔外贸业务所涉及的主要单据的制作流程，并配有同步训练题，使学生在实践中能够举一反三，强化实际应用能力。

在结构上，本书分为出口与进口两大板块的单证操作。出口部分采用CIF贸易术语、信用证结算方式，以同一笔外贸交易的单证流转为主轴，根据外贸企业的工作流程，分为外贸合同签订后信用证的审核、海运出口货物的托运、商检、保险、报关、制单、审单等涉及的单据处理，涵盖了相关商业发票、装箱单、原产地证书、汇票及其他单据的填制，还列举了一些外贸工作中常见的单据，如航空货运单、铁路运单、装运通知、船公司证明信等的缮制方法及多种结算方式的单据操作过程。在进口单证操作部分，根据进口单证的流程，分为进口批件申领、开证申请书填制、入境货物报关、付汇核销。可以说，进出口业务中的基本单据，本书均有介绍与讲解，并附有对应的实训练习项目。通过学习，读者能够在外贸单证工作中游刃有余。

改革开放的前三十年，我国外贸政策总趋势为“面向太平洋”开放，由此，沿海地区经济突飞猛进，商务单证的实践与普及达到前所未有的程度。

而今，随着中西部地区经济的迅速崛起，外贸发展又呈现全方位开放之势。尤其是各种区域性经济合作协议的签署，使我国与其他国家和地区的经贸合作越来越多地呈现出优势互补。外贸单证的运用由沿海延伸到广阔的内陆，已成为不可逆转的趋势。

再版前言

本书自2013年4月推出第一版后，由于讲解深入浅出，并具可操作性，受到各地外经贸类大中专院校及培训中心师生的欢迎，也成为经贸涉外单位员工的工作手册。

由于我国外经贸事业日新月异的发展和国家对进出口管理的调整，原书中的某些内容已经不能适应外贸飞速发展的需求，需要作出必要的修订。第二版根据国家当前外贸政策，对出境货物检验检疫申请、出境货物报关、区域性优惠原产地证和入境货物报关四大章节进行了较大的调整。

此外，本书根据外贸业务的实务实践，在第一部分“出口业务单证制作”中增加了“审核单证”一章，在第二部分“进口业务单证制作”部分删去了“进口货物报检”一章，并将原“进口许可证与进口开证”一章分为“进口许可证”和“开立信用证”两章，详细介绍了G2B项下进口企业办理进口许可证的流程。

由于“一带一路”建设带动了铁路运输，我国外贸格局正在变化之中，形成海洋运输与内陆运输并驾齐驱的局面，许多中西部省份迅速成为外贸前沿，因此，在这次再版中还增加了大陆桥运输的内容。

本书增加“跨境贸易与跨境电商的知识点”，作为“后记”放在最后。

此次修订恐有疏漏之处，读者如发现最新单证及监管政策措施，望通过中国海关出版社有限公司与编著者联系，便于在下次印刷时予以补充更正，作者深表感激！

目 录
Contents

第一部分 出口业务单证制作

第一章 合同与审核信用证 …… 3
第一节 合同的形式、内容与履行 …… 3
第二节 信用证的性质与审核 …… 6
第三节 同步实训 …… 10
第二章 商业发票 …… 21
第一节 商业发票概述 …… 21
第二节 商业发票的缮制 …… 22
第三节 同步实训 …… 26
第三章 包装单据 …… 33
第一节 包装单据概述 …… 33
第二节 装箱单的缮制 …… 34
第三节 同步实训 …… 39
第四章 海运出口货物托运与海运提单 …… 45
第一节 海运出口货物的托运 …… 45
第二节 海运提单的定义、作用和填制 …… 54
第三节 同步实训 …… 60
第五章 出境货物检验检疫申请 …… 69
第一节 出境货物检验检疫概述 …… 69
第二节 出境货物检验检疫申请单的填制 …… 70

第三节　同步实训 …………………………………………………………………… 75
第六章　出口货物保险 …………………………………………………………… 81
第一节　投保申请单 ……………………………………………………………… 81
第二节　保险单的填制 …………………………………………………………… 84
第三节　同步实训 ………………………………………………………………… 89
第七章　出境货物报关 …………………………………………………………… 96
第一节　出境货物报关概述 ……………………………………………………… 96
第二节　代理报关委托书 ………………………………………………………… 97
第三节　出口货物报关单 ……………………………………………………… 101
第四节　同步实训 ……………………………………………………………… 109
第八章　一般原产地证与普惠制原产地证 …………………………………… 117
第一节　一般原产地证 ………………………………………………………… 117
第二节　普惠制原产地证 ……………………………………………………… 122
第三节　同步实训 ……………………………………………………………… 127
第九章　区域性优惠原产地证 ………………………………………………… 133
第一节　目前我国的区域性优惠原产地证 …………………………………… 133
第二节　《亚太贸易协定》原产地证明书 …………………………………… 134
第三节　中国—东盟自由贸易区优惠原产地证书 …………………………… 139
第四节　中国—韩国自由贸易区原产地证书 ………………………………… 142
第五节　中国香港和中国澳门 CEPA 原产地证和中国台湾 ECFA 原产地证 ………………………………………………………………………… 147
第六节　其他自由贸易区优惠原产地证 ……………………………………… 152
第七节　同步实训 ……………………………………………………………… 161
第十章　其他单据 ……………………………………………………………… 165
第一节　装运通知 ……………………………………………………………… 165
第二节　受益人证明信 ………………………………………………………… 169
第三节　船公司证明信 ………………………………………………………… 172
第四节　同步实训 ……………………………………………………………… 174

第十一章　航空货运单与铁路运单 …… 181
　第一节　航空货运单 …… 181
　第二节　铁路运单 …… 192
　第三节　大陆桥运输 …… 201
　第四节　同步实训 …… 204
第十二章　汇票 …… 211
　第一节　汇票概述 …… 211
　第二节　汇票的缮制 …… 218
　第三节　同步实训 …… 221
第十三章　非信用证结算方式与单据 …… 225
　第一节　汇付结算方式与托收结算方式 …… 225
　第二节　汇付、托收项下的海运提单与汇票 …… 230
　第三节　混合结算方式项下的单据 …… 232
　第四节　同步实训 …… 238
第十四章　审核单证 …… 248
　第一节　审单的方法和原则 …… 248
　第二节　审核单证的要点 …… 249
　第三节　同步实训 …… 255

第二部分　进口业务单证制作

第十五章　进口许可证 …… 275
　第一节　进口许可证的概念与类别 …… 275
　第二节　自动进口许可证 …… 276
　第三节　自动进口许可证申请表的填写 …… 281
　第四节　同步实训 …… 282
第十六章　开立信用证 …… 287
　第一节　申请开立信用证 …… 287
　第二节　开证申请书的填写 …… 292

第三节　同步实训 …… 295
第十七章　入境货物报关 …… 301
第一节　关检合一 …… 301
第二节　进口货物报关 …… 302
第三节　同步实训 …… 308
第十八章　进口付汇 …… 314
第一节　进口付汇政策 …… 314
第二节　对外付款/承兑通知书的填制 …… 315
第三节　同步实训 …… 318
附录一　跨境贸易与跨境电商的知识点 …… 325
附录二　同步实训答案 …… 330

第一部分
出口业务单证制作

第一章　合同与审核信用证

第一节　合同的形式、内容与履行

一、合同的形式与内容

合同的订立是双方当事人意思表示一致的结果。买卖双方取得意思一致的过程，即合同订立的过程。在交易磋商的过程中，一方发盘经另一方接受后，交易即告成立，买卖双方就构成了合同关系。双方在磋商过程中的往来函电，即是合同的书面证明。根据国际贸易习惯，买卖双方还要签订书面合同（written contract），以进一步明确双方的权利和义务。

在国际上，对货物买卖合同的形式，没有特定的限制。从事进出口贸易的双方，可以采用正式的合同、确认书、协议，也可以采用备忘录等形式。此外，还可以采用意向书、订单和委托订购单等。

书面形式的合同无论采取何种格式，基本内容通常包括约首、正文和约尾三部分。

约首，即合同首部，包括合同名称、合同编号、合同签订的日期和地点、订约双方当事人的名称和地址（要求全称）。此外，在合同序言部分常常写明双方订立合同的意愿和执行合同的保证。

正文是合同主体部分，一般称为合同条款，如品名、品质、数量、价格、包装、运输、支付条款，以及保险、商检、索赔、仲裁和不可抗力等内容。

约尾，也就是合同尾部，通常列明合同份数、使用的文字及其效力，以及有正当权限的双方当事人代表的签署。

一份合同的订立，直接关系到双方当事人的权利和义务。合同一经订立，就成为具有法律效力的文件，对双方都有约束力。双方当事人应当履行合同约定的义务，任何一方不得擅自撤销、变更或者解除合同。

在实际业务中，合同签订后，如果一方或双方当事人发现需要对合同的某些内容加以修改或补充，须经过双方协商同意，才能对合同进行修改。

二、合同的履行

买卖双方签订合同后，就进入了合同履行阶段。

本书是以外贸合同的履行作为线索，贯穿整个外贸履约过程，使学生通过学习能全面掌握进出口业务的单证流程。

出口贸易合同签订后的履行示意图见图1－1，销售合同样式见图1－2。

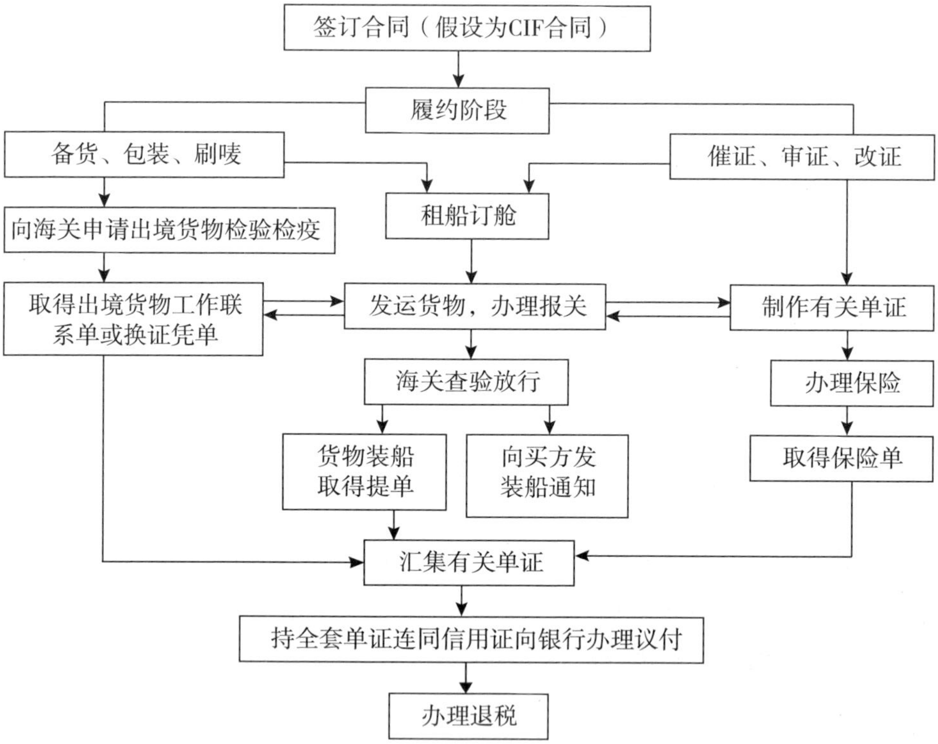

图1－1

杭州市×××进出口有限公司

HANGZHOU××× IMP. AND EXP. CO., LTD.

58 Fengqi Road, Hangzhou, China

售 货 合 同

SALES CONTRACT

To:

No.___________

Date:___________

The undersigned Sellers and Buyers have agreed to conclude the following transactions according to the terms and conditions stipulated below:

商品名称、规格及包装 Name of commodity, specification and packing	数量 Quantity	单价 Unit Price	总值 Amount

总金额：Total amount:

溢短装：数量及总值均有5%增减，由卖方决定。With 5% more or less in quantity and amount allowed at seller's option.

包装：Packing:

唛头：Shipping Marks:

起讫：From To allowing partial shipments and transshipment.

交货日：Delivery time:

支付条件：Payment terms:

□By Irrevocable L/C in seller's favour, available by draft at sight remaining valid in China until 15 days after the shipment date. The L/C should arrive at beneficiary's country on or before

□By Collection

□Other

保险：Insurance:

备注：Remark:

____________________ ____________________

（The Buyer 买方） （The Seller 卖方）

Please sign and return one copy for our file

图1－2

如果是以 CIF 条件成交和采用信用证结算方式的合同，出口商需经过以下环节：落实信用证、备货、租船订舱、报检（如需要）、投保、报关、制作结算单证、审单、退税。

如果是以 FOB 条件成交和采用汇付（如 T/T）或托收结算方式的合同，对出口商来说，则需经过备货、托运、报检（如需要）、报关、制单、审单、退税诸环节。

实际业务中，报检多数由生产厂家办理，而报关多由出口商委托的货代公司或报关行办理。在信用证结算方式下，对出口企业而言，根据业务流转过程涉及的单证工作项目相对于汇付（T/T）或托收来说，要更为复杂。在当前国际贸易中，信用证结算方式是使用最为广泛的一种结算方式。它把原来由进口商履行的凭单付款的责任转由银行履行，即以银行信用取代商业信用。因为银行信用更加可靠、更加稳健，银行资金更加雄厚，因而买卖双方都增加了安全感，由此，大大促进了国际贸易发展。

第二节　信用证的性质与审核

信用证是由进口地的开证银行，根据进口商的申请，向出口商开立的，授权出口商按照信用证规定的条款，签发以该银行为付款人的汇票，并保证在交来符合信用证条款规定的汇票和单据时，该行必定履行承兑或付款的保证文件。

一、信用证业务的性质

（一）开证行负有第一性的付款责任

信用证结算方式是以银行信用为基础的，开证行以自己的信用作出付款保证，开证行是第一性付款人。出口商（即信用证受益人）可凭信用证及符合信用证条款的单据，向开证行要求付款，无须先找进口商（一般即信用证开证申请人）。开证行的付款不以进口商的付款作为前提条件。

（二）信用证是一项自足文件

虽然信用证的开立是以买卖合同为基础的，双方要受买卖合同的约束，但是信用证一经开出，在信用证业务处理过程中，各方当事人的责任与权利都必须以信用证为准。信用证是一项与买卖合同分离的独立文件，即使信用证中援引了某个合同号码，银行也与该合同无关，且不受其约束。

（三）信用证是一项单据业务

在信用证方式下，银行凭相符单据付款，而非凭与单据有关的货物、服务及/或其他行为付款。受益人（出口商）要保证收款，就一定要提供与信用证条款相符的单据；开证行要拒付，也必须以单据上的不符点为由。由此，信用证结算方式是一项“单据买卖业务”。信用证开立后，只要出口商严格按照信用证规定的条款执行，做到单证一致、单单一致，就一定能及时收到货款。

二、落实信用证

在信用证结算方式下，对于出口商来说，落实信用证是履行出口合同不可或缺的重要环节。落实信用证工作主要包括催证、审证和改证三项。

如果买方在合同规定的期限内开出信用证，催证工作就可以免去；如果信用证内容与买卖合同相符，改证工作也可以免去。但是收到信用证后，审证工作是必不可少的，因为信用证是一份自足的文件，信用证业务处理的只是纯粹的单据交易，信用证项下有关各方的权利与义务仅以信用证条款为依据，不受贸易合同约束，即使信用证援引了相关合同号码，开证银行的付款与拒付也仅以单据为唯一依据，而不管单据之外的事实。

所以，卖方必须严格审核信用证条款，对来证中不符合买卖合同的条款及时更改，以便掌握安全收汇的主动权。

信用证结算方式流程见图 1－3。

（一）催开信用证

催开信用证是指通过信件、传真或其他通信工具催促买方及时办理开立信用证的手续并将信用证送达出口商，以便其及时装运货物，履行合同义务。

催证的方法，一般为直接向国外客户发函电通知。在采用信用证结算方式的交易中，按时开立信用证是买方必须履行的重要义务。

（二）审核信用证

信用证是以买卖合同为基础开立的，其中所列条款，从理论上说，应当与买卖合同规定相符，但在实际业务中，经常发现国外来证内容不完全符合合同规定的情况，个别甚至大相径庭。出现这种情况的原因各不相同：有的

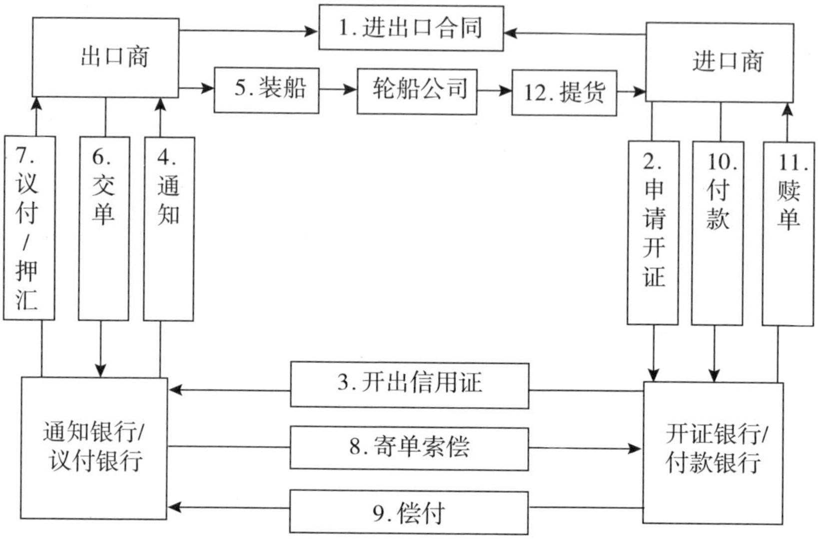

图1－3

是开证申请人或开证行工作上的疏忽和差错；有的是由于某些进口国家习惯做法或另有特殊规定；也有的是国外客户故意在信用证内加列一些额外要求；甚至不排除个别商人出于不可告人的目的，在申请开证时故设陷阱。因此，审核信用证必须十分谨慎、仔细，稍有疏忽就有可能影响履约，造成损失甚至重大损失。

严格审证是保障安全收汇的基本条件之一。出口企业审核信用证条款的主要依据是买卖合同，同时还须结合《跟单信用证统一惯例》（UCP600）的解释和规定。因为信用证是以买卖合同为基础的，其所列条款理应与买卖合同相一致。受益人收到信用证后，应立即对照合同，参照UCP600，从头到尾，自上而下，逐字逐句，仔细审核。

审证工作包括银行审证和出口商审证。

1. 银行审证。

银行审证侧重于对开证银行、保兑行（若有）、偿付行（若有）的资质、作风、态度的审核，以及付款方法、使用货币、利率、汇差等条款的审核。还有，须审核信用证中是否含有歧视性条款等内容。

虽然通知行为了给客户提供方便和服务，代为调查审核开证行的资信，但银行对其提供的信息不负任何法律责任。因此，如果出口商对开证行的资信与付款能力有疑问，可要求开证行所在国或第三国信誉卓著的大银行对信用证加具保兑。

2. 出口商审证。

出口商的审证侧重如下内容：

（1）信用证开证申请人与受益人的名称与地址。如果受益人不是合同的卖方，则出口商的收汇就有风险，因为开证行只能将信用证的票款付给受益人而不是其他人。

（2）信用证规定的装运货物和金额是受益人装运前交货和制单结汇的依据，这些内容必须与合同条款一致，否则，出口商在执行合同时会出现困难，造成损失。

（3）交货方式、贸易术语、运输方式、装运期限，这些内容必须与合同一致。其中，贸易术语与运输方式要匹配、与单据要求要匹配，装运期、有效期和交单期的日期要符合逻辑，要确保货物能如期出运并安全收汇，对不能接受的条款要及早提出修改。

（4）审查时，对资信较差的开证行要采取安全措施，如要求加列 T/T 偿付条款，要求偿付行确认付款，要求大银行对该信用证进行保兑，要求交付押金，要求分批出运、分批收汇等，以减少风险。

3. 信用证中的“软条款”。

所谓“软条款”，指开证行在开立的信用证中加列某些弹性条款，从而单方面解除其保证付款的责任。由于“软条款”的存在，尽管出口商已经完成了买卖合同规定的义务，开证行仍可能根据这些“软条款”拒付。这些“软条款”出口商是无法掌握的，或者根本办不到的，它使得开证行的付款保证成为空话。

（三）修改信用证

如果在审证时发现问题，修改信用证就免不了。修改信用证的内容，直接关系到有关当事人的权利和义务的改变。所以，不可撤销信用证在其有效期内的任何修改，均须取得有关当事人的同意，方能生效。

信用证结算方式的基本关系人有四个，即开证申请人、开证行、通知行和受益人。此外还有其他关系人，如保兑行、议付行、付款行或偿付行、转证行等。

修改信用证可由开证申请人主动提出，也可由受益人提出。如果由开证申请人提出修改申请，要经开证银行同意后，由开证行发出修改通知书，以信件、电传等电信工具通过原通知行转告受益人，经各方接受修改书后，修改方为有效。如由受益人提出修改要求，则应首先征得开证申请人同意，再由开证申请人按上述程序办理修改。修改信用证的顺序是：受益人→开证申请人→开证行→通知行→受益人。

在一份信用证中，有多处条款需修改的情况是常见的，对此，卖方应做到一次向开证申请人提出，否则不仅增加双方的手续和费用，也影响出口企业的信誉。

除 UCP600 另有规定外，未经开证行、保兑行（如有）及受益人同意，信用证既不得修改，也不得撤销。在受益人告知通知修改的银行其接受该修改之前，原信用证条款对受益人仍然有效。从受益人接受修改的那一刻起，信用证修改生效。

第三节　同步实训

一、示范

浙江省诸暨对外贸易有限公司（以下简称“诸暨外贸”）是一家综合性国有外贸进出口公司，2019 年 10 月，他们和日本 KOMERI 有限公司通过广交会结识，经过三个多月的函电往来，双方于 2020 年 1 月 17 日就一个集装箱的木制庭院用品的买卖签署了号码为 ZF20E0117 的买卖合同（图 1－4）。

2020 年 1 月 22 日，日本 KOMERI 有限公司根据合同规定开出了以诸暨外贸为受益人的第 30－2020－021136 号信用证（图 1－5）。

（一）合同

浙江省诸暨对外贸易有限公司

ZHUJI FOREIGN TRADE CORP. OF ZHEJIANG, LTD.

浙江省诸暨市西二环路 288 号

288 West Second Ring Road, Zhuji, Zhejiang, China

售 货 合 同

SALES CONTRACT

TO:
KOMERI CO., LTD.
4453-1, IBARASONE, SHIRONE
OKAYAMA, JAPAN

No. ZF20E0117
Date: 17 JAN., 2020
Place: ZHUJI, CHINA

Dear Sirs:

We hereby confirm having sold to you the following goods on terms and conditions as specified below:

Shipping Marks	Descriptions of Goods	Quantity	Unit Price	Amount
AS PER SELLER'S OPTION	WOODEN GARDEN PRODUCTS		CIF KOBE	
	FENCE	1000PCS	USD3.50	USD3500.00
	FLOWER POT	1800PCS	USD5.00	USD9000.00
	BIRDCAGE	200PCS	USD5.00	USD1000.00
		3000PCS		USD13500.00

TOTAL AMOUNT IN WORDS: SAY U. S. DOLLARS THIRTEEN THOUSAND FIVE HUNDRED ONLY.

SHIPMENT FROM: NINGBO CHINA TO: KOBE JAPAN

TIME OF SHIPMENT: BEFORE 31 MAR., 2020

PARTIAL/TRANSSHIPMENT: BOTH NOT ALLOWED

PACKING: IN ONE 40 FEET CONTAINER LOAD.

INSURANCE: COVERED BY THE SELLER FOR 110 PCT OF INVOICE VALUE COVERING ALL RISKS AND WAR RISK AS PER CIC OF PICC DATED 01/01/2010, CLAIM PAYABLE IN JAPAN.

TERMS OF PAYMENT: BY IRREVOCABLE LETTER OF CREDIT IN FAVOUR OF THE SELLER TO BE AVAILABLE BY DRAFTS AT SIGHT, REACHING CHINA ON OR BEFORE 23 JAN., 2020 AND REMAINING VALID FOR NEGOTIATION IN CHINA UNTIL 15 DAYS AFTER THE ACTUAL DATE OF SHIPMENT.

DOCUMENTS: SIGNED INVOICE IN DUPLICATE
PACKING LIST IN DUPLICATE
FULL SET CLEAN ON BOARD BILLS OF LADING MADE OUT TO ORDER OF SHIPPER MARKED FREIGHT PREPAID NOTIFY THE BUYER
INSURANCE POLICY IN DUPLICATE
CERTIFICATE OF ORIGIN
FUMIGATION CERTIFICATE

REMARK: ALL DISPUTES ARISING FROM THE EXECUTION OF OR IN CONNECTING WITH THIS CONTRACT SHALL BE SETTLED AMICABLE BY NEGOTIATION. IN CASE OF SETTLEMENT CAN NOT BE REACHED THROUGH NEGOTIATION THE CASE SHALL THEN BE SUBMITTED TO CHINA INTERNATIONAL ECONOMIC AND TRADE ARBITRATION COMMISSION IN BEIJING FOR ARBITRATION IN ACT WITH ITS SURE OF PROCEDURES. THE ARBITRAL AWARD IS FINAL AND BINDING UPON BOTH PARTIES FOR SETTING THE DISPUTE. THE FEE FOR ARBITRATION SHALL BE BORNE BY THE LOSING PARTY UNLESS OTHERWISE AWARDED (OTHER DETAILS PLEASE READ OVERLEAF CAREFULLY).

THE SELLER
浙江省诸暨对外贸易有限公司
王一峰

THE BUYER
KOMERI CO., LTD.
加藤斋

图 1－4

（二）对方开出的信用证

FROM: SUMITOMO MITSUI BANKING CORP. , OKAYAMA, JAPAN

TO: INDUSTRIAL AND COMMERCIAL BANK OF CHINA, ZHUJI, ZHEJIANG

SEQUENCE OF TOTAL	*27:	1/1
FORM OF DOC. CREDIT	*40A:	IRREVOCABLE
DOC. CREDIT NUMBER	*20:	30 - 2020 - 021136
DATE OF ISSUE:	31C:	200122
EXPIRY	*31D:	DATE 200410 PLACE AT OUR COUNTER
APPLICANT	*50:	KOMERI CO. , LTD. 4453 - 1, IBARASONE, SHIRONE OKAYAMA JAPAN
BENEFICIARY	*59:	ZHUJI FOREIGN TRADE CORP. OF ZHEJIANG, LTD. 388 WEST SECOND RING ROAD ZHUJI, ZHEJIANG CHINA
AMOUNT	*32B:	CURRENCY USD AMOUNT 13000.00
POS. /NEG. TOL. (%)	*39A:	05/05
AVAILABLE WITH/BY	*41D:	ANY BANK IN CHINA BY NEGOTIATION
DRAFT AT…	42C:	AT 15 DAYS AFTER SIGHT FOR FULL INVOICE VALUE
DRAWEE	42A:	SUMITOMO MITSUI BANKING COPR OKAYAMA (ALL JAPAN OFFICE)
PARTIAL SHIPMENT	43P:	NOT ALLOWED
TRANSSHIPMENT	43T:	NOT ALLOWED
PORT OF LOADING	44E:	CHINA
PORT OF DISCHARGE	44F:	KOBE
LATEST DATE OF SHIP.	44C:	200330
DESCRIPTION OF GOODS	45A:	WOODEN GARDEN PRODUCTS AS PER S/C NO. ZF20E0118 AND TRADE TERMS: CIF KOBE
DOCUMENTS REQUIRED	46A:	

\+ ORIGINAL SIGNED COMMERCIAL INVOICE IN DUPLICATE

+ FULL SET CLEAN MARINE BILL OF LADING MADE OUT TO ORDER OF SHIPPER, BLANK ENDORSED AND MARKED FREIGHT PREPAID NOTIFY THE APPLICANT WITH FULL NAME AND ADDRESS

+ ORIGINAL PACKING LIST IN DUPLICATE INDICATING DETAILED PACKING OF EACH CARTON

+ CERTIFICATE OF ORIGIN IN DUPLICATE

+ CERTIFICATE SENT BY BENEFICIARY TO APPLICANT EVIDENCING THAT COPIES OF INVOICE, BILL OF LADING, AND PACKING LIST HAVE BEEN FAXED TO APPLICANT ON FAX NO 0081 –86 –624 –3470 ONE DAY BEFORE BILL OF LADING DATE

+ CERTIFICATE OF WEIGHT AND QUALITY IN DUPLICATE

ADDITIONAL CON. 47A:

1. S/C NO. ZF20E0117 MUST BE SHOWN ON ALL DOCUMENTS.

2. EXCEPT SO FAR AS OTHERWISE EXPRESSLY STATE, THIS DOCUMENTARY CREDIT IS SUBJECT TO THE UNIFORM CUSTOMS AND PRACTICE FOR DOCUMENTARY CREDIT ICC PUBLICATION NO 600

3. ALL BANK CHARGES IN CONNECTION WITH THIS DOCUMENTARY CREDIT INCLUDING ISSUING BANK'S OPENING COMMISSION AND TRANSMISSION COSTS ARE FOR THE ACCOUNT OF THE BENEFICIARY.

PRESENTATION PERIOD 48: WITHIN 10 DAYS AFTER THE DATE OF SHIPMENT BUT WITHIN THE VALIDITY OF THE CREDIT

CONFIRMATION *49: WITHOUT.

INSTRUCTION 78: ON RECEIPT OF DOCUMENTS CONFIRMING TO THE TERMS OF THIS DOCUMENTARY CREDIT, WE UNDERTAKE TO REIMBURSE YOU IN THE CURRENCY OF THE CREDIT IN ACCORDANCE WITH YOUR INSTRUCTIONS, WHICH SHOULD INCLUDE YOUR UID NUMBER AND THE ABA CODE OF THE RECEIVING BANK

SEND. TO REC. INFO. 72: DOCUMENTS TO BE DISPATCHED BY COURIER SERVICE IN ONE LOT TO SUMITOMO MITSUI BANKING CORP. TRADE SERVICES, 6 –3 –1 HOMMARCHI, OKAYAMA, JAPAN

图 1 –5

（三）审核信用证

诸暨外贸的单证员沈宇雯根据买卖合同（图 1 –4）以及 UCP600、INCOTERMS 2010 等惯例进行审核，发现信用证存在如下不符点：

1. 信用证规定的到期地点在开证行所在地，有效期为 4 月 10 日，与合同不符；

2. 信用证中的受益人的地址有误；

3. 信用证金额与合同不符；

4. 汇票的付款期限与合同不符；

5. 装货港与合同不符，但是这一点对受益人有利，可以不要求修改；

6. 合同号码有误；

7. 信用证提单条款缺“已装船（ON BOARD）”字样；

8. 信用证缺“熏蒸证明”（FUMIGATION CERTIFICATE）

9. 合同价格术语为 CIF，应由卖方办理保险，信用证中缺失保险单；

10. 单据要求中的“重量与质量证明书”与合同不符；

11. 信用证中有关全部银行费用由受益人承担的要求太过分，受益人应只承担开证行以外的银行费用；

12. 信用证规定装运后 10 天交单的要求与合同不符。

于是沈宇雯将这 12 个不符点告知有关业务员，有关业务员立即与买方联系，要求对方修改信用证。

要求修改信用证的电子邮件如下：

DEAR SIRS：

THE CREDIT UNDER S/C NO. ZF20E0117 IS RECEIVED WITH THANKS. IT IS A PITY THAT WE FIND MISTAKES IN THE CREDIT. PLEASE AMEND THEM AS FOLLOWS：

（1）31D WRONG. IT SHOULD BE：DATE 200414 PLACE IN CHINA ACCORDING THE S/C.

（2）59 WRONG. IT SHOULD BE：ZHUJI FOREIGN TRADE CORP. OF ZHEJIANG，LTD.，288 WEST SECOND RING ROAD，ZHUJI，ZHEJIANG，CHINA ACCORDING TO THE S/C.

（3）32B WRONG. IT SHOULD BE：CURRENCY USD AMOUNT 13500.00 ACCORDING TO THE S/C.

（4）42C WRONG. IT SHOULD BE：AT SIGHT ACCORDING TO THE S/C.

（5）IN 45A S/C NO. WRONG. IT SHOULD BE：ZF20E0117.

（6）IN 46A TRANSPORT DOCUMENT WRONG. THE WORDS “ON BOARD” IS LOSING. PLEASE ADD IT AFTER THE WORD “CLEAN” ACCORD-

ING TO THE S/C.

(7) IN 46A INSURANCE POLICY IS LOSING. PLEASE ADD THE INSURANCE CLAUSE ACCORDING TO THE S/C.

(8) IN 46A, PLEASE DELETE THE CLAUSE " + CERTIFICATE OF WEIGHT AND QUALITY IN DUPLICATE" ADD: " + CERTIFICATE OF FUMIGATION IN DUPLICATE" ACCORDING TO THE S/C.

(9) IN 47A BANK CHARGES WRONG. WE CAN NOT PAY ALL BANKING CHARGES. PLEASE CHANGE THIS SENTENCE AS: + ALL BANK CHARGES IN CONNECTION WITH THIS DOCUMENTARY CREDIT EXCEPT ISSUING BANK'S OPENING COMMISSION AND TRANSMISSION COSTS ARE FOR THE ACCOUNT OF THE BENEFICIARY.

(10) 48 WRONG. IT SHOULD BE: WITHIN 15 DAYS AFTER THE DATE OF SHIPMENT BUT WITHIN THE VALIDITY OF THE CREDIT ACCORDING TO THE S/C.

PLEASE TRY YOUR BEST TO DO THE AMENDMENT AS THAT WE CAN EXECUTE THE SALES CONTRACT SUCCESSFULLY.

BEST REGARDS!

ZHUJI FOREIGN TRADE CORP. OF ZHEJIANG, LTD.

经修正后的正确信用证如下（图 1 - 6）①：

FROM:SUMITOMO MITSUI BANKING CORP. , OKAYAMA, JAPAN

TO: INDUSTRIAL AND COMMERCIAL BANK OF CHINA, ZHUJI, ZHEJIANG

SEQUENCE OF TOTAL	*27: 1/1
FORM OF DOC. CREDIT	*40A: IRREVOCABLE
DOC. CREDIT NUMBER	*20:30 - 2020 - 021136
DATE OF ISSUE:	31C:200122
EXPIRY	*31D: DATE 200414 PLACE IN CHINA
APPLICANT	*50: KOMERI CO. , LTD. 4453 - 1, IBARASONE, SHIRONE OKAYAMA

① 在实务中，信用证的修改以信用证修改书的形式出现，结汇时出口企业将修改书与原信用证一起随同结汇单证提交银行。此处为便于教学与练习，将信用证以完全正确的方式出现。

		JAPAN
BENEFICIARY	*59:	ZHUJI FOREIGN TRADE CORP. OF ZHEJIANG, LTD. 288 WEST SECOND RING ROAD ZHUJI, ZHEJIANG CHINA
AMOUNT	*32B:	CURRENCY USD AMOUNT 13500.00
POS. /NEG. TOL. (%)	*39A:	05/05
AVAILABLE WITH/BY	*41D:	ANY BANK IN CHINA BY NEGOTIATION
DRAFT AT…	42C:	AT SIGHT FOR FULL INVOICE VALUE
DRAWEE	42A:	SUMITOMO MITSUI BANKING COPR OKAYAMA (ALL JAPAN OFFICE)
PARTIAL SHIPMENT	43P:	NOT ALLOWED
TRANSSHIPMENT	43T:	NOT ALLOWED
PORT OF LOADING	44E:	CHINA
PORT OF DISCHARGE	44F:	KOBE
LATEST DATE OF SHIP.	44C:	200330
DESCRIPTION OF GOODS	45A:	WOODEN GARDEN PRODUCTS AS PER S/C NO. ZF20E0117 TRADE TERMS: CIF KOBE
DOCUMENTS REQUIRED	46A:	

+ ORIGINAL SIGNED COMMERCIAL INVOICE IN DUPLICATE
+ FULL SET CLEAN ON BOARD MARINE BILL OF LADING MADE OUT TO ORDER OF SHIPPERS, BLANK ENDORSED AND MARKED FREIGHT PREPAID NOTIFY THE APPLICANT WITH FULL NAME AND ADDRESS
+ ORIGINAL PACKING LIST IN DUPLICATE INDICATING DETAILED PACKING OF EACH CARTON
+ CERTIFICATE OF ORIGIN IN DUPLICATE
+ CERTIFICATE SENT BY BENEFICIARY TO APPLICANT EVIDENCING THAT COPIES OF INVOICE, BILL OF LADING, AND PACKING LIST HAVE BEEN FAXED TO APPLICANT ON FAX NO 0081-86-624-3470 ONE DAY BEFORE BILL OF LADING DATE
+ CERTIFICATE OF FUMIGATION IN DUPLICATE

+ INSURANCE POLICY IN DUPLICATE FOR 110 PCT OF THE INVOICE VALUE COVERING ALL RISKS AND WAR RISK AS PER CIC OF PICC DATED 01/01/2010, CLAIM PAYABLE IN JAPAN

ADDITIONAL CON. 47A:

1. S/C NO. ZF20E0117 MUST BE SHOWN ON ALL DOCUMENTS.

2. EXCEPT SO FAR AS OTHERWISE EXPRESSLY STATE, THIS DOCUMENTARY CREDIT IS SUBJECT TO THE UNIFORM CUSTOMS AND PRACTICE FOR DOCUMENTARY CREDIT ICC PUBLICATION NO 600

3. ALL BANK CHARGES IN CONNECTION WITH THIS DOCUMENTARY CREDIT EXCEPT ISSUING BANK'S OPENING COMMISSION AND TRANSMISSION COSTS ARE FOR THE ACCOUNT OF THE BENEFICIARY.

PRESENTATION PERIOD 48: WITHIN 15 DAYS AFTER THE DATE OF SHIPMENT BUT WITHIN THE VALIDITY OF THE CREDIT

CONFIRMATION *49: WITHOUT.

INSTRUCTION 78: ON RECEIPT OF DOCUMENTS CONFIRMING TO THE TERMS OF THIS DOCUMENTARY CREDIT, WE UNDERTAKE TO REIMBURSE YOU IN THE CURRENCY OF THE CREDIT IN ACCORDANCE WITH YOUR INSTRUCTIONS, WHICH SHOULD INCLUDE YOUR UID NUMBER AND THE ABA CODE OF THE RECEIVING BANK

SEND. TO REC. INFO. 72: DOCUMENTS TO BE DISPATCHED BY COURIER SERVICE IN ONE LOT TO SUMITOMO MITSUI BANKING CORP. TRADE SERVICES, 6-3-1 HOMMARCHI, OKAYAMA, JAPAN

图 1-6

二、测试

浙江省嘉兴市文桑进出口有限公司（以下简称“嘉兴文桑”）是一家民营综合性进出口公司。2019 年 11 月 6 日，他们在上海与意大利 SAVIO TESSILI 公司签署了 4000 个藤篮的出口合同（图 1-7），并于 2019 年 11 月 29 日收到了 SAVIO TESSILI 公司开出的信用证（图 1-8）。请帮单证员朱敏琪根据合同和有关惯例审核信用证。

（一）合同

浙江省嘉兴市文桑进出口有限公司

ZHEJIANG JIAXING WENSANG IMP. AND EXP. CO., LTD.

中国嘉兴南湖区富润南路 120 号

NO. 120 SOUTH FURUN ROAD, NANHU DISTRICT, JIAXING, CHINA

销售确认书

SALES CONFIRMATION

To:
SAVIO TESSILI S. P. A.
VIA UDINE 105
33170 CASSANO
ITALY

S/C No.: 19JW1106
Date: 06 NOV 2019
Place: SHANGHAI, CHINA

Dear Sirs:
We hereby confirm having sold to you the following goods on terms and conditions as specified below:

Description of Goods and Packing	Quantity	Unit Price	Total Amount
		CIF GENOA	
RATTAN BASKET WITH COTTON COVER INSIDE ORDER NO. 39972	4000PCS	USD4.00	USD16000.00

大写总值：
Total Amount in words: SAY U. S. DOLLARS SIXTEEN THOUSAND ONLY.

装运港：
Loading port: SHANGHAI

目的港：
Destination: GENOA

装运期限：
Time of Shipment: ON OR BEFORE 15 JAN., 2020

分批 / 转运：
Partial / Transshipment: PARTIAL SHIPMENTS AND TRANSSHIPMENT NOT ALLOWED

包装：
Packing: 4 PCS IN AN EXPORT CARTON. TOTAL INTO ONE 40' CONTAINER

付款条件：
Terms of Payment: BY 100 PCT IRREVOCABLE L/C AVAILABLE BY DRAFT AT 30 DAYS AFTER SIGHT, TO BE OPENED IN SELLERS FAVOUR 45 DAYS BEFORE THE DATE OF SHIPMENT, AND THE L/C TO REMAIN VALID FOR NEGOTIATION IN CHINA UNTIL 15 DAYS AFTER THE DATE OF SHIPMENT.

单证要求：
Documents required:
1. MANUALLY SIGNED COMMERCIAL INVOICE IN QUADRUPLICATE
2. SIGNED DETAILED PACKING LIST IN TRIPLICATE
3. FULL SET BILLS OF LADING CONSIGNED TO ORDER OF THE ISSUING BANK MARKED FREIGHT PREPAID NOTTIFY THE BUYER
4. CERTIFICATE OF CHINESE ORIGIN IN DUPLICATE
5. INSPECTION CERTIFICATE IN DUPLICATE
6. INSURANCE POLICY IN DUPLICATE

The Seller:
浙江省嘉兴市文桑进出口有限公司
张平

The Buyer:
SAVIO TESSILI S. P. A.
B. Vaussoue

图 1-7

（二）对方开出的信用证

From：CASSA DI RISPARMIO DI PARMA E PIACENZA S. P. A. GENOA

To：BANK OF CHINA, ZHEJIANG BRANCH

*27：Sequence of Total：1/1

*40A：Form of Doc. Credit：IRREVOCABLE

*20：Doc. Credit Number：1972737604

31C：Date of Issue：191129

*40E：Applicable Rules：UCP LATEST VERSION

*31D：Expiry：Date 200115 Place CHINA

*50：Applicant：SAVIO TESSILI S. P. A.
VIA UDINE 105
33170 CASSANO,
ITALY

*59：Beneficiary：ZHEJIANG JIAXING WENSANG
IMP. AND EXP. CORP.,
NO. 120 SOUTH FURUN ROAD
NANHU DISTRICT, JIANXING
CHINA

*32B：Amount：Currency USD Amount 16,000.00

*41D：Available with/by：WITH ANY BANK IN CHINA
BY NEGOTIATION

42C：Draft at …：AT SIGHT
FOR FULL INVOICE VALUE

42D：Drawee：CRPPIT2P227
*CASSA DI RISPARMIO DI PARMA E
*PIACENZA S. P. A.
*MILANO
*(SEDE MILANO – VIA ARMORARI 4)

43P：Partial Shipment：ALLOWED

43T：Transshipment：ALLOWED

44E：Port of Loading：JIAXING

44F：Port of Discharge：GENOA

44C：Latest Date of Shipment：200115

45A：SHIPMENT OF GOODS：
RATTAN BASKET WITH COTTON COVER INSIDE
OTHER DETAILS AS PER S/C NO. 19IW1106

PACKING: 4 PCS IN AN EXPORT CARTON. TOTAL INTO ONE 40' CONTAINER

CIF GENOA

46A: DOCUMENTS REQUIRED:

+ MANUALLY SIGNED COMMERCIAL INVOICE IN QUADRUPLICATE SHOWING FREIGHT CHARGE AND PREMIUM SEPARATELY
+ FULL SET CLEAN ON BOARD BILLS OF LADING MADE OUT TO OUR ORDER MARKED FREIGHT PREPAID NOTIFY APPLICANT SHOWING FULL NAME AND ADDRESS
+ INSURANCE POLICY IN DUPLICATE ISSUED BY PEOPLES INSURANCE COMPANY OF CHINA INCORPORATING THEIR OCEAN MARINE CARGO CLAUSES ALL RISKS AND WAR RISKS FOR 110 PERCENT OF CIF INVOICE VALUE INDICATING THE PREMIUM PAID
+ SIGNED PACKING LIST IN TRIPLICATE
+ CERTIFICATE OF ORIGIN IN DUPLICATE
+ ORIGINAL INSPECTION CERTIFICATE IN DUPLICATE

47A: ADDITIONAL CONDITIONS:

1. THE NUMBER OF THIS CREDIT 1973727604 AND ORDER NO. 39972 MUST BE QUOTED ON ALL DOCUMENTS.
2. AN ADDITIONAL FEE OF USD100.00 WILL BE DEDUCTED FROM THE PROCEED AND PAID UNDER ANY DRAWING WHERE DOCUMENTS PRESENTED ARE FOUND NOT TO BE IN STRICT CONFORMITY WITH THE TERMS OF THIS CREDIT

71B: DETAILS OF CHARGES: ALL BANKING CHARGES OUT SIDE THE ISSUING BANK INCLUDING ADVISING COMMISSION ARE FOR ACCOUNT OF BENEFICIARY AND MUST BE CLAIMED AT THE TIME OF ADVISING

48: PRESENTATION PERIOD: NOT LATER THAN 10 DAYS AFTER THE DATE OF ISSUANCE OF THE SHIPPING DOCUMENTS BUT WITHIN THE VALIDITY OF THE CREDIT

49: CONFIRMATION: WITHOUT

78: INSTRUCTIONS: UPON OUR RECEIPT OF THE DOCUMENTS IN ORDER, WE WILL REMIT IN ACCORDANCE WITH NEGOTIATING BANK'S INSTRUCTIONS AT MATURITY

图1－8

（三）审核信用证

请列出信用证中的错误。

第二章　商业发票

在信用证结算方式下，出口商必须按照信用证的要求，正确缮制商业发票、装箱单、汇票等单据，做到单单一致、单证一致，并在信用证规定的时间内送交银行，才能保证安全收汇。

第一节　商业发票概述

一、发票含义

商业发票（Commercial Invoice）简称发票（Invoice），是出口商向进口商开列的发货价目清单，是买卖双方记账的依据，是进出口报关纳税的总说明。

商业发票是一笔业务的全面反映，内容包括商品的名称、规格、价格、数量、金额、包装等，同时也是进口商办理进口报关不可缺少的文件。因此，商业发票是全套单据的核心，在单据制作过程中，其余单据均参照商业发票缮制。

在信用证支付方式下，发票的内容应与信用证规定条款相符，一般情况下，还须列明信用证的开证行名称和信用证号码。如果是有佣金或折扣的交易，应根据合同或信用证的要求，在发票总值中列明扣除佣金或折扣的若干百分比。

二、发票作用

发票是卖方向买方开立的，对所交货物的总说明，是一张发货价目清单。进口商凭发票核对货物及了解货物的品质、规格、价值等情况，发票是进出口商记账与核算的依据。在没有汇票时，出口商可凭发票向进口地的开证行收款。发票还是报关纳税的基本依据，也是实施其他管理的基础。

需要说明的是，发票在货物出运前，有以下作用：

一是作为国际商务单据中的基础单据，是缮制报关单、托运单、产地证等其他单据的依据；

二是作为报关与申请检验检疫的单据的组成部分。货物出运过程中，申请检验检疫与出口报关都需要提交发票。

三、发票的种类

发票的种类主要包括商业发票、银行发票、海关发票、领事发票、形式发票等。

（一）商业发票（Commercial Invoice）：是出口商于货物出运时开立给进口商作为进货记账或结算货款或报关缴税的凭证。

（二）银行发票（Banker's Invoice）：是出口商为办理议付和结汇，以符合议付行和/或开证行，或托收行的要求而提供的发票。

（三）海关发票（Customs Invoice）：是根据某些进口国海关的规定，由出口商填制的一种特定格式的发票，可供进口商凭以向海关办理进口报关、纳税等手续。海关发票采用进口国海关制定的固定格式，各国海关发票的单据名称和详细内容都不相同。

（四）领事发票（Consular Invoice）：又称签证发票，是按某些国家法令规定，出口商对其国家出口货物时，必须取得进口国在出口国或其邻近地区的领事签证的，作为装运单据一部分和货物进口报关的前提条件之一的特殊发票。

（五）形式发票（Proforma Invoice）：也称预开发票或估价发票，是进口商为了向本国管理部门申请进口许可证或请求核批外汇，在未成交之前，要求出口商以拟出售成交的商品名称、单价、规格等为条件开立的一份参考性发票。形式发票不是正式发票，不能用于结汇、报关等用途。

第二节　商业发票的缮制

商业发票的格式由出口商自行拟制，没有统一模式，但基本内容大致相同，一般包括以下 16 项（图 2－1）。

（1）出口商名称地址（Exporter's name and address）：出口商名称地址应与合同或信用证中的受益人的名称地址一致。一般情况下，名称与地址不能在同一行内。

（2）单据的名称（The title of the document）：须载明“商业发票（Commercial invoice）”或“发票（Invoice）”字样，用粗体字标出，如果信用证规定 Detailed Invoice 或者 Trade Invoice 等发票名称时，应严格按照信用证要求制作。但在发票的名称中，不能有“临时发票（Provisional invoice）”或“形式发票（Proform invoice）”的字样。

（3）收货人名称地址（Consignee's name and address）：此栏俗称“抬头”，信用证结算方式项下，需按信用证规定填制，一般填写开证申请人；托收或汇付结算方式项下，通常填写买方。

（4）发票编号（Invoice No.）：此栏填写发票号码，由出口商自行编写，一般易认易记、便于管理即可。

（5）发票日期（Invoice date）：此栏填写发票签发的日期。发票是所有出口用单据中最早签发的单据，其他单据（如装箱单、保险单、提单等）的内容都要参照发票内容。实务中，出口商应早于货物装运日期两周左右缮制发票，并将发票用来托运、投保等。

（6）合同或订单号码（S/C No. or order No.）：此栏填写合同或订单号码，一般与信用证中的合同编号一致。如果信用证未明确表示一定要显示合同号码，此栏可以留空。

（7）合同或订单日期（S/C or order date）：此栏填写合同或订单日期。如果信用证未明确表示一定要显示合同日期，此栏也可以留空。

（8）信用证号码和开证银行名称（Credit No. and issuing by）：此栏填写信用证号码和开证行名称，托收或汇付结算方式项下，此栏可以留空。

（9）运输标志（Marks and Nos.）：运输标志即唛头，此栏应按照合同或信用证的规定缮制。如果合同或信用证规定“AS PER SELLER'S OPTION”（由卖方选择），出口商可以自行编写一个。按照国际标准化组织的推荐，唛头由四行组成，即进口商名称缩写、参考号码、目的港、件号。如果出口产品为裸装货物或散装货物，可注明 NAKED 或 IN BULK，也可以填写 N/M（NO MARK），即没有唛头。

（10）商品描述（Description of goods）：此栏填写出口货物的名称、规格等内容。信用证结算方式下，应严格按照信用证的规定缮制，任何省略或增加货物描述的词句，都会造成单证不符。托收或汇付结算方式下，应与合同完全一致。

（11）数量（Quantity）：此栏填写出口货物的数量，如果是两种或两种以上规格，应分行列明。

（12）单价和价格条件（Unit price and price term）：此栏填写出口货物的单价，完整的单价应包括计价货币、单位价格、计量单位和贸易术语四个部分，如果有两种或两种以上规格的，应分行列明，并与相应的数量对齐。

（13）总金额（Amount）：此栏填写出口货物的总值，如果有两种或两种以上规格的，应分行列明，并与相应的单价对齐。除非信用证另有规定，发票总金额不能超过信用证金额。如果单价乘以数量后大于信用证总金额一点点，可采用“减除”（Deletion）的方法将多余的金额除去，使得发票金额与信用证金额一致。

（14）大写金额（Total amount in words）：此栏填写总值大写，并在最前面写 SAY，结束时加 ONLY，以防加塞内容。

（15）声明和证明文句（Statement or other certificates）：此栏填写信用证或合同要求添加的内容，如进口商的订单号码、分别列出的运费、保险费和 FOB 价格、特别的声明文句等。如果没有特别要求，此栏可以留空。

（16）签署（Signature）：UCP600 规定，发票必须由受益人出具，对可转让信用证，在第一受益人换单条件下，第二受益人可出具由自己为出票人的发票。如果信用证没有规定，发票可以不签署。当信用证有“Signed invoice”字样时，发票必须签署；若要求“Manually signed invoice”时，则必须要有出票人的手签。如果信用证中出现了声明文句，即使信用证没有要求签署发票，发票也必须签署。

×××进出口有限公司

XXX IMPORT AND EXPORT CO. LTD. (1)

123 JIEFANG ROAD, HANGZHOU, CHINA

商业发票

COMMERCIAL INVOICE (2)

To:

(3)

Invoice No.: (4)

Invoice Date: (5)

S/C No.: (6)

S/C Date: (7)

Credit No.: (8)

Issued by: (8)

Marks & Nos.	Description of goods	Quantity	U. Price	Amount
(9)	(10)	(11)	(12)	(13)

Total amount in words

(14)

Statement or other certificate

(15)

Signature

(16)

图 2－1

第三节 同步实训

一、示范

2020 年 3 月 20 日，诸暨外贸的单证员沈宇雯开始安排订舱、申请检验检疫、投保等工作，于是要缮制商业发票[①]。沈宇雯根据信用证（第一章图 1－6）和下述其他相关资料缮制商业发票。

（一）信用证中有关发票缮制的内容：

FROM:SUMITOMO MITSUI BANKING CORP. , OKAYAMA, JAPAN

TO: INDUSTRIAL AND COMMERCIAL BANK OF CHINA, ZHUJI, ZHEJIANG

SEQUENCE OF TOTAL	*27 :	1/1
FORM OF DOC. CREDIT	*40A:	IRREVOCABLE
DOC. CREDIT NUMBER	*20 :	30－2020－021136
DATE OF ISSUE:	31C:	200122
EXPIRY	*31D:	DATE 200414 PLACE IN CHINA
APPLICANT	*50 :	KOMERI CO. , LTD. 4453－1, IBARASONE, SHIRONE OKAYAMA JAPAN
BENEFICIARY	*59 :	ZHUJI FOREIGN TRADE CORP. OF ZHEJIANG, LTD. 288 WEST SECOND RING ROAD ZHUJI, ZHEJIANG CHINA
AMOUNT	*32B:	CURRENCY USD AMOUNT 13500. 00
POS. /NEG. TOL. (%)	*39A:	05/05

…

DESCRIPTION OF GOODS 45A:

WOODEN GARDEN PRODUCTS

AS PER S/C NO. ZF20E0117

TRADE TERMS: CIF KOBE

---

① 在实务中，缮制发票的时间即订舱、申请检验检疫的时间，一般情况是在货物出运前的 10 至 14 天。

DOCUMENTS REQUIRED　46A：

+ ORIGINAL SIGNED COMMERCIAL INVOICE IN DUPLICATE

…

ADDITIONAL CON.　47A：

1. S/C NO. ZF20E0117 MUST BE SHOWN ON ALL DOCUMENTS.

…

（二）其他相关资料：

发票编号：20EZF0318	发票日期：2020 年 3 月 18 日
篱笆 1000 片	单价：USD3.50/片
总件数：200 箱	总毛重：2000.00 千克
花桶 1800 个	单价：USD5.00/个
总件数：450 箱	总毛重：4500.00 千克
鸟笼 200 个	单价：USD5.00/个
总件数：10 箱	总毛重：150.00 千克
唛头：	合同日期：2020 年 1 月 17 日

KOMERI

ZF20E0117

KOBE

NO. 1—660

（三）缮制的商业发票如图 2－2。

浙江省诸暨对外贸易有限公司

ZHUJI FOREIGN TRADE CORP. OF ZHEJIANG, LTD.

浙江省诸暨市西二环路 288 号

288 West Second Ring Road, Zhuji, Zhejiang, China

商业发票

COMMERCIAL INVOICE

To:

KOMERI CO., LTD.
4453-1, IBARASONE, SHIRONE
OKAYAMA
JAPAN

Invoice No.: 20EZF0318
Invoice Date: 18 MAR., 2020
S/C No.: ZF20E0117
S/C Date: 17 JAN., 2020

Credit No. 30-2020-021136
Issued by: SUMITOMO MITSUI BANKING CORP., OKAYAMA, JAPAN

Marks and Numbers	Description of goods	Quantity	Unit Price	Amount
	WOODEN GARDEN PRODUCTS			
KOMERI			TRADE TERMS: CIF KOBE	
ZF20E0117	FENCE	1000PCS	USD3.50	USD3500.00
KOBE	FLOWER POT	1800PCS	USD5.00	USD9000.00
NO. 1—660	BIRDCAGE	200PCS	USD5.00	USD1000.00
	TOTAL:	3000PCS		USD13500.00

SAY U. S. DOLLARS THIRTEEN THOUSAND FIVE HUNDRED ONLY.
AS PER S/C NO. ZF20E0117.
TOTAL PACKED IN 660 CARTONS.
GROSS WEIGHT: 6650.00 KGS.

浙江省诸暨对外贸易有限公司
ZHUJI FOREIGN TRADE CORP. OF ZHEJIANG, LTD.

王一峰(章)

图 2-2

二、测试

2020 年 1 月 3 日，嘉兴文桑的单证员朱敏琪根据合同（第一章图 1 –7）、下列已经修改正确的信用证（图 2 – 3），以及其他相关资料缮制商业发票（图 2 –4），以便及时办理出口货物的托运和检验检疫的申请。请帮助朱敏琪缮制商业发票。

（一）信用证：

From：CASSA DI RISPARMIO DI PARMA E PIACENZA S. P. A. GENOA

To：BANK OF CHINA，ZHEJIANG BRANCH

*27：Sequence of Total：1/1

*40A：Form of Doc. Credit：IRREVOCABLE

*20：Doc. Credit Number：1972737604

31C ：Date of Issue：191129

*40E：Applicable Rules：UCP LATEST VERSION

*31D：Expiry：Date 200130 Place CHINA

*50：Applicant：SAVIO TESSILI S. P. A.
VIA UDINE 105
33170 CASSANO，
ITALY

*59：Beneficiary：ZHEJIANG JIAXING WENSANG
IMP. AND EXP. CO.，LTD.
NO. 120 SOUTH FURUN ROAD
NANHU DISTRICT，JIANXING
CHINA

*32B：Amount：Currency USD Amount 16，000. 00

*41D：Available with/by：WITH ANY BANK IN CHINA
BY NEGOTIATION

42C：Draft at …：AT 30 DAYS AFTER SIGHT
FOR FULL INVOICE VALUE

42D：Drawee：CRPPIT2P227
* CASSA DI RISPARMIO DI PARMA E
* PIACENZA S. P. A.
* MILANO
* (SEDE MILANO – VIA ARMORARI 4)

43P：Partial Shipment：NOT ALLOWED

43T：Transshipment：NOT ALLOWED

44E: Port of Loading: SHANGHAI

44F: Port of Discharge: GENOA

44C: Latest Date of Shipment: 200115

45A: SHIPMENT OF GOODS:

RATTAN BASKET WITH COTTON COVER INSIDE

OTHER DETAILS AS PER S/C NO. 19JW1106

PACKING: 4 PCS IN AN EXPORT CARTON. TOTAL INTO ONE 40' CONTAINER

CIF GENOA

46A: DOCUMENTS REQUIRED:

+ MANUALLY SIGNED COMMERCIAL INVOICE IN QUADRUPLICATE SHOWING FREIGHT CHARGE AND INSURANCE PREMIUM SEPARATELY
+ FULL SET CLEAN ON BOARD BILLS OF LADING MADE OUT TO OUR ORDER MARKED FREIGHT PREPAID NOTIFY APPLICANT SHOWING FULL NAME AND ADDRESS
+ INSURANCE POLICY IN DUPLICATE ISSUED BY PEOPLES INSURANCE COMPANY OF CHINA INCORPORATING THEIR OCEAN MARINE CARGO CLAUSES FREE FROM PARTICULAR AVERAGE DATED 01/01/2010 FOR 110 PERCENT OF CIF INVOICE VALUE INDICATING THE PREMIUM PAID
+ DETAILED PACKING LIST IN TRIPLICATE
+ CERTIFICATE OF ORIGIN IN DUPLICATE
+ ORIGINAL INSPECTION CERTIFICATE IN DUPLICATE

47A: ADDITIONAL CONDITIONS:

1. THE NUMBER OF THIS CREDIT 1972737604 AND ORDER NO. 39972 MUST BE QUOTED ON ALL DOCUMENTS.
2. AN ADDITIONAL FEE OF USD100. 00 WILL BE DEDUCTED FROM THE PROCEED AND PAID UNDER ANY DRAWING WHERE DOCUMENTS PRESENTED ARE FOUND NOT TO BE IN STRICT CONFORMITY WITH THE TERMS OF THIS CREDIT

71B: DETAILS OF CHARGES: ALL BANKING CHARGES OUT SIDE THE ISSUING BANK INCLUDING ADVISING COMMISSION ARE FOR ACCOUNT OF BENEFICIARY AND MUST BE CLAIMED AT THE TIME OF ADVISING

48: PRESENTATION PERIOD: NOT LATER THAN 15 DAYS AFTER THE DATE OF ISSUANCE OF THE SHIPPING DOCUMENTS BUT WITHIN THE VALIDITY OF THE CREDIT

49: CONFIRMATION: WITHOUT

78: INSTRUCTIONS: UPON OUR RECEIPT OF THE DOCUMENTS IN ORDER, WE WILL REMIT IN ACCORDANCE WITH NEGOTIATING BANK'S INSTRUCTIONS AT MATURITY

图 2－3

（二）其他相关资料：

发票号码：WSE200103　　　　　发票日期：2020年1月3日

总毛重：6000.00公斤　　　　　总箱数：1000箱

海运费：2500美元　　　　　　保险费：17.60美元

唛头：　　　　　　　　　　　发票签署：张平

SAVIO

19JW1106

GENOA

NO. 1—1000

（三）需缮制的商业发票，见图2－4。

浙江省嘉兴市文桑进出口有限公司

ZHEJIANG JIAXING WENSANG IMP. AND EXP. CO., LTD.

中国嘉兴南湖区富润南路 120 号

NO. 120 SOUTH FURUN ROAD, NANHU DISTRIC JIAXING, CHINA

商业发票

COMMERCIAL INVOICE

To:

Invoice No.: ____________

Invoice Date: ____________

S/C No.: ____________

S/C Date: ____________

Credit No. ____________

Issued by: ____________

Marks and Numbers	Description of goods	Quantity	Unit Price	Amount

图 2－4

第三章　包装单据

第一节　包装单据概述

包装单据主要包括装箱单（Packing List）、重量单（Weight List）和包装说明（Packing Specification）等，是商业发票内容的补充。出口商通过对商品的包装种类、件数、唛头、重量、体积等项目的填制，阐明商品的包装情况，便于国外买方对进口商品包装及数量、重量的了解和掌握，也便于买方在货物到达目的港时，供海关检查和核对货物。

有的商品无法包装，诸如矿砂、煤炭等，称之为“散装货物”（Bulk goods）；有些商品不必包装，如钢材、汽车等，称之为“裸装货物”（Naked goods）。而大多数商品必须加以适当的包装后才能装运出口，以保护该商品的安全。

一、常用包装单据种类

（一）装箱单（Packing List 或 Packing Slip）；

（二）重量单（Weight List 或 Weight Note）；

（三）尺码单（Measurement List）；

（四）详细装箱单（Detailed Packing List）；

（五）包装明细单（Packing Specification）；

（六）包装提要（Packing Summary）；

（七）磅码单（Weight Memo）；

（八）规格单（Specification List）；

（九）花色搭配单（Assortment List）等。

二、包装单据作用

（一）包装单据是出口商缮制商业发票及其他单据时计量、计价的基础资料；

（二）包装单据是进口商清点数量或重量以及销售货物的依据；

（三）包装单据是海关查验货物的凭证；

（四）包装单据是公证或商检机构查验货物的参考资料。

第二节 装箱单的缮制

一、装箱单的缮制

包装单据由出口商缮制，无统一固定的格式，制单时可以根据信用证或合同的要求以及货物的特点自行设计。此处以装箱单为例，大致具备以下内容（图3－1）：

（1）出口商名称地址（Exporter's name and address）：此栏与发票相同，填写出口商的名称地址，注意名称与地址不能在同一行内。

（2）单据的名称（The title of the document）：此栏根据合同或信用证要求填写，用英文粗体在正中央填写单据名称。如果信用证要求提供“Detailed packing list”（详细包装单）或者“Packing assorted list”（装箱搭配单）等，必须按要求缮制。

（3）抬头（To）：此栏填写进口商（开证申请人、买方）的名称地址。如果信用证或合同有特殊规定，也可以缮制成 To whom it may concern（敬启者）。

（4）号码（No.）：此栏填写发票号码。

（5）日期（Date）：此栏填写发票日期。

（6）合同编号（S/C No.）：此栏填写合同号码或销售确认书号码，注意和信用证中的合同编号及发票上的合同号码保持一致。

（7）装货港（Shipment from）：此栏填写出口货物的装货港（地）名称。如果合同或信用证上规定的是 CHINA，不能照搬，而是要填写实际出口的装货港（地）。

（8）卸货港（To）：此栏填写货物的卸货港。如果合同或信用证规定的是 JAPAN，不能照搬，而应填写实际进口的卸货港（地）。

（9）箱号或件号（C/No.）：此栏用于填写不同商品的具体装箱情况，以便进口商提货时识别。如果是单一货号的商品出口，或者是一种商品一个唛头出口时，此栏填写唛头的最后一行中的数字，即 1—UP。例如，200 箱袜子，可以填写：1—200；如果有两种以上的货物出口，则要按具体的包装箱箱号，分行填写在对应的位置上。例如：

1—20

21—60

61—100

……

以此类推。

（10）包装件数与种类（No. & kind of pkgs）：此栏填写货物的包装种类及包装件数，如 CTNS、CASES、BAGS 等。如果有两种以上的货物出口，则要按具体的箱号，分行填写在对应的位置上。例如：

1—20	20CTNS
21—60	40CTNS
61—100	40CTNS

……

以此类推。

（11）货物描述、包装、数量等（Description of goods, packing, quantity, etc）：此栏填写商品名称、具体型号或货号以及它们的包装情况。例如：

DYED MEN'S SHIRTS COTTON 80 PCT POLYESTER 20 PCT

		COLOUR	PACKING @12
1—20	20CTNS	WHITE	240PCS
21—60	40CTNS	SILVER	480PCS
61—100	40CTNS	BROWN	480PCS

……

以此类推。

（12）毛重（Gross weight, G. W.）：此栏填写出口货物的总毛重，有时也列明单件毛重，单件毛重与总毛重可以分两行填写，也可以写在一行内。按照惯例，装箱单上的重量保留两位小数。例如：

COLOUR PACKING

			@12	@14
1—20	20CTNS	WHITE	240PCS	280.00KGS
21—60	40CTNS	SILVER	480PCS	560.00KGS
61—100	40CTNS	BROWN	480PCS	560.00KGS

……

以此类推。

（13）净重（Net weight，N. W.）：此栏填写出口货物的总净重，有时也列明单件净重。单件净重与总净重可以分两行填写，也可以写在一行内。例如：

COLOUR PACKING

			@12	@14	@12
1—20	20CTNS	WHITE	240PCS	280.00KGS	240.00KGS
21—60	40CTNS	SILVER	480PCS	560.00KGS	480.00KGS
61—100	40CTNS	BROWN	480PCS	560.00KGS	480.00KGS

……

以此类推。

（14）体积（Measurement）：此栏填写出口货物的总体积，有时也列明单件包装箱的尺码。按惯例，装箱单上的体积保留三位小数。这里的 CMS 是厘米，CBM 是立方米。单件体积与总体积可以分两行填写，也可以写在一行内。例如：

COLOUR PACKING

			@12	@14	@12	@(78 * 46 * 30)cms
1—20	20CTNS	WHITE	240PCS	280.00KGS	240.00KGS	2.153CBM
21—60	40CTNS	SILVER	480PCS	560.00KGS	480.00KGS	4.3056CBM
61—100	40CTNS	BROWN	480PCS	560.00KGS	480.00KGS	4.3056CBM

填写完毕数量、重量、体积等数据后，如果产品是两种或两种以上的，要在下方将总数量、总毛重等相加。如果产品的包装种类在两种或两种以上

的，要用 Packages（件）表示。例如：

1—20	20CTNS	WHITE	240PCS	280.00KGS	240.00KGS	2.1528CBM
21—60	40CTNS	SILVER	480PCS	560.00KGS	480.00KGS	4.3056CBM
61—100	40CTNS	BROWN	480PCS	560.00KGS	480.00KGS	4.3056CBM
	100CTNS		1200PCS	1400.00KGS	1200.00KGS	10.764CBM

（15）大写总包装件数（Total package in words）：按惯例，装箱单全部填写完毕后，在下方写上总包装件数的英文大写，开头用“SAY”，结束用“ONLY”。

（16）唛头或其他声明（Marks or other statement）：装箱单唛头可按信用证、合同或相关资料填写，也可写上 AS PER INVOICE NO. 123（即与发票号码 123 相同）。此外，如果合同或信用证要求显示订单、信用证号码等，也填写在此栏。

（17）签署（Signature）：根据 UCP600，如果信用证没有规定要求装箱单签署，银行可以接受不经过签署的装箱单。但在实务中，受益人一般都在装箱单上签署，即加盖出口公司条形章和法人代表的签署章。

二、制作包装单据注意事项

出口商可以根据不同商品的品质和信用证的要求，提供适当的包装单据，做到既能符合信用证的规定，为银行所接受，又能满足客户对商品包装的要求。如果信用证条款只要求提供装箱单（Packing list），而无任何特殊规定，那么只要提供一般装箱单，将货物的包装情况作一般简要说明就可以了。如果信用证要求提供“详细装箱单”（Detailed packing list），那么就必须提供详细的装箱内容，如描述每件包装的具体细节，包括商品的货号、色号、尺寸搭配、毛重、净重及尺码等。在货量较大的情况下，缮制详细的装箱和包装说明，需要花费大量时间和精力。为了节省时间，提高效率，也可以使用特制的单据格式，中、英文对照的，由厂方直接填制，经过单证员审核后，作为出口单据交银行结汇。

装箱单对货物内容的描述一般可用统称，着重表现货物的包装情况，内容包括从最小包装到最大包装所有使用的包装材料、包装方式。

重量单是在装箱单的基础上，详细表示货物的毛重、净重、皮重等。

×××进出口有限公司

XXX IMPORT AND EXPORT CO. LTD. (1)

123 JIEFANG ROAD, HANGZHOU, CHINA

装箱单

PACKING LIST (2)

To:

(3)

No.: (4)

Date: (5)

S/C No.: (6)

Shipment from: (7) **To:** (8) **By Vessel**

C/No.	No. & kind of pkgs	Description of goods, Packing, Quantity, etc.	G. Weight	N. Weight	Measurement
(9)	(10)	(11)	(12)	(13)	(14)

Total package in words

(15)

Marks or Other Statement

(16)

Signature

(17)

图 3－1

尺码单则要用“M^3”或“CBM”表示货物的体积，其他内容基本与重量单相同。

有的信用证规定“Seaworthy packing”（适用于海运包装）、“Packing suitable for long distant”（适合于长途运输包装）或“Strong wooden case packing”（坚固木箱装运）等。信用证中的这些表述，可以在发票或装箱单中添加文字描述。

如果信用证要求在所有单据中显示订单号或信用证号码等内容，包装单据中不能遗忘，必须添加上去。

包装单据一般不记载货物的单价和总值，因为进口商不想让实际买主了解货物的详细成本、价格情况。

第三节 同步实训

一、示范

在完成了商业发票的缮制后，沈宇雯还必须立刻缮制装箱单。沈宇雯参照发票，根据信用证（第一章图1－6）以及其他相关资料缮制装箱单。

（一）信用证中有关装箱单缮制的内容：

…

DESCRIPTION OF GOODS　　45A：

WOODEN GARDEN PRODUCTS

AS PER S/C NO. ZF20E0117

TRADE TERMS：CIF KOBE

DOCUMENTS REQUIRED　　46A：

…

+ ORIGINAL PACKING LIST IN DUPLICATE INDICATING DETAILED PACKING OF EACH CARTON

…

ADDITIONAL CON.　　47A：

1. S/C NO. ZF20E0117 MUST BE SHOWN ON ALL DOCUMENTS.

…

（二）其他相关资料：

篱笆 1000 片　包装：5 片/箱

毛重：10 千克/箱　净重：8 千克/箱

体积：91 * 76 * 19 厘米/箱　件号：1—200

花桶 1800 个　包装：4 个/箱

毛重：10 千克/箱　净重：8 千克/箱

体积：42 * 42 * 46 厘米/箱　件号：201—650

鸟笼 200 个　包装：20 个/箱

毛重：15 千克/箱　净重：12 千克/箱

体积：68 * 60 * 40 厘米/箱　件号：651—660

装箱单号码：20EZF0318　装箱单日期：2020 年 3 月 18 日

装货港：宁波　合同日期：2020 年 1 月 17 日

唛头：

KOMERI

ZF20E0117

KOBE

NO. 1—660

（三）缮制装箱单，见图 3－2。

浙江省诸暨对外贸易有限公司

ZHUJI FOREIGN TRADE CORP. OF ZHEJIANG, LTD.

浙江省诸暨市西二环路 288 号

288 West Second Ring Road, Zhuji, Zhejiang, China

装箱单

PACKING LIST

To:

KOMERI CO., LTD.

4453-1, IBARASONE, SHIRONE

OKAYAMA

JAPAN

No.: 20EZF0318

Date: 18 MAR., 2020

S/C No.: ZF20E0117

Shipment from: NINGBO **To:** KOBE **By vessel**

C/No.	No. & kind of pkgs	Description of goods, Packing, Quantity, etc.	G. Weight	N. Weight	Measurement
		WOODEN GARDEN PRODUCTS			
1—200	200ctns	FENCE @5/1000pcs	@10 2000.00kgs	@8 1600.00kgs	@(91*76*19)cms 26.2808cbm
201—650	450ctns	FLOWER POT @4/1800pcs	@10 4500.00kgs	@8 3600.00kgs	@(42*42*46)cms 36.5148cbm
651—660	10ctns	BIRDCAGE @20/200pcs	@15 150.00kgs	@13 130.00kgs	@(68*60*40)cms 1.632cbm
	660CTNS		6650.00KGS	5330.00KGS	64.428CBM

SAY SIX HUNDRED AND SIXTY CARTONS ONLY.

Marks and Nos.

KOMERI

ZF20E0117

KOBE

NO. 1—660

浙江省诸暨对外贸易有限公司
ZHUJI FOREIGN TRADE CORP. OF ZHEJIANG, LTD.

王一峰（章）

图 3－2

二、测试

商业发票缮制结束后，请帮助嘉兴文桑的单证员朱敏琪缮制装箱单（图 3-3）。

（一）信用证（部分）：

…

*50: Applicant : SAVIO TESSILI S. P. A.
VIA UDINE 105
33170 CASSANO,
ITALY

*59: Beneficiary : ZHEJIANG JIAXING WENSANG
IMP. AND EXP. CO. , LTD.
NO. 120 SOUTH FURUN ROAD
NANHU DISTRICT, JIANXING
CHINA

…

44E: Port of Loading : SHANGHAI

44F: Port of Discharge : GENOA

…

46A: DOCUMENTS REQUIRED:

…

+ DETAILED PACKING LIST IN TRIPLICATE

…

47A: ADDITIONAL CONDITIONS:

1. THE NUMBER OF THIS CREDIT 1972737604 AND ORDER NO. 39972 MUST BE QUOTED ON ALL DOCUMENTS.

…

（二）相关资料：

装箱单号码：WSE200103	装箱单日期：2020 年 1 月 3 日
藤篮 4000 个	包装：4 个/箱
毛重：6.00 千克/箱	净重：4.00 千克/箱
体积：28 * 28 * 68 厘米/箱	装箱单签署：张平

唛头：

SAVIO

19JW1106

GENOA

NO. 1—1000

浙江省嘉兴市文桑进出口有限公司

ZHEJIANG JIAXING WENSANG IMP. AND EXP. CO., LTD.

中国嘉兴南湖区富润南路 120 号

NO. 120 SOUTH FURUN ROAD, NANHU DISTRIC JIAXING, CHINA

详细装箱单

DETAILED PACKING LIST

To:

No.: ______________

Date: ______________

S/C No.: ______________

Shipment from: ______________ **To:** ______________ **By Vessel**

C/No.	No. & kind of pkgs	Description of goods, Packing, Quantity, etc.	G. Weight	N. Weight	Measurement

图 3－3

第四章　海运出口货物托运与海运提单

第一节　海运出口货物的托运

一、海运出口货物的托运

托运是实现出口货物空间位移和实现国际商务单证流转的第一个实际操作阶段，也是完成外贸运输和安全结汇的关键。因此，根据合同与信用证规定的装运时间以及工厂的生产进度向货代公司订舱，是单证员在确认信用证之后的首要任务。

国际货物贸易的出口绝大多数情况下采用海运出口，因此本章介绍海运出口货物的托运和海运提单的确认。

如果出口商品在海关监管条件下要求提供出口许可证，出口商必须在落实信用证后，及时向商务部许可证事务局授权的出证机构提出申领。如果出口货物不需要出口许可证，出口企业在落实好信用证后，就可以进行下面环节的工作：安排生产、包装、刷唛和办理托运手续。

二、填制国际货物运输托运单

出口商填写的国际货物运输托运单（样式见图 4－1）由出口商自己设计，没有固定格式，一般含有 30 项内容，将所要托运、订舱（订箱）的要求填写清楚就行了。

（出口商）国际货物运输托运单

<table>
<tr><td colspan="2" rowspan="2">(12)托运人(Shipper)</td><td>(1)托运单编号</td><td>(2)贸易方式</td><td>(3)收汇方式</td></tr>
<tr><td>(4)运输方式</td><td colspan="2">(6)运费支付方式(到付/预付)</td></tr>
<tr><td colspan="2" rowspan="2">(13)收货人(Consignee)</td><td>(5)货物备妥时间</td><td colspan="2">(7)杂费支付方式(到付/预付)</td></tr>
<tr><td>(8)可否转运</td><td colspan="2">(9)可否分批</td></tr>
<tr><td colspan="2" rowspan="2">(14)被通知人(Notify Party)</td><td>(10)装运期限</td><td colspan="2">(11)信用证有效期</td></tr>
<tr><td colspan="3">(15)装箱方式(自送/门到门)</td></tr>
<tr><td>(17)装运港</td><td>(18)卸货港</td><td colspan="3" rowspan="2">(16)门到门装货地址</td></tr>
<tr><td>(19)最终目的地</td><td>(20)提单正本份数</td></tr>
</table>

<table>
<tr><td>(21)标记唛头</td><td>(22)件数及
包装种类</td><td>(23)货物描述</td><td>(24)毛重
（公斤）</td><td>(25)体积
（立方米）</td></tr>
<tr><td></td><td></td><td></td><td></td><td></td></tr>
<tr><td colspan="5">(26)备注和特殊条款</td></tr>
<tr><td colspan="5">(27)配载要求</td></tr>
<tr><td colspan="5">(28)托运人签署:</td></tr>
<tr><td colspan="5">(29)联系人及联系方式:

(30)托运日期:</td></tr>
</table>

图 4－1

（1）托运单编号：一般填写对应的商业发票的号码，也可以由出口商自行编写。

（2）贸易方式：可填写一般贸易、来料加工、进料加工、三资企业出口、边境贸易、其他贸易等。信用证项下以“一般贸易”为主。

（3）收汇方式：常见的有信用证、托收、汇付等方式，信用证项下的出口就填写“信用证”或“L/C”。

（4）运输方式：常见的有水路运输、航空运输、铁路运输、国际多式联运等。要符合信用证或合同中规定的贸易术语的特性，如 CIF 或 FOB 术语一定是水路运输，CIP 或 FCA 术语可以是任何运输方式。

（5）货物备妥时间：指集装箱到工厂装货的时间，或工厂将货物自行送至集装箱货运站的时间。此时间一定要比货物装船时间早二至三天，比报关时间早一至两天。

（6）运费支付方式：在预付与到付中选择一个。FOB 或 FCA 术语的填写到付，CIF、CIP、CFR、CPT 术语的填写预付。

（7）杂费支付方式：在预付与到付中选择一个。杂费系指集装箱到工厂拖货的费用、报关费用、内装箱费用等。如果是“到付”的，即由货代公司先垫付给船公司，出口商再支付给货代公司。如果是“预付”的，即出口商要先支付杂费给货代公司，货代公司的集装箱才到工厂拖货。实务中以“到付”居多。

（8）可否转运：根据合同或信用证的规定，在“允许”或“不允许”中选择一个。

（9）可否分批：根据合同或信用证的规定，在“允许”或“不允许”中选择一个。

（10）装运期限：此栏填写受益人与货代公司商定的装运出口货物船舶的船期，该日期须早于或等于信用证或合同规定的最晚装运时间。例如，信用证规定最迟装船期是 3 月 31 日，而载货船舶的船期是 3 月 29 日，该栏就填写 3 月 29 日。

（11）信用证有效期：此栏参照信用证规定的有效期填写。根据上栏（第 10 栏）的要求，再加上信用证的交单期来填写，如上例，信用证规定的有效期是 4 月 15 日，交单期是 15 天，但载货船舶的船期是 3 月 29 日，则该栏就必须填写 4 月 13 日。

（12）托运人（Shipper）：一般情况下填写出口公司的名称。如果信用证没有特别指示，银行接受任何人作为托运人的提单，所以一般情况下，填写信用证的受益人，可以只填写出口公司名称，而不用填写出口公司的地址。如果信用证有指定的托运人，则要按信用证的规定填写，此栏须用英文填写。

（13）收货人（Consignee）：此栏须用英文填写。在实务中，对收货人的规定有两种表示方法：记名收货人和指示收货人。

记名收货人是在收货人栏内将收货人的名称地址直接、完整地表示出来的方法，即在栏内填写某人或某企业的具体名称，也称记名抬头。这种提单只能由提单上指定的收货人提货，不得转让给他人，万一国际市场突变，收货人不想提货，出口商想转卖都不行。因此，这种做法有利于进口商而不利于出口商。信用证中的词句一般为："Full set clean on board Bill of Lading consigned to ABC company…"

指示收货人是将收货人以广义的形式表示出来的一种方法。指示收货人隐藏了收货人的具体名称和地址，用"凭指示（也称空白指示抬头）"或"凭某人指示（也称记名指示抬头）"的泛指来表示收货人，可通过背书转让提单。这种做法有利于出口商而不利于进口商。

①空白指示抬头：即在收货人一栏填写"to order"，然后在提单背面由托运人签字盖章进行背书，以示转让物权。信用证上的用语常常是："Full set clean on board Bill of Lading made out to order…"

②记名指示抬头：常见的有凭托运人指示（to order of shipper）、凭某银行指示（to order of ABC bank）和凭某公司指示（to order of ABC company）三种情况。在信用证项下，某银行一般是指开证行（the issuing bank），信用证上的用语常常是："Full set clean on board Bill of Laing made out to our order…"这里的"our"指的就是开证行。而某公司，可以是指开证申请人（the applicant），也可以是指开证申请人指定的公司。信用证上的用语常常是："Full set clean on board Bill of Laing made out to order of ABC company…"在记名指示情况下，记名人有权控制和转让单据。指示收货人的方法填补了记名收货人的缺陷，但也给船方通知收货人提货带来了麻烦，对此须在被通知人栏目中作出补充。

另外，收货人栏目还有一种不记名式的填写，即在本栏留空或仅填入

“to bearer”（给持有者）。这样的提单风险很大，谁持有提单谁就可以提货，转让时不必背书，因此在国际货物贸易中几乎不使用。

（14）被通知人（Notify party）：此栏必须用英文填写。在指示抬头的提单里，不显示收货人的具体名称，只用“凭指示”或“凭某人指示”的泛指来表示，船公司担心货到目的港后无人提取，因此设置了“被通知人”栏目，列明提货人的名称与地址，以便承运人在货物到达目的港时通知其来办理报关提货手续。此栏一般填写信用证中规定的被通知人名称和地址。

在记名收货人的情况下，信用证通常不规定被通知人的内容，受益人可以不填写，也可以填写“如上（same as above）”；在指示收货人的情况下，若信用证中没有明示提单的被通知人，受益人应事先要求更改信用证，或将正本提单此处留空，在副本提单此栏处填写开证申请人的名称与地址；如果信用证要求两个或两个以上的公司作为被通知人，受益人应把这两个或两个以上公司的名称与地址完整地填写在这一栏目中，填不下时，可用“＊＊＊”符号连接到提单的空白处，继续填写，直至完整。

有时买方确定本人为被通知人，有时将自己的代理人或其他与买方联系较密切的人确定为被通知人。被通知人的职责是及时接受船方发出的到货通知并将该通知转告真实的收货人，被通知人手中无正本提单将无权提货。

（15）装箱方式：在“自送”和“门到门”中选择一个。一般的情况是，整箱货出口采用“门到门”的方式装箱为多，也有工厂自行送货到货代指定的仓库进行内装箱的，此种情况下，填写“自送”。拼箱一般采用“自送”，选择“自送”须加注“请告知仓库地址与联系人及电话”等字样，以便工厂及时送货。

（16）门到门装货地址：如果在“装箱方式”栏内填写“自送”的，此栏可以留空不填；如果填写“门到门”的，此栏填写工厂的具体名称与地址，有时（如节假日）须加注工厂联系人的电话。

（17）装运港：此栏按合同或信用证的规定填写，如果信用证规定“CHINA”或选择港如“上海/宁波”时，则填写具体港口名称。此栏须用英文填写。

（18）卸货港，此栏按合同或信用证的规定填写，注意重名港口，如信用证中的卸货港后带有国名，填写时将国名一并填写上。此栏须用英文填写。

（19）最终目的地：此栏根据合同或信用证的规定填写，港至港水路运输时，此栏留空。国际多式联运时，如果目的地是一内陆城市，则填写内陆城市名称。船方或其代理人计算运费时，是根据托运单的本项内容计算航程的。此栏必须用英文填写。

（20）提单正本份数：根据 UCP600，信用证规定的每一种单据须至少提交一份正本。提单为唯一的正本提单，或如果以多份正本出具，提单中须表明全套正本的份数。在实务中，纸质提单的正本份数以一式三份居多。

（21）标记唛头：此栏填写合同或信用证规定的唛头，必须与外包装箱上和商业发票上显示的运输标志一致。如果买卖合同或信用证中没有规定唛头，可填写 N/M。

（22）件数及包装种类：件数是指出口货物的运输包装件数，一般填写外包装数量；包装种类是指运输包装的种类。此栏必须用英文填写。

（23）货物描述：此栏内容允许只写大类名称或统称，但不应与实际货物矛盾，也不应与合同或信用证的规定相矛盾。如果同时出口不同的商品，应分别填写，不允许只填写其中一种金额较大的商品。此栏必须用英文填写。

（24）毛重：此栏填写货物的总毛重，应与其他单据相一致。如果是裸装货物没有毛重，只有净重，则在净重的数量前加注“net weight”。

（25）体积：此栏填写货物的尺码总数，一般单位为立方米。总尺码不仅包括各件货物尺码之和，还应包括件与件之间堆放时的合理空隙所占的体积。

（26）备注和特殊条款：此栏填写合同或信用证中的特殊要求。例如，提单上要求显示的信用证号码或订单号码、副本提单的份数等。

（27）配载要求：此栏填写合同或信用证中有关运输的特殊条款，如冷藏箱的温度、危险品的等级、要求配载的船舶的所属公司、不能停靠的港口等。

（28）托运人签署：经办人签字、出口企业盖章。

（29）联系人及联系方式：出口企业的单证员签名，填写手机号码或办公室电话号码。

（30）托运日期：一般情况下，受益人在预期装运前两星期至前十天托运，如果是每年的七、八月份的运输高峰期间，还要适当提前托运。

三、填制集装箱货物托运单

我国的进出口货物绝大多数使用集装箱运输，而在实务中出口商不能直接向船公司托运，必须通过货运代理公司（下面简称“货代”）托运，所以当出口商将上述“（出口商）国际货物运输托运单”交到货代手里后，受委托的货代必须填制“集装箱货物托运单”，向船公司订舱（也称定箱）。

集装箱货物托运单（Booking Note）（见图4－2）一式九联（现在采用网上托运、无纸报关，因此只有一页），由货代根据船公司印就的格式进行填制。船公司或其代理接受订舱后，便在托运单上加列船名、航次和编号。此编号就是日后签发的提单的号码。

当集装箱卡车将货物送至集装箱堆场或集装箱货运站时，接收货物的场站工作人员在托运单第七联“场站收据”上签字，并将第七联退还托运人以换取正式提单。这一联一俟签字后，承运人便开始承担责任（卖方的风险转移）。在网络办公的今天，货代收货后在电脑里输入接受信息，承运人便开始承担责任。

集装箱货物托运单有32个（及以上）栏目，其填制和图4－1的（出口商）国际货物运输托运单以及图4－3的海运提单很多栏目都相同，还有些栏目基本不用填。

（1）编号（D/R No.）：D/R是Dock Receipt（场站收据）的缩写，即场站收据号码，也就是日后的提单号码。

（2）第（2）、（3）、（4）栏：即图4－1国际货物运输托运单第（12）、（13）、（14）栏内容。

（3）第（5）栏，首程运输（Pre－carriage by）：如果是港至港海运，此栏空白。如果是国际多式联运，而且启运地是内陆，采用陆、空等运输方式将出口货物运至出口国海港处的，此栏填写首程运输的运输方式。比如CIP价格术语，货物从太原经天津出口到西雅图，太原到天津用铁路运输，此栏填写train。

注意：如果采用FOB、CIF、CFR术语从上海出口，集装箱卡车去浙江或江苏工厂装货，不能在此栏填“container truck”。

（4）第（6）栏，收货地点（Place of Receipt）：如果是港至港海运，此栏空白。如果是国际多式联运，且启运地是内陆，用陆、空等运输方式将出口货物运至出口国海港处，此栏填写内陆收货地点。比如CIP术语，货物从太原经天津出口到西雅图，此栏填写Taiyuan。

注意：如果采用FOB、CIF、CFR术语从上海出口，集装箱卡车去浙江或江苏工厂装货，不能在此栏填写“Zhejiang”或“Jiangsu”。

Shipper（发货人） (2)	D/R NO.（编号） (1)
Consignee（收货人） (3)	**集装箱货物托运单** **货主留底**
Notify Party（通知人） (4)	

第一联

Pre-carriage by(首程运输) (5)	Place of Receipt(收货地点) (6)	
Ocean Vessel(船名) Voy. No.(航次) (7)	Port of Loading(装货港) (8)	
Port of Discharge(卸货港) (9)	Place of Delivery(交货地点) (10)	Final Destination for the Merchant's Reference(目的地) (11)

Container No.（集装箱号）	Seal No.（封箱号）Marks & Nos.（标记与号码）	No. of Containers or Pkgs.（箱数或件数）	Kind of Packages, Description of Goods（包装种类与货名）	Gross Weight 毛重（公斤）	Measurement 体积（立方米）
(12)	(13)	(14)	(15)	(16)	(17)

Total number of Containers or Packages in words 集装箱数或件数合计（大写） (18)

FREIGHT & CHARGE（运费与附加费）	Revenue（运费吨）	Rate（运费率）	Per（每）	Prepaid（运费预付）	Collect（到付）
(19)					

Ex Rate(兑换率)	Prepaid at（预付地点）	Payable at（到付地点）	Place of Issue（签发地点） (20)
	Total Prepaid（预付总额）	No. of Original B(s)/L（正本提单份数） (21)	

Service Type on Receiving (22) □—CY □—CFS □—DOOR	Service Type on Delivery (23) □—CY □—CFS □—DOOR	Reefer temperature required（冷藏温度） (24) F C

TYPE (25) OF GOODS（种类）	□Ordinary（普通）	□Reefer（冷藏）	□Dangerous（危险品）	□Auto（裸装车辆）	危险品	Class: (26) Property: IMDG Code Page: UN No.
	□Liquid（液体）	□Live Animal（活动物）	□Bulk（散装货）	□		

可否转船: (27)	可否分批: (28)
装　期: (29)	有 效 期: (30)
金　额: (31)	
制单日期: (32)	

图 4－2

（5）第（7）栏，船名及航次（Ocean Vessel and Voy. No.）：此栏填写实际装载出口货物的船舶的名称和航次。如果是国际多式联运，出口港预配了船舶，则可在船名前加注“intended”，表明是预配船只。

（6）第（8）栏，装货港（Port of Loading）：此栏填写货物实际装运的港口名称，如果合同或信用证规定为 CHINA，或者有选择港 SHANGHAI/NINGBO，填写时不能机械照抄，须填写货物实际出运的港口名称。

（7）第（9）栏，卸货港（Port of Discharge）：此栏填写货物实际进口的港口名称，如果合同或信用证规定为 JAPAN，或者有选择港 OSAKA/KOBE，填写时不能机械照抄，须填写货物实际进口的卸货港。如果货物有转运，可在卸货港后加注 with transshipment at …。

（8）第（10）栏，交货地点（Place of Delivery）：如果是港至港海运，此栏可以留空。如果是国际多式联运，此栏填写货物到达的最终目的地（内陆地）名称。比如，采用国际多式联运方式出口货物到尼泊尔的加德满都，要利用印度的加尔各答港过境，则在卸货港栏目填写 Calcutta，在此栏填写 Kathmandu。

（9）第（11）栏，目的地（Final Destination for the Merchant's Reference）：如果是港至港海运，此栏可以留空。如果是国际多式联运，可以和上述第 10 栏填写内容相同，也可以填写进口商的仓库地址。

（10）第（12）栏，集装箱号码（Container No.）：填写集装箱号码。

（11）第（13）~（17）栏，即图 4－1 国际货物运输托运单第（22）~（25）栏的内容，其中第（13）栏还要填写集装箱的封箱号（Seal No.），但在实务中，封箱号往往填写在第（12）栏的下面。

（12）第（18）栏，大写总件数（Total number of Containers or Packages in words）：此栏按照实际包装情况填写。如果出口货物的包装种类有两种或两种以上，须分别注明，并在下面相加，以“packages”表示包装种类。

虽然此栏英文内容有“集装箱箱数”的含义，但在实务中一般不填写集装箱数量，而填写实际的包装箱数量。这是因为按照《海牙规则》，万一货物灭失，属于承运人责任时，承运人按照运输数量赔偿，而集装箱箱数也是“数量”。按集装箱箱数赔偿对托运人不利。

（13）第（19）栏，运费与附加费（Freight & Charge）：此栏填写运费预付或到付的表述。FOB 或 FCA 术语填写运费到付（Freight collect），CIF、CIP、CFR、CPT 术语填写运费预付（Freight prepaid）。一般情况下，不填写实际的海运费。

(14) 第 (20) 栏，签发地点 (Place of Issue)：此栏填写承运人实际装运货物的地点，也就是装货港。

(15) 第 (21) 栏，正本提单份数 [No. of Original B(s)/L]：此栏填写海运提单的正本份数，用英文而不是用数字表示。UCP600 没有规定一套提单究竟要几份，实务中以三份为一套的居多，也有一份为一套的，很少有两份为一套的。如果信用证规定 "Full set clean on board Bill of Lading …"，那么全套提单必须全部提交银行结汇。

(16) 第 (22) ~ (23) 栏，集装箱货物的交接方式 (Service Type on Receiving/ Delivery)：一般情况下，整箱货物的运输，在 CY 前面的□上打 ×；拼箱货物的运输，在 CFS 前面的□上打 ×。

(17) 第 (24) 栏，冷藏柜的温度要求：如果是普通货物，此栏留空。

(18) 第 (25) 栏，集装箱的种类：在需要的集装箱种类前的□上打 ×，一般情况下选择 "普通 (Ordinary)"。

(19) 第 (26) 栏，危险品等级：如是普通货物，此栏留空。

(20) 第 (27) ~ (30) 栏，装运期限与分批、转运要求：参见图 4 - 1 的第 (8) ~ (11) 栏的填写。

(21) 第 (31) 栏，金额：即货物的价值，可以留空不填。

(22) 第 (32) 栏，制单日期：即托运订舱的日期。

图 4 - 2 中还有其他一些内容，在实务中都留空不填。这里要特别指出的是：集装箱货物托运单不是出口商填写的，而是货代根据出口商填写的国际货物运输托运单的内容给船公司填写的。因此，出口商要想及时取得正确的提单并按时结汇，必须认真填写 (出口商) 国际货物运输托运单。

第二节 海运提单的定义、作用和填制

一、提单的定义

海运提单 (Ocean Bill of Lading) 简称提单 (B/L)，是由船长或承运人或其代理人签发的，用以证明海上货物运输合同和货物已由承运人接收或装船，以及承运人保证据以交付货物的单证。根据提单中载明的向记名人交付货物，

或者按照指示人的指示交付货物，或者向提单持有人交付货物的条款，构成承运人据以交付货物的保证。

在国际货物运输中，提单是最具有特色、最完整的运输单据。在国际贸易中，提单是一种有价证券，同时代表物权和债权。在各国有关运输的法律中，提单都被认为是一份非常重要的法律文件，提单上权利的实现必须以交还提单为要件。

二、提单的作用

（一）从法律规定的角度看，提单的基本作用如下：

1. 提单是海上货物运输合同的证明（evidence of the contract of carriage）。

2. 提单是货物已由承运人接收或装船的收货证据（evidence of receipt for the cargos）。

3. 提单是承运人保证凭以交付货物的物权凭证（documents of title）。

（二）从外贸业务和运输业务的角度看，提单的作用如下：

1. 提单是承运人有条件地为托运人运输货物的书面确认，托运人签发托运单与承运人签发提单，相互构成契约，共同成为托运人与承运人之间关于责任、费用、风险的划分依据。

2. 提单是银行结汇文件中最重要的文件，买卖双方的交货收款和收货付款，必须借助能同时代表物权和债权的提单，借助有资金信誉的银行来实现操作。

3. 提单是货主与货代之间、货代与承运人之间或货主与承运人之间的支付或收取运费的凭证，也是相互在经济上制约的有效文件。付款交单就是利用提单实现经济制约的一种手段。

三、提单的填制

海运提单由各家船公司自行印制，格式不尽相同，内容大体相同，分为可变部分和固定部分。

可变部分是指正面的内容，主要包括：托运人、收货人（也称抬头）、被通知人、装货港、卸货港、船名、航次、唛头、货名、件数、毛重、体积、运费付讫说明、承运人或其代理人签字盖章、签发日期和正本提单的份数等。

固定部分是指提单背面的运输条款，这一部分一般是不做更改的。这些条款是确定承运人与托运人以及提单持有人之间的权利和义务的主要依据。

为了缓解船货双方的矛盾，并照顾到船货双方的利益，国际上为了统一提单背面条款的内容，曾先后签署三个国际公约，即1924年签署的《统一提单的若干法律规则的国际公约》（简称“《海牙规则》”）、1968年签署的《修改统一提单的若干法律规则的国际公约的议定书》（简称“《维斯比规则》”）和1978年签署的《联合国海上货物运输公约》（简称“《汉堡规则》”）。由于三项公约签署的历史背景不同，内容不一，各国对这些公约的态度也不尽相同，因此，各国船公司签发的提单背面条款的内容也就有所不同，但以《海牙规则》的内容为依据的居多。

承运人签署海运提单的依据是托运单，所以对于出口商来说，主要任务是根据托运单审核海运提单。

以中远集装箱运输有限公司的收妥待运提单（图4-3）为例，提单的正面内容约22项。

（1）提单号码（B/L No.）：一般列在提单右上角，由承运人按一定顺序编制。

（2）托运人（Shipper）：又称发货人，即委托运输的人，一般是合同中的卖方或信用证中的受益人。

（3）收货人（Consignee）：提单的收货人俗称“抬头”。国际货物贸易中常见提单抬头有记名抬头（straight B/L）和指示抬头（order B/L）两种类型。此栏要严格按照合同或信用证的规定填写。

（4）被通知人（Notify Party）：记名抬头的提单因为在收货人栏内已将收货人名称、地址填写完整，因此可以不填此栏。指示抬头的提单用“凭指示”或“凭某人指示”来泛指收货人，隐藏了真实收货人，所以必须在此栏填上某公司的名称地址，以便货物到达目的港时，让承运人通知其来办理提货手续。

（5）首程运输（Pre-carriage by）：参见图4-2的第（5）栏填写。

（6）收货地点（Place of Receipt）：参见图4-2的第（6）栏填写。

（7）船名及航次（Ocean Vessel Voy. No.）：参见图4-2的第（7）栏填写。

（8）装货港（Port of Loading）：参见图4-2的第（8）栏填写。

（9）卸货港（Port of Discharge）：参见图4-2的第（9）栏填写。

（10）交货地点（Place of Delivery）：参见图4-2的第（10）栏填写。

（11）唛头（Marks and Nos）：参见图4-1的第（21）栏和/或图4-2的第（13）栏填写。

(12) 集装箱号和封号 (Container/Seal No.): 此栏填写以下三项内容。

①注明集装箱规格与数量。

②注明集装箱交接方式，整装箱填写 CY/CY (集装箱堆场到集装箱堆场) 或 FCL/FCL (整箱接整箱交)，拼装箱填写 CFS/CFS (集装箱货运站到集装箱货运站) 或 LCL/LCL (拼箱接拼箱交)。

③填写实际集装箱号码与封号，有几个填几个。

(13) 件数和包装种类 (No. of Containers or Packages): 参见图 4 – 1 的第 (22) 栏和/或图 4 – 2 的第 (14) 栏填写。

(14) 货物描述 [Description of Goods (if Dangerous Goods, See Clause 20)]: 参见图 4 – 1 的第 (23) 栏和/或图 4 – 2 的第 (15) 栏填写。

(15) 毛重 (Gross Weight Kgs): 参见图 4 – 1 的第 (24) 栏和/或图 4 – 2 的第 (16) 栏填写。

(16) 尺码 (Measurement): 参见图 4 – 1 的第 (25) 栏和/或图 4 – 2 的第 (17) 栏填写。

(17) 大写总件数 (Total No. of Container and/or Packages in words): 参见图 4 – 2 的第 (18) 栏填写。

(18) 运费与费用 (Freight and Charges): 参见图 4 – 2 的第 (19) 栏填写。

(19) 正本提单份数 [No. of Original B (S) /L]: 参见图 4 – 2 的第 (21) 栏填写。

(20) 提单签发地点及日期 (Place and date of Issue): 签发地点一般为承运人实际装运货物的地点，也就是装货港。签发日期一般是承运人接收货物的日期或货物上船的日期。

(21) 提单签署 (Signed by): 海运提单由承运人或其具名代理人、船长或其具名代理人签署。承运人、船长或代理人的任何签字须标明其承运人、船长或代理人的身份。

签发人	表示方法	备注
由承运人或其具名代理人	× × × as carrier	承运人、船长或代理人的任何签字必须标明其身份 代理人签字必须标明其系代表承运人还是船长签署
由承运人或其具名代理人	as agent for the carrier × × ×	承运人、船长或代理人的任何签字必须标明其身份 代理人签字必须标明其系代表承运人还是船长签署
由船长或其具名代理人	× × × as master	承运人、船长或代理人的任何签字必须标明其身份 代理人签字必须标明其系代表承运人还是船长签署
由船长或其具名代理人	as agent for the master × × ×	承运人、船长或代理人的任何签字必须标明其身份 代理人签字必须标明其系代表承运人还是船长签署

（22）装船批注（on board notation）：集装箱运输时，提单皆为收妥待运提单，但是在 CIF、CFR 或 FOB 术语项下，出口商必须向银行或进口商提交“已装船（on board）”提单，这时就要在收妥待运提单上加注 on board 字样（已印在提单左下方）和货物上船的日期，并经船公司或其代理人签署，构成合法的“已装船提单”。

这加注上去的日期（date）就是收妥待运提单的“提单日期”（此时上述第 20 条中的提单签发日期就不再是“提单日期”），这签署（by）一般情况下为“简签”。

日期（date）与简签（by）非常重要，往往是银行判断提单是否符合信用证的一个标准。信用证中关于提单的词语“Full set clean on board Bill of Lading …”要的就是提单上有装船批注。有些提单在右上方印刷了“SHIPPED on board in apparent good order and condition …”的字样，这提单本身就是一份“已装船提单”，那么，装船批注也就不再需要显示在提单上了。这时候，上述第（20）栏的提单签发日期也就成了“提单日期”了。

此外，在“on board”后面的“船名（vessel）”一般情况下是不需要填写的，因为上述（7）中已有船名显示。但是如果（7）中的船名前有“预配（intended）”字样，这里就需要将船名填写进去，即使预配船名与实际船名是一样的，也必须再填写一遍。

Shipper (2)	**B/L No.** (1) 中远集装箱运输有限公司 **COSCO CONTAINER LINES** **Port-to-Port or Combined Transport** **BILL OF LADING** **ORIGINAL**
Consignee (3)	
Notify party (4)	RECEIVED in external apparent good order and condition except as otherwise noted. The total number of packages or units stuffed in the container. The description of the goods and the weights shown in this Bill of Loading are furnished by the Merchants, and which the carrier has no reasonable means of checking and is not a part of this Bill of Lading contract. The carrier has issued the number of Bill of Lading stated below, all of this tenor and date. One of the original Bill of Lading must be surrendered and endorsed or signed against the delivery of the shipment and whereupon any other original Bill of Lading shall be void. The merchants agree to be bound by the terms and conditions of this B/L as if each had personally signed this B/L. * Applicable only used as Combined Transport B/L

*Pre-carriage by (5)	*Place of Receipt (6)
Ocean Vessel Voy. No. (7)	**Port of Loading** (8)
Port of Discharge (9)	*Place of Delivery (10)

Marks & Nos. (11) **Container / Seal No.** (12)	**No. of Containers or Packages** (13)	**Description of Goods (if Dangerous Goods, See clause 20)** (14)	**Gross Weight Kgs** (15)	**Measurement** (16)
	Description of Contents for Shipper's Use Only (Not Part of This B/L Contract)			
Total No. of Container and / or Packages (in words)	(17)			

Freight & Charges (18)	Revenue Tons	Rate	Per	Prepaid	Collect

Ex rate	Prepaid at	Payable at	**Place and date of Issue:** (20)
	Total prepaid	**No. of Original B(s)/L** (19)	**Signed by** (21)
LADEN ON BOARD THE VESSEL (22) **DATE** **BY**			

图 4－3

第三节　同步实训

一、示范

（一）缮制托运单

诸暨外贸与浙江中外运有限公司宁波明州分公司（货代，以下简称“明州公司”）一直有业务往来，沈宇雯获悉 2020 年 3 月 29 日有中远集装箱运输有限公司的船舶从宁波开往神户，和厂家联系后得知，工厂能在 3 月 27 日前完成生产任务。于是，沈宇雯委托明州公司联系船公司安排预订一个 40 尺高柜的集装箱，同时委托明州公司到工厂拖货、在宁波代理出口报关。

沈宇雯根据信用证和其他相关资料缮制托运单。

1. 信用证中有关提单缮制的内容：

…

PARTIAL SHIPMENT　　43P：NOT ALLOWED

TRANSSHIPMENT　　43T：NOT ALLOWED

PORT OF LOADING　　44E：CHINA

PORT OF DISCHARGE　　44F：KOBE

LATEST DATE OF SHIP.　　44C：200330

DESCRIPTION OF GOODS　　45A：

WOODEN GARDEN PRODUCTS

AS PER S/C NO. ZF20E0117

TRADE TERMS：CIF KOBE

DOCUMENTS REQUIRED　　46A：

…

+ FULL SET CLEAN ON BOARD MARINE BILL OF LADING MADE OUT TO ORDER OF SHIPPERS, BLANK ENDORSED AND MARKED FREIGHT PREPAID NOTIFY THE APPLICANT WITH FULL NAME AND ADDRESS

…

ADDITIONAL CON.　　47A：

1. S/C NO. ZF20E0117 MUST BE SHOWN ON ALL DOCUMENTS

…

2. 其他相关资料：

托运单编号：20EZF0318

装运港：宁波

贸易方式：一般贸易

货物备妥时间：2020 年 3 月 27 日

装箱方式：门到门

沈宇雯电话：17723456789

托运日期：2020 年 3 月 18 日

合同号：ZF20E0117

合同日期：2020 年 1 月 17 日

总毛重：6650.00 公斤

总体积：64.428 立方米

装箱地点：浙江省诸暨市马剑镇工业区 18 号诸暨景鸿竹木制品厂

配载要求：配载中远集装箱运输有限公司的船舶，一个 40 尺高柜

唛头：

KOMERI

ZF20E0117

KOBE

NO. 1—660

3. 缮制的托运单见图 4－4。

（出口商）国际货物运输托运单

托运人(Shipper)	托运单编号	贸易方式	收汇方式
ZHUJI FOREIGN TRADE CORP. OF ZHEJIANG, LTD.	20EZF0318	一般贸易	信用证
	运输方式：水路运输	运费支付方式(到付/预付)：预付	
收货人(Consignee) TO ORDER OF SHIPPER	货物备妥时间：2020 年 3 月 27 日	杂费支付方式(到付/预付)：到付	
	可否转运：不允许	可否分批：不允许	
被通知人(Notify Party) KOMERI CO., LTD. 4453-1, IBARASONE, SHIRONE OKAYAMA, JAPAN	装运期限：2020 年 3 月 29 日	信用证有效期：2020 年 4 月 13 日	
	装箱方式(自送/门到门)：门到门		

装运港	卸货港	门到门装货地址
NINGBO	KOBE	浙江省诸暨市马剑镇工业区 18 号诸暨景鸿竹木制品厂
最终目的地	提单份数	
	THREE	

标记唛头	件数及包装种类	货物描述	毛重（公斤）	体积（立方米）
		WOODEN GARDEN PRODUCTS		
KOMERI ZF20E0117 KOBE NO. 1—660	660CTNS		6650.00	64.428

备注和特殊条款

提单上显示：S/C NO. ZF20E0117。

配载要求

请配装中远集装箱运输有限公司的船舶，一个 40 尺高柜。

托运人签署：

浙江省诸暨对外贸易
有限公司托运专用章

联系人及联系方式：沈宇雯

手机：17723456789

托运日期：2020 年 3 月 18 日

图 4－4

（二）海运提单确认

若要确认海运提单是否正确，单证员就必须掌握海运提单的正确缮制，清楚海运提单各个栏目中的填写内容与要求。在实务中，海运提单由承运人或其代理人根据托运人的托运单填制，在配舱妥当后传真给托运人请求确认。如果托运人不及时确认，承运人便认为海运提单正确，邮寄给托运人。若等出口商收到提单后发现问题再退回更改，一是费时，可能会影响按时结汇；二是费钱，改提单的费用一般是50美元。

王雅飞是明州公司的制单员，她根据诸暨外贸提供的托运单和其他相关资料缮制海运提单，然后，传真给单证员沈宇雯确认。沈宇雯确认后，明州公司作为承运人的代理签发了海运提单（图4－5）。

其他相关资料：

提单号码：ZSNB20C006129　　提单日期：2020年3月29日

船名航次：ZHENHUA V. 307E　　1＊40'HQ，CY/CY

集装箱号：COSU2341253　　封箱号码：381232

提单签署：ZHEJIANG SINOTRANS NINGBO BRANCH

法人代表：李建华　　承运人：COSCO CONTAINER LINES

Shipper ZHUJI FOREIGN TRADE CORP. OF ZHEJIANG, LTD.	**B/L No.** ZSNB20C006129 中远集装箱运输有限公司 COSCO CONTAINER LINES Port-to-Port or Combined Transport **BILL OF LADING** ORIGINAL
Consignee TO ORDER OF SHIPPER	RECEIVED in external apparent good order and condition except as otherwise noted. The total number of packages or units stuffed in the container. The description of the goods and the weights shown in this Bill of Loading are furnished by the Merchants, and which the carrier has no reasonable means of checking and is not a part of this Bill of Lading contract. The carrier has issued the number of Bill of Lading stated below, all of this tenor and date. One of the original Bill of Lading must be surrendered and endorsed or signed against the delivery of the shipment and whereupon any other original Bill of Lading shall be void. The merchants agree to be bound by the terms and conditions of this B/L as if each had personally signed this B/L. * Applicable only used as Combined Transport B/L
Notify party KOMERI CO., LTD. 4453-1, IBARASONE, SHIRONE OKAYAMA JAPAN	

*Pre-carriage by	*Place of Receipt
Ocean Vessel Voy. No. ZHENHUA V. 307E	**Port of loading** NINGBO
Port of Discharge KOBE	*Place of delivery

Marks & Nos. Container / Seal No.	No. of Containers or Packages	Description of Goods (if Dangerous Goods, See clause 20)	Gross Weight Kgs	Measurement
KOMERI ZF20E0117 KOBE NO. 1-660	660CTNS	WOODEN GARDEN PRODUCTS S/C NO. ZF20E0117	6650.00KGS	64.428CBM
1*40'HQ, CY/CY CN.: COSU2341253 SN.: 381232				

Description of Contents for Shipper's Use Only (Not Part of This B/L Contract)

Total No. of Container and / or Packages (in words)	SAY SIX HUNDRED AND SIXTY CARTONS ONLY

Freight & Charges	Revenue Tons	Rate	Per	Prepaid	Collect
FREIGHT PREPAID					

Ex rate	Prepaid at	Payable at	**Place and date of Issue:** NINGBO 29 MAR., 2020
	Total prepaid	**No. of Original B(s)/L** THREE	**Signed by** ZHEJIANG SINOTRANS NINGBO BRANCH 李建华（章） As agent for the carrier COSCO CONTAINER LINES
LADEN ON BOARD THE VESSEL **DATE** 29 MAR., 2020 **BY** Z.S.N.B. 李（章）			

图 4－5

二、测试

2020 年 1 月 3 日，嘉兴文桑的单证员朱敏琪向中外运上海物流有限公司托运，有 4000 个（1000 箱）藤篮（RATTAN BASKET）将于 2020 年 1 月 15 日从上海出口到意大利热那亚。

请帮助朱敏琪根据信用证与其他相关资料填写（出口商）国际货物运输托运单（图 4－6），并在货物装运后审核并修改提单（图 4－7）上的错误。

（一）信用证（部分）：

From: CASSA DI RISPARMIO DI PARMA E PIACENZA S. P. A. GENOA

To: BANK OF CHINA, ZHEJIANG BRANCH

*27: Sequence of Total: 1/1

*40A: Form of Doc. Credit: IRREVOCABLE

*20: Doc. Credit Number: 1972737604

31C : Date of Issue: 191129

*40E: Applicable Rules: UCP LATEST VERSION

*31D: Expiry: Date 200130 Place CHINA

*50: Applicant: SAVIO TESSILI S. P. A.
VIA UDINE 105
33170 CASSANO,
ITALY

*59: Beneficiary: ZHEJIANG JIAXING WENSANG
IMP. AND EXP. CO., LTD.
NO. 120 SOUTH FURUN ROAD
NANHU DISTRICT, JIANXING
CHINA

…

43P: Partial Shipment: NOT ALLOWED

43T: Transshipment: NOT ALLOWED

44E: Port of Loading: SHANGHAI

44F: Port of Discharge: GENOA

44C: Latest Date of Shipment: 200115

45A: SHIPMENT OF GOODS:

RATTAN BASKET WITH COTTON COVER INSIDE

OTHER DETAILS AS PER S/C NO. 19JW1106

PACKING: 4 PCS IN AN EXPORT CARTON. TOTAL INTO ONE 40' CONTAINER

CIF GENOA

46A: DOCUMENTS REQUIRED:

...

+ FULL SET CLEAN ON BOARD BILLS OF LADING MADE OUT TO OUR ORDER MARKED FREIGHT PREPAID NOTIFY APPLICANT SHOWING FULL NAME AND ADDRESS

...

47A: ADDITIONAL CONDITIONS:

1. THE NUMBER OF THIS CREDIT 1972737604 AND ORDER NO. 39972 MUST BE QUOTED ON ALL DOCUMENTS.

...

48: PRESENTATION PERIOD: NOT LATER THAN 15 DAYS AFTER THE DATE OF ISSUANCE OF THE SHIPPING DOCUMENTS BUT WITHIN THE VALIDITY OF THE CREDIT

...

（二）其他相关资料：

托运单编号：WSE200103　　托运日期：2020 年 1 月 3 日

总毛重：6000.00 公斤　　总体积：53.312 立方米

贸易方式：一般贸易　　船名航次：APL VICTORY V. 864

联系人：朱敏琪　　电话：0573－68029378

手机：15875833288　　杂费：到付

门对门装箱地址：嘉兴市秀洲区南湖路 399 号外贸仓库

配载要求：配 APL 公司的船舶，1 个 40 尺整箱

货物备妥时间：2020 年 1 月 13 日　　装运日期：2020 年 1 月 15 日

提单号码：SH20T02351　　1＊40'FCL，CY/CY

集装箱箱号：APLU8663218　　集装箱封号：2080127

提单签署：SINOTRANS SHANGHAI LOGISTICS CO.，LTD.

法人代表：蒋玉沪

唛头：

SAVIO

19JW1106

GENOA

NO. 1—1000

（三）填写托运单和审核提单：

（出口商）国际货物运输托运单

<table>
<tr><td colspan="2" rowspan="2">托运人(Shipper)</td><td>托运单编号</td><td>贸易方式</td><td>收汇方式</td></tr>
<tr><td>运输方式</td><td colspan="2">运费支付方式(到付/预付)</td></tr>
<tr><td colspan="2" rowspan="2">收货人(Consignee)</td><td>货物备妥时间</td><td colspan="2">杂费支付方式(到付/预付)</td></tr>
<tr><td>可否转运</td><td colspan="2">可否分批</td></tr>
<tr><td colspan="2" rowspan="2">被通知人(Notify Party)</td><td>装运期限</td><td colspan="2">信用证有效期</td></tr>
<tr><td colspan="3">装箱方式(自送/门到门)</td></tr>
<tr><td>装运港</td><td>卸货港</td><td colspan="3" rowspan="2">门到门装货地址</td></tr>
<tr><td>最终目的地</td><td>提单份数</td></tr>
</table>

标记唛头	件数及 包装种类	货物描述	毛重 （公斤）	体积 （立方米）

<table>
<tr><td>备注和特殊条款</td></tr>
<tr><td>配载要求</td></tr>
<tr><td>托运人签署：

联系人及联系方式：
手机：　　　　托运日期：</td></tr>
</table>

图 4－6

Shipper ZHEJIANG JIAXING WENSANG IMP. AND EXP. CO., LTD.	**B/L No.** SH20T02351 APL AMERICAN PRESIDENT LINES
Consignee SAVIO TESSILI S. P. A. VIA UDINE 105 33170 CASSANO, ITALY	**BILL OF LADING** **ORIGINAL**
Notify party SAVIO TESSILI S. P. A. VIA UDINE 105 33170 CASSANO ITALY	RECEIVED in external apparent good order and condition except as otherwise noted. The total number of packages or units stuffed in the container. The description of the goods and the weights shown in this Bill of Loading are furnished by the Merchants, and which the carrier has no reasonable means of checking and is not a part of this Bill of Lading contract. The carrier has issued the number of Bill of Lading stated below, all of this tenor and date. One of the original Bill of Lading must be surrendered and endorsed or signed against the delivery of the shipment and whereupon any other original Bill of Lading shall be void. The merchants agree to be bound by the terms and conditions of this B/L as if each had personally signed this B/L. * Applicable only used as Combined Transport B/L

*Pre-carriage by	*Place of Receipt
Ocean Vessel Voy. No. APL VICTORY V.864	**Port of loading** SHANGHAI
Port of Discharge GENOA	*Place of delivery

Marks & Nos. Container / Seal No.	No. of Containers or Packages	Description of Goods (if Dangerous Goods, See clause 20)	Gross Weight Kgs	Measurement
SAVIO 19IW1106 GENOA NO. 1—1000 1*40'FCL, CY/CY CN.: APLU8663218 SN.: 2080127	1000CTNS	RATTEN BASKET	6000.00KGS	53.312CBM

Description of Contents for Shipper's Use Only (Not Part of This B/L Contract)

Total No. of Container and / or Packages (in words)	SAY ONE THOUSAND CARTONS ONLY

Freight & Charges	Revenue Tons	Rate	Per	Prepaid	Collect
FREIGHT PREPAID					

Ex rate	Prepaid at	Payable at	**Place and date of Issue:** SHANGHAI 15 JAN., 2020
	Total prepaid	**No. of Original B(s)/L**	**Signed by** SINOTRANS SHANGHAI LOGISTICS CO., LTD 蒋玉沪(章) As agent for the carrier AMERICAN PRESIDENT LINES
LADEN ON BOARD THE VESSEL **DATE** 15 JAN., 2020 **BY** S. S. L. 蒋(章)			

图 4－7

第五章　出境货物检验检疫申请

第一节　出境货物检验检疫概述

一、法定检验的范围

进出口商品法定检验是海关总署根据国家法律法规的规定，对规定的进出口商品或有关检验检疫事项实施强制性的检验检疫，未经检验检疫或经检验检疫不符合法律法规的规定要求的，不准输入、输出。

我国根据保护人类健康和安全、保护动物或者植物的生命和健康、保护环境、防止欺诈行为、维护国家安全的原则，由海关总署制定、调整必须实施检验的进出口商品目录并公布实施。法定检验的范围如下：

（一）对列入《实施检验的进出口商品目录》（简称“《法检目录》”）的进出口商品进行检验。《法检目录》由海关总署制定、调整和公布。

（二）对出口危险品的货物包装容器，实施性能鉴定和使用鉴定。

（三）对出口易腐烂变质食品、冷冻品的船舱和集装箱等运载工具，实施适载检验和鉴定。

（四）对其他法律法规规定的需经检验的进出口商品进行检验。

（五）对出口食品实施卫生检验。

（六）对国际条约规定的进出口商品实施检验检疫。

二、出境货物检验检疫的时间与地点

一般出境货物最迟在出口报关或装运前 7 天申请检验检疫，个别检验检疫周期长的货物，应留有相应的检验检疫时间。需隔离检疫的出境动物在出境前 60 天预申请，隔离前 7 天提出申请。

法定检验检疫货物，除了活动物由口岸检验检疫外，原则上应在产地检

验检疫。审批、许可证等有关政府批文中规定了检验检疫地点的，应在规定的地点报检。

出口商、生产厂家或其代理人应当持合同、发票、装箱单、出境货物检验检疫申请、包装性能结果单等必要的单据、凭证以及相关批文，向生产地所在的海关提出申请。

检验检疫合格后，生产地海关出具出境货物换证凭单或出境货物检验检疫工作联系单用于出口报关（无纸化报关），也可以出具出境货物通关单用于报关（有纸化报关）。

第二节 出境货物检验检疫申请单的填制

2018 年 3 月，中共中央印发了《深化党和国家机构改革方案》，将出入境检验检疫管理职能和队伍划入海关，实现“关检合一”。但是，目前出口货物还是要填写“出境货物检验检疫申请”。因此，本书通过介绍出境货物检验检疫申请单的填制内容，让读者了解出境货物检验检疫申请的相关内容。

出境货物检验检疫申请（图 5－1）的填写栏目有 31 项，所列各栏必须填写正确、完整、清晰，没有内容可填写的栏目用星号＊＊＊表示，不得留空，除非另有说明。

出境货物检验检疫申请的填制要求如下。

（1）申请单位：此栏指向海关申报检验、检疫、鉴定业务的单位，在自理申请的情况下，一般是生产厂家或出口公司。在实务中，申请单位加盖公章即可。

（2）申请单位登记号：此栏指申请单位在海关登记时，由海关给予的编号。

（3）联系人：此栏填写单证员的姓名。

（4）电话：此栏填写单证员的联系电话。

（5）申请日期：此栏填写申请日期。按照规定，一般产品的最迟申请时间为货物装运前 7 天。

（6）发货人：此栏填写出口商或信用证的受益人名称，一般填写中文即可，外文处用＊＊＊表示。如果信用证规定要海关出具商检证书，则要在外文处加填出口商或信用证中的受益人的英文名称。

（7）收货人：指申请检验检疫的出口货物的收货人或信用证中的开证申请人名称，一般不用填写，中、外文处皆用＊＊＊表示。如果信用证规定要海关出具检验证书，则要在外文处填写进口商或信用证开证申请人的英文名称，中文处用＊＊＊表示。

（8）货物名称：此栏填写出口货物的中/外文名称，注意不能填写货物的统称（如纺织品/TEXTILES），而必须填写具体货品（如男衬衣/ MEN'S SHIRTS）。

（9）H. S. 编码：指申报的出口货物的商品编码（税则号），填写10位数或13位数。

（10）产地：此栏填写申报的出口货物的生产加工的省（自治区、直辖市）以及地区（市）名称，如浙江义乌、福建厦门等。

（11）数/重量：此栏填写申报商品的计量计价数量，如果以重量计量计价的，就填写净重。若填写的是毛重，或者“以毛作净”的，需要说明。还有，此栏的数/重量须和报关单上的法定计量单位一致，必要时要同时显示商品的数量和净重。

（12）货物总值：此栏填写申报所附的商业发票上所列的产品总值。如果同一申请单申报多种货物，则要分别列明，再注明总值。

（13）包装种类及数量：此栏填写申报货物的包装种类及数量，如1400捆、200包、30箱等，须与托运单、提单、保险单等其他单据中所显示的包装种类及数量一致。

（14）运输工具名称号码：从理论上来说，此栏填写货物实际装载的运输工具名称（如船名），以及运输工具编号（如航次）。但因申请的最晚时间是装运前7天，那时尚不知船名或飞机的航班号码，因此，此栏可以填写船舶与飞机等运输工具类别。但是如果在出境地申请，以换证凭单换取出境货物通关单时，此栏必须照实填写船名、航次等内容。

（15）贸易方式：此栏在“一般贸易”“来料加工”“进料加工”“其他”四项中任选一个，不能同时填写两种或两种以上的贸易方式。如果是两种以上的贸易方式同时申报时，要分开填写。

（16）货物存放地点：此栏填写申报货物的存放地点。

（17）合同号：此栏填写申报货物所属的合同号码。

（18）信用证号：此栏填写申报货物的信用证号码，如非信用证方式结算，此栏填写“＊＊＊”。

（19）用途：此栏根据产品特性在下列9种用途中选一种，而且也只能选一种。这9种用途是：繁殖或种用、奶用、药用、饲用、食用、实验、动物伴侣、观赏或演艺、其他。若出口产品有两种用途，则要分开申报。

（20）发货日期：此栏填写申报货物的实际装运日期，即托运单上的装运日期。在实务中，此日期可以略早于合同或信用证规定的最晚装运日期。

（21）输往国家（地区）：此栏填写合同或信用证规定的进口国（地区）。

（22）许可证/审批号：此栏填写许可证/审批号。对于限制出口的商品，申报时必须填写许可证或审批单号码；对自由出口的商品，此栏填写“＊＊＊”。

（23）启运地：此栏填写合同或信用证规定的装货港（地）。如果合同或信用证规定的是“CHINA”，此栏必须填写实际的启运港，如上海、宁波等，不能照抄CHINA。

（24）到达口岸：此栏填写合同或信用证规定的卸货港。如果采用国际多式联运，到达地点是一个内陆城市，则填写最终目的地。如果合同或信用证规定的是JAPAN，此栏必须填写实际到达口岸城市，如横滨、大阪等，而不能照抄JAPAN。

（25）生产单位注册号：此栏填写生产加工出口商品的厂家在海关的注册号码。

（26）集装箱规格、数量及号码：从理论上来说，此栏填写载货的集装箱的规格（如20英尺或40英尺）、数量（如1个还是2个集装箱），以及集装箱号码（如APLU2341253）。由于申请时间最晚不能迟于货物装运前7天，而此时生产企业或出口商无法知道集装箱号码，所以此栏可以仅填写“集装箱”三字，如果已事先知道集装箱的规格数量，一起填入亦可，如“一个20英尺集装箱”。如果是拼箱出口，由工厂自送货物到码头仓库，此栏可填写“＊＊＊”。

（27）合同、信用证订立的检验检疫条款或特殊要求：如果仅是法定检验商品，无纸化通关，要求出具电子底账，可以在此栏填写“＊＊＊”；如果合同或信用证要求海关出具检验证书，可以在此栏填写“详见信用证副本”，并在报检时提供信用证副本。

（28）标记及号码：此栏填写包装箱外的唛头（运输标志），必须与发票上显示的唛头一致。如果唛头太多写不下，可以用附页。若发票没有唛头，此栏不能留空，须填写“N/M”。

（29）随附单据：一般情况下，申报提供的单据有发票（副本）、装箱单（副本）、合同（副本）和包装性能结果单（正本），大企业可能还提供厂检单，企业可以在对应的框内打“√”。如果有申请单上没有印刷的但却需要提供的单据，可以在空的框内打“√”，并在后面填上提供的单据名称。如果合同或信用证要求海关出具检验证书，企业提供了信用证副本，就不再需要提供合同副本。一般货物的出口，还需在“合理保证”前的框内打“√”，代理申请的情况下，需要在“代理报关委托书”前的框内打“√”。

（30）需要证书名称：按照合同或信用证要求，在所需证书前的框内打“√”，并填写上正本和副本的数量。如果仅仅是法定检验产品，又是无纸化通关的，可以在“电子底账”前面的框内打“√”，其他的可根据需要在“出境货物工作联系单”前面的框内打“√”；或者在“出境货物换证凭单”前面的框内打“√”。如果有申请单上没有印刷的但却需要出具的单据，则可以在空的框内打“√”，并在后面加上需要出具的单据的名称。

（31）报检人郑重声明及签名：报检人声明已经印在上面，报检员必须亲笔签名，此时报检单才真正缮制完毕。

中华人民共和国海关
出境货物检验检疫申请

申请单位（加盖公章）　(1)　　　　　　　　　　*编号______

申请单位登记号：　(2)　　联系人　(3)　　电话　(4)　　申请日期　(5)

发货人 (6)	（中文） （外文）	
收货人 (7)	（中文） （外文）	

货物名称（中/外文）	H. S. 编码	产地	数/重量	货物总值	包装种类及数量
(8)	(9)	(10)	(11)	(12)	(13)

运输工具名称号码	(14)	贸易方式	(15)	货物存放地点	(16)
合同号	(17)	信用证号	(18)	用途	(19)
发货日期	(20)	输往国家（地区）	(21)	许可证/审批号	(22)
启运地	(23)	到达口岸	(24)	生产单位注册号	(25)
集装箱规格、数量及号码	(26)				

合同、信用证订立的检验检疫条款或特殊要求	标记及号码	随附单据（划“√”或补填）(29)	
(27)	(28)	□合同 □信用证 □发票 □换证凭单 □装箱单 □厂检单	□包装性能结果单 □许可/审批文件 □代理报关委托书 □合理保证 □ □

需要证书名称（划“√”或补填）(30)		*检验检疫费	
□品质证书　__正__副 □重量证书　__正__副 □数量证书　__正__副 □兽医卫生证书　__正__副 □健康证书　__正__副 □卫生证书　__正__副 □动物卫生证书　__正__副	□植物检疫证书　__正__副 □熏蒸/消毒证书　__正__副 □出境货物换证凭单　__正__副 □电子底账　__正__副 □出境货物工作联系单　__正__副 □ □	总金额（人民币） 计费人 收费人	

报检人郑重声明：	领取证书	
1. 本人被授权报检。 2. 上列填写内容正确属实，货物无伪造或冒用他人的厂名、标志、认证标志，并承担货物质量责任。 签名：(31)	日期 签名	

注：有“*”号栏由海关填写。

图5－1

第三节　同步实训

一、示范

诸暨外贸的单证员沈宇雯经过查询得知，木制庭院用品（篱笆、花桶和鸟笼）是法定检验商品，出口报关需要提供出境货物检验检疫工作联系单。由于货物就在诸暨生产，所以诸暨外贸可以自理申请。

沈宇雯准备好报检所需的相关单据——发票、装箱单与信用证（副本），并填写好出境货物检验检疫申请，将这些单证和包装性能结果单（俗称“纸箱合格证”）一起交到绍兴海关。因为信用证要求出具熏蒸证书，所以绍兴海关除了安排货物的法定检验检疫外，还要出具熏蒸证书。填写完毕的出境货物检验检疫申请见图 5－2。

其他相关资料：

申请日期：2020 年 3 月 20 日	发货日期：2020 年 3 月 29 日
联系人：沈宇雯	电话：87882632
贸易方式：一般贸易	信用证号：30－2020－021136
合同号码：ZF20E0117	集装箱规格、数量：一个 40 尺高柜
申请单位登记号：3100704903	生产单位注册号：3108913579
启运地：宁波	到达口岸：神户
篱笆税则号：4420909090	包装：200 箱
数量/重量：1000 片/1600 千克	货值：3500 美元
花桶税则号：4420909090	包装：450 箱
数量/重量：1800 个/3600 千克	货值：9000 美元
鸟笼税则号：4420909090	包装：10 箱
数量/重量：200 个/130 千克	货值：1000 美元
法定第一单位：千克	法定第二单位：无

产地：浙江诸暨

货物存放地点：诸暨市马剑镇工业区 18 号诸暨景鸿竹木制品厂

唛头：

KOMERI

ZF20E0117

KOBE

NO. 1—660

浙江省
诸暨对外贸易
有限公司
(章)

中华人民共和国海关
出境货物检验检疫申请

申请单位(加盖公章)　　　　　　　　　　　　　　　　　*编号

申请单位登记号：3100704903　联系人　沈宇雯　电话　87882632　申请日期　2020 年 3 月 20 日

发货人	(中文)	浙江省诸暨对外贸易有限公司
	(外文)	ZHUJI FOREIGN TRADE CORP. OF ZHEJIANG, LTD.
收货人	(中文)	***
	(外文)	KOMERI CO., LTD.

货物名称(中/外文)	H. S. 编码	产地	数量/重量	货物总值	包装种类及数量
庭院用品 WOODEN GARDEN PRODUCTS					
篱笆 FENCE	4420909090	浙江诸暨	1000 片/1600 千克	3500 美元	200 箱
花桶 FLOWER POT	4420909090	浙江诸暨	1800 个/3600 千克	9000 美元	450 箱
鸟笼 BIRDCAGE	4420909090	浙江诸暨	200 个/130 千克	1000 美元	10 箱

运输工具名称号码	船舶	贸易方式	一般贸易	货物存放地点	诸暨市马**
合同号	ZF20E0117	信用证号	30-2020-021136	用途	其他
发货日期	2020 年 3 月 29 日	输往国家(地区)	日本	许可证/审批号	***
启运地	宁波	到达口岸	神户	生产单位注册号	3108913579
集装箱规格、数量及号码	一个 40 尺高柜				

合同、信用证订立的检验检疫条款或特殊要求	标记及号码	随附单据(划“√”或补填)(29)	
熏蒸证书上显示： S/C NO. ZF20E0117 **剑镇工业区 18 号诸暨景鸿竹木制品厂	KOMERI ZF20E0117 KOBE NO. 1-660	□合同 ☑信用证 ☑发票 □换证凭单 ☑装箱单 □厂检单	☑包装性能结果单 □许可/审批文件 ☑代理报关委托书 ☑合理保证 □ □

需要证书名称(划“√”或补填)(30)		*检验检疫费	
□品质证书　__正__副 □重量证书　__正__副 □数量证书　__正__副 □兽医卫生证书　__正__副 □健康证书　__正__副 □卫生证书　__正__副 □动物卫生证书　__正__副	□植物检疫证书　__正__副 ☑熏蒸/消毒证书　2 正 1 副 □出境货物换证凭单　__正__副 ☑电子底账　__正__副 ☑出境货物工作联系单　__正__副 □ □	总金额(人民币) 计费人 收费人	

报检人郑重声明：	领取证书	
1. 本人被授权报检。 2. 上列填写内容正确属实，货物无伪造或冒用他人的厂名、标志、认证标志，并承担货物质量责任。 签名：沈宇雯(手签)	日期 签名	

注：有“*”号栏由海关填写

图 5－2

沈宇雯填写好申请单后向浙江绍兴海关提出申请，同时联系产品的检验检疫。3 月 23 日，绍兴海关有关工作人员到工厂（马剑镇工业区 18 号）实施检验。3 月 24 日，沈宇雯收到了绍兴海关出具的出境货物检验检疫工作联系单（电子底账）。沈宇雯对联系单进行了审核，确认无误后，交明州公司王雅飞用于报关。相关的熏蒸证书于2020 年3 月 27 日出具，沈宇雯审核无误后与商业发票、装箱单等归入一起，一俟货物出运提单到手，便可用于结汇。

二、测试

2020 年 1 月 6 日，嘉兴文桑的单证员朱敏琪向嘉兴海关提出检验检疫申请，有4000 个藤篮（RATTAN BASKET）将于 2020 年 1 月 15 日从上海出口到意大利热那亚。随附单据有信用证（副本）、发票、装箱单以及包装性能结果单，申请嘉兴海关出具出境货物检验检疫工作联系单（电子底账）与品质证书。

其他有关资料：

发货人：浙江省嘉兴市文桑进出口有限公司

ZHEJIANG JIAXING WENSANG IMP. AND EXP. CO. , LTD.

收货人：SAVIO TESSILI S. P. A.

生产单位注册号：4158922334	申请单位登记号：3309211009
联系人：朱敏琪	电话：68029378
包装：1000 纸箱	货值：16000. 00 美元
合同号：19JW1106	信用证号：1972737604
产地：浙江嘉兴	集装箱规格、数量：一个 40 尺集装箱
运输工具名称号码：船舶	发货日期：2020 年 1 月 15 日
贸易方式：一般贸易	税则号：4602120000
总毛重：6000 千克	总净重：4000 千克
法定第一单位：千克	法定第二单位：无

货物存放地点：秀洲区南湖路 399 号外贸仓库

检验证上显示：THE NUMBER OF THE CREDIT 1972737604 AND ORDER NO. 39972

唛头：SAVIO

19JW1106

GENOA

NO. 1—1000

朱敏琪需要填制的出境货物检验检疫申请如下（图5－3）。

中华人民共和国海关
出境货物检验检疫申请

申请单位（加盖公章）　　　　　　　　　　　　　　　　　　　　　　*编号________

申请单位登记号：　　　　　　　　联系人　　　　　电话　　　　　　申请日期

发货人	（中文） （外文）	
收货人	（中文） （外文）	

货物名称（中/外文）	H. S. 编码	产地	数量/重量	货物总值	包装种类及数量

运输工具名称号码		贸易方式		货物存放地点	
合同号		信用证号		用途	
发货日期		输往国家（地区）		许可证/审批号	
启运地		到达口岸		生产单位注册号	
集装箱规格、数量及号码					

合同、信用证订立的检验检疫条款或特殊要求	标记及号码	随附单据（划“√”或补填）(29)	
		□合同 □信用证 □发票 □换证凭单 □装箱单 □厂检单	□包装性能结果单 □许可/审批文件 □代理报关委托书 □合理保证 □ □

需要证书名称（划“√”或补填）(30)				*检验检疫费	
□品质证书	__正__副	□植物检疫证书	__正__副	总金额（人民币）	
□重量证书	__正__副	□熏蒸/消毒证书	__正__副		
□数量证书	__正__副	□出境货物换证凭单	__正__副	计费人	
□兽医卫生证书	__正__副	□电子底账	__正__副		
□健康证书	__正__副	□出境货物工作联系单	__正__副	收费人	
□卫生证书	__正__副	□			
□动物卫生证书	__正__副	□			

报检人郑重声明：	领取证书	
1. 本人被授权报检。	日期	
2. 上列填写内容正确属实，货物无伪造或冒用他人的厂名、标志、认证标志，并承担货物质量责任。 签名：	签名	

注：有“*”号栏由海关填写

图 5－3

第六章　出口货物保险

在国际贸易中，货物经过长途运输，不可避免地会由于自然灾害、意外事故、内部或外来因素而受到损害。为了保证收货人在货物受损后能得到经济补偿，在CIF/CIP价格术语下的出口成交，卖方（被保险人）必须在货物出运前，向保险公司（保险人）办理货物运输保险；在FOB/FCA和CFR/CFR价格术语下的进口成交，买方（被保险人）必须在货物出运前，向保险公司（保险人）办理货物运输保险。

第一节　投保申请单

投保申请单（简称“投保单”）是保险公司根据不同险种事先设计内容的单据，没有固定格式，由投保人根据货物交易、运输方式等实际情况（如采用信用证方式，还需要按来证要求）进行填写。投保单是保险公司作为风险衡量、保费计算、合同订立（出保单）的依据。各保险公司设计的投保单格式大同小异，一般都包括下列内容。

（1）发票号码（Invoice No.）：此栏填写对应发票的号码。

（2）被保险人名称（Name Insured）：多数情况下，此栏填写出口商的英文名称，并且不需要填写详细地址。

（3）标记及号码（Marks and Numbers）：此栏有两种填写方法，一种是直接填写货物外包装上的运输标志（唛码标识），须与发票、提单等单据上填写的一致；另一种填写AS PER INVOICE NO. ×××，中文意思是根据发票号码×××。在实务中，后一种填写方法占了绝大多数。

（4）件数（Quantity）：此栏填写承保货物的包装件数，而不是发票上的计量计价数量。

（5）物品名称（Description of Goods）：此栏填写承保货物的名称，允许只写大类名称或统称，但不应与实际货物矛盾，也不应与合同或信用证的规定相矛盾。

（6）保险金额（Insured Amount）：此栏按合同或信用证的要求填写加成后的金额，不能漏掉币制（与合同或信用证上的币制相同）。一般情况下，保险金额不设辅币，如果加成后有小数点，则采用“进一法”进上去。比如发票金额USD18632.00，加一成后为USD20495.20，保险金额就是USD20496.00。

（7）装载运输工具（Per Conveyance）：此栏可以留空，因为投保工作发生在货物装运前，此时尚未知船名、航次、飞机航班、火车车次等内容。实务中，保险公司会在保险单的相应内容栏上加盖一个校正章，待货物出运后，出口商把船名、航次等相应内容添加上去。

（8）启运日期（Date of Commencement）：此栏有两种写法，一种是直接填写装运日期；另一种填写“AS PER B/L”，中文意为根据提单的日期。因为投保是在货物装运之前，尚不知货物的装运日期。值得注意的是，如果承保货物不采用船舶运输出口，则不能这样填写，而要填写实际飞机、火车、汽车的开航日期。

（9）赔款偿付地点（Loss if any Payable at）：此栏在一般情况下填写货物的目的港（地），如果信用证或合同有特别要求，如要求填写进口国，保险公司也能照办。有时信用证或合同会要求在此处显示万一货物出险保险公司赔偿的货款的币制，英文表述是这样的：“in the same currency of the drafts”，出口商须在此栏内明示，保险公司也是能够照办的。

（10）运输线路（Voyage）：此栏有三项内容，自（From）、经（Via）和至（To），即装货港（地）、中转港（地）和卸货港（地）。如果承保货物不经过中转，经（Via）可以留空，如果货物经过中转，则三个地点都要填写。

（11）投保险别（Conditions）：此栏按照合同或信用证的要求填写。

（12）特别要求（Additional Conditions）：此栏一般情况下可以留空，如果合同或信用证规定要在保险单上显示合同号、信用证号、订单号等内容，则要填写在此栏内。

（13）申请保险单的正本份数（Issued in Original）：按照目前保险公司惯例，此栏在“Issued in”与“Original ”之间填写TWO，即两份正本。

（14）申请人（Applicant）：此栏由出口商盖公章。

（15）投保日期（Date）：此栏填写投保日期，该日期应早于提单日期（货物出运日期），但在发票日期之后。在实务中，也有与发票日期同一天，或者与提单日期相同的，银行或进口商都能接受。

保险公司一般把投保日期作为保险单的出单日期。如果保险单的出单日期晚于货物出运日期，这是一个很大的不符点，银行与进口商都不会接受。但是如果出单日期晚于货物出运日期，而保险单上明示投保日期（早于货物出运日期），银行与进口商也是会同意并接受的。

现在，有许多保险公司和出口企业不再使用投保单，而改用发票投保。即在商业发票上抄写合同或信用证中规定的保险条款，传真给保险公司，保险公司根据发票内容出具保险单。

投保单样式见图6－1。

中国人民财产保险股份有限公司浙江省分公司投保单

Application for PICC Property & Casualty Co. Ltd, Zhejiang branch

发票号码：（1）
Invoice No.:

<table>
<tr><td colspan="6">被保险人名称：　（2）
Name Insured:</td></tr>
<tr><td>标记及号码
Marks and Numbers</td><td>件数
Quantity</td><td colspan="2">物品名称
Description of Goods</td><td colspan="2">保险金额
Insured Amount</td></tr>
<tr><td>（3）</td><td>（4）</td><td colspan="2">（5）</td><td colspan="2">（6）</td></tr>
<tr><td>装载运输工具
Per conveyance</td><td>（7）</td><td>启运日期
Date of Commencement</td><td>（8）</td><td>赔款偿付地点
Loss if any Payable at</td><td>（9）</td></tr>
<tr><td colspan="2">运输路线：　自　（10）
Voyage:　From</td><td colspan="2">经
Via</td><td colspan="2">至
To</td></tr>
<tr><td colspan="3">投保险别　（11）
Conditions</td><td colspan="3">申请人（14）
Applicant</td></tr>
<tr><td colspan="6">特别要求（12）
Additional Conditions</td></tr>
<tr><td colspan="3">申请保单正本份数为　　份　（13）
Issued in _____ Original(s) only</td><td colspan="3">日期　（15）
Date　　年　　月　　日</td></tr>
</table>

图6－1

第二节 保险单的填制

一、保险单的作用与种类

保险单据是保险人与被保险人之间订立的保险合同的证明文件，它反映了保险人（保险公司）与被保险人（卖方或买方）之间的权利与义务关系，也是保险公司的承保证明。当发生保险责任范围内的损失时，它又是索赔、理赔的主要依据。

在国际贸易中，CIF 或 CIP 贸易术语项下，卖方投保得到保险单据后，通过背书，将保单与代表物权的提单一起转让给买方，使得买方能够在货物出险后向保险公司索赔，得到利益上的赔偿。如果货物平安到达目的地，保险单据的效力就结束。

我国目前在进出口实务中应用的保险单据主要有保险单（Insurance Policy）、保险凭证（Insurance Certificate）和预约保险单（Open Policy）。本书重点介绍实务中最常用的单据——保险单的填制。

二、保险单的填制

保险单的填制以中国人民财产保险股份有限公司货物运输保险单为例，见图 6－2。

（1）发票号码（Invoice No.）：此栏填写发票号码。

（2）保单号次（Policy No.）：此栏由保险公司填写。

（3）被保险人（Insured）：此栏填写信用证的受益人或买卖合同中的卖方，合同或信用证有特殊规定的按其规定。

在 CIF 或 CIP 价格条件下，被保险人即出口商，也就是信用证项下的受益人，或托收、汇付结算方式下的卖方。但是根据《国际贸易术语解释通则》的规定，货物上船后或货物交承运人后，风险即转移给了买方。万一货物在运输途中发生灭失，索赔的是买方（进口商）。所以当卖方（出口商）为被保险人时，卖方要在保险单的背面进行背书，以示索赔权益转让给保险单的持有人，同时受让人则承担起被保险人的义务。在合同或信用证没有做特别规定时，卖方作空白背书。

如果信用证规定保险单为 To order of ××× bank 或 In favour of ××× bank，即应在被保险人处填写“出口公司 + held to order of ××× bank”或“in favour of ××× bank”。

如果信用证规定，保险单为第三者名称即中性名义，可制成“被保险利益人”，即填写“To whom it may concern”。

如果信用证规定以某公司或某银行为被保险人，可直接在本栏填上所规定的名称，这种保险单不需要背书。

如果信用证有特殊要求，所有单据以某公司为抬头人，那么应在被保险人栏以某公司为被保险人，这种保险单也不需要背书。

（4）标记（Marks and Nos.）：此栏填写承保货物外包装上的运输标志，与投保单上相同。

（5）包装及数量（Quantity）：此栏填写承保货物的包装件数，与投保单上相同。如果以毛重或净重计价的，可填写货物的毛重或净重；裸装货物表示其件数即可；散装货物表示其重量，并在其后注明 In bulk 字样。

（6）保险货物项目（Description of goods）：此栏填写承保货物的名称，与投保单上相同。

（7）保险金额（Amount Insured）：此栏按合同或信用证要求，填写加成后的金额，不能漏掉币制（与合同或信用证上的币制相同），和投保单相同。如果加成后有小数点，按照“进一法”进上去，保留整数。如果进口商要求加成超过 30%，即按发票金额的 130% 或以上投保，必须得到保险公司的事先允许。

（8）总保险金额（Total Amount Insured）：此栏填写保险金额的英文大写数字。为防止加塞作弊，前面用“SAY”开始，末尾加“ONLY”结束。

（9）保险费（Premium）：按照惯例，此栏一般由保险公司印就“As arranged”（如约定）字样。除非信用证另有规定，每笔保费及费率可以不具体表示。

（10）启运日期（Date of commencement）：此栏填写承保货物的装运日期，如果是海运出口，也可以填写“AS PER B/L”。

（11）装载运输工具（Per conveyance）：此栏填写装载承保货物的运输工具的名称，如船名、航班号、火车班次等。如果采用转运方式的，应分别填写第一程船名和第二程船名。如果转运到内陆的，应加注：Other conveyance

以及火车班次等内容。例如，By air MU5328、S. S. ZHENHUA V. 086W 或者 S. S. HUAXING V. 35W and other conveyance by train TSK268 等。

（12）自（From）：此栏填写承保货物的装货港（地），必须与提单、装箱单等其他单据中的表述一致。如果合同或信用证中规定的是 CHINA，填写时不能照抄，而要填写承保货物实际出口的港口。

（13）经（Via）：此栏填写承保货物的中转港或中转地，如果没有中转，此栏可以留空。

（14）至（To）：此栏填写承保货物的卸货港（地），必须与提单、装箱单等其他单据中的表述一致。如果合同或信用证中规定的是 JAPAN，填写时不能照抄，而要填写承保货物实际到达的港口。

（15）承保险别（Conditions）：此栏系保险单的核心，包括保险的险别、适用的文本、文本生效的日期三大内容。填写时应注意保险险别及叙述文句与信用证的严格一致，即使信用证中有重复语句，为了避免混乱和误解，也最好按信用证规定的顺序填写。

如果信用证没有规定具体险别，或只规定“Marine risk”“Usual risk”或“Transport risk”等，则可以投保一切险（All risks）、水渍险（W. A. 或 W. P. A.）、平安险（F. P. A.）三种基本险中的任何一种，但根据 INCOTERMS 2010，则应投保平安险。

如果信用证中规定使用伦敦保险业协会的海运货物保险条款，国内各保险公司均可以承保，保险单上可以按要求填制。

此栏除注明合同或信用证规定的险别名称之外，还应注明险别适用的文本及日期。在我国，进出口货物运输最常用的保险条款是“中国保险条款”（China Insurance Clause, C. I. C.），现行版本于 2009 年修订，2010 年 1 月 1 日起实施。伦敦保险业协会制定的“协会货物条款”（Institute Cargo Clauses, I. C. C.），现行版本于 2008 年修订，2009 年 1 月 1 日起实施。

另外，根据保险惯例，保险公司会在保险单上加上“仓至仓条款（warehouse to warehouse clause）”，无论合同或信用证是否要求。关于这一点，一般情况下银行或进口商都能接受。

（16）赔款偿付地点（Claim payable at）：此栏按合同或信用证的要求填制。如果未加列明，一般将卸货港（地）作为赔付地点。有些进口商因为外汇紧张等原因，希望在货物出险后，保险公司能用信用证上的币制赔付，往往会在信用证中要求"… claim payable at destination in the same currency of the drafts"，即在卸货港后加注 IN USD（如果信用证币制是美元的话），保险公司也会照办。

（17）出单日期（Issuing date）：此栏指保险单的签发日期。按照国际惯例，保险公司提供"仓至仓"（warehouse to warehouse）的服务，所以投保手续应当在货物离开出口商仓库之前办理，保险单的日期也应是货物离开出口商仓库前的日期。此日期不能晚于货物出运日期，否则开证银行将拒付，进口商的索赔也会遇到拒绝。

（18）保险单份数与"正本"字样：根据 UCP600 的规定，保险单上必须有"正本"（ORIGINAL）字样，并显示保险单的正本份数。如果信用证中无明确规定正本的份数，保险单上也未注明正本份数，银行可以接受只提交一份正本的保险单据。目前我国各保险公司提供的保险单上都有"ORIGINAL"的水印，而且按照惯例，大都是一式两份，英文"Two"和数字"2"已印就在保险单上。

（19）目的港（地）货损检验及理赔代理人（Surveying and claim settling agents）：此栏由保险人填制。一般情况下，保险公司会选择在目的港或目的港附近的代理作为货损检验和理赔代理人，并详细注明其名称地址。此代理人不能由进口商指定，也不能在信用证中明示，如果信用证中对理赔代理人有指定，受益人必须事先更改信用证。如果保险单上注明保险责任终止地是在内地而非港口，则保险公司会选择位于内地的代理人的名称、地址。当保险公司在当地没有代理机构时，会选择当地权威的检验机构作为货损检验和理赔代理人。

（20）保险人签署（Authorized Signature）：此栏即保险公司的法定代表人签署与盖章。如果保险单没有签署，即为单证不符，银行可以拒付货款。

PICC 中国人民财产保险股份有限公司
PICC Property and Casualty Company Limited
总公司设于北京　一九四九年创立
Head Office Beijing　Established in 1949

货物运输保险单
CARGO TRANSPORTATION INSURANCE POLICY

发票号码 **Invoice No.** (1)　　　保单号次 **Policy No.** (2)

被保险人 **Insured:** (3)

中保财产保险有限公司（以下简称本公司）根据被保险人的要求，及其所缴付约定的保险费，按照本保险单承担险别和背面所载条款与下列特别条款承保下列货物运输保险，特签发本保险单。

This policy of Insurance witnesses that The People Insurance (Property) Company of China, Ltd. (hereinafter called the Company) at the request of the Insured and in consideration of the agreed premium paid by the Insured, undertakes to insure the under mentioned goods in transportation subject to the conditions of this Policy as per the Clauses printed overleaf and other special clauses attached hereon.

标记 **Marks and Nos.**	包装及数量 **Quantity**	保险货物项目 **Description of goods**	保险金额 **Amount Insured**
(4)	(5)	(6)	(7)

总保险金额: (8)
Total Amount Insured

保险费 (9)　　启运日期 (10)　　装载运输工具 (11)
Premium **As arranged**　**Date of commencement**　**Per conveyance**

自 (12)　　经 (13)　　至 (14)
From　**Via**　**To**

承保险别 **Conditions:**
(15)

所保货物，如发生本保险单项下可能引起索赔的损失或损坏，应立即通知本公司下述代理人查勘。如有索赔，应向本公司提交保险单正本（本保险单共有2份正本）及有关文件。如一份正本已用于索赔，其余正本则自动失效。

In the event of damage which may result in a claim under this Policy, immediate notice be given to the Company Agent as mentioned hereunder. Claims, if any, one of the Original Policy which has been issued in **TWO** (18) Original(s) together with the relevant documents shall be surrendered to the Company, if one of the Original Policy has been accomplished, the others to be void.
(19)

赔款偿付地点 (16)
Claim payable at

出单日期 (17)
Issuing date

地址：中国杭州中山中路188号
Address: 188 Zhongshan Road (M), Hangzhou, China

中国人民财产保险股份有限公司浙江省分公司
PICC Property & Casualty Company Ltd, Zhejiang Branch
(20)
Authorized Signature

图 6－2

第三节　同步实训

一、示范

（一）缮制投保单

在完成了托运手续，确认船期后，诸暨外贸的单证员沈宇雯着手填写海运货物投保申请单（简称“投保单”），向中国人民财产保险股份有限公司绍兴分公司提出投保要求。

1. 信用证中有关保险单缮制的内容：

…

BENEFICIARY　　*59：ZHUJI FOREIGN TRADE CORP. OF ZHEJIANG，LTD.
288 WEST SECOND RING ROAD
ZHUJI，ZHEJIANG
CHINA

…

PARTIAL SHIPMENT　　43P：NOT ALLOWED

TRANSSHIPMENT　　43T：NOT ALLOWED

PORT OF LOADING　　44E：CHINA

PORT OF DISCHARGE　　44F：KOBE

LATEST DATE OF SHIP.　　44C：200330

DESCRIPTION OF GOODS　　45A：
WOODEN GARDEN PRODUCTS
AS PER S/C NO. ZF20E0117
TRADE TERMS：CIF KOBE

DOCUMENTS REQUIRED　　46A：

…

+INSURANCE POLICY IN DUPLICATE FOR 110 PCT OF THE INVOICE VALUE COVERING ALL RISKS AND WAR RISK AS PER CIC OF PICC DATED 01/01/2010，CLAIM PAYABLE IN JAPAN

ADDITIONAL CON.　　47A：

1. S/C NO. ZF20E0117 MUST BE SHOWN ON ALL DOCUMENTS.

…

2. 其他相关资料：

发票编号：20EZF0318　　　　投保日期：2020 年 3 月 23 日

发票金额：13500.00 美元　　　　启运港：宁波

3. 缮制投保单，见图 6－3。

中国人民财产保险股份有限公司绍兴分公司投保单

Application for PICC Property & Casualty Co. Ltd, Shaoxing branch

发票号码:
Invoice No.:　20EZF0318

<table>
<tr><td colspan="8">被保险人名称:
Name Insured:　ZHUJI FOREIGN TRADE CORP. OF ZHEJIANG, LTD.</td></tr>
<tr><td colspan="2">标记及号码
Marks and Numbers</td><td>件数
Quantity</td><td colspan="3">物品名称
Description of Goods</td><td colspan="2">保险金额
Insured Amount</td></tr>
<tr><td colspan="2">AS PER INV. NO. 20EZF0318</td><td>660CTNS</td><td colspan="3">WOODEN GARDEN PRODUCTS</td><td colspan="2">USD14850.00</td></tr>
<tr><td>装载运输工具
Per conveyance</td><td colspan="2"></td><td>启运日期
Date of Commencement</td><td>AS PER B/L</td><td>赔款偿付地点
Loss if any Payable at</td><td colspan="2">IN JAPAN</td></tr>
<tr><td colspan="8">运输路线:　自　Voyage:　From　NINGBO　　经　Via　　至　To　KOBE</td></tr>
<tr><td colspan="6">投保险别
Conditions
COVERING ALL RISKS AND WAR RISK AS PER CIC OF PICC DATED 01/01/2010</td><td colspan="2">申请人
Applicant
浙江省
诸暨对外贸易
有限公司
(章)</td></tr>
<tr><td colspan="8">特别要求
Additional Conditions　保单显示：S/C NO. ZF20E0117</td></tr>
<tr><td colspan="4">申请保单正本份数为　两　份
Issued in <u>TWO</u> Original(s) only</td><td colspan="4">日期
Date　2020 年 3 月 23 日</td></tr>
</table>

图 6－3

（二）保险单确认

保险单由保险人（保险公司）根据投保人（出口商）提供的投保单或商业发票进行缮制，然后由投保人进行审核。对于单证员来说，审核保险单的前提是自己能够正确填制保险单，熟悉与掌握保险单的各个栏目的内容及填写要求。

王云英是中国人民财产保险股份有限公司绍兴分公司的制单员，她根据沈宇雯制作的投保单缮制保险单，然后传真给沈宇雯确认。沈宇雯确认后，保险公司签发了保险单（图 6－4）。货物装船后，沈宇雯在保单上添加了船名航次。

其他相关资料：

保险单号码为：PIZS20120934875　　　船名航次：ZHENHUA V. 307E

目的港（地）货损检验及理赔代理：

SAFER INSURANCE COMPANY

123 HARBOUR ROAD, KOBE, JAPAN

TEL：078 －31249068

PICC 中国人民财产保险股份有限公司
PICC Property and Casualty Company Limited

总公司设于北京　　一九四九年创立
Head Office Beijing　　Established in 1949

货 物 运 输 保 险 单
CARGO TRANSPORTATION INSURANCE POLICY

发票号码 **Invoice No.**　20EZF0318　　　保单号次 **Policy No.** PIZS20120934875

被保险人 **Insured:**　ZHUJI FOREIGN TRADE CORP. OF ZHEJIANG, LTD.

中保财产保险有限公司（以下简称本公司）根据被保险人的要求，及其所缴付约定的保险费，按照本保险单承担险别和背面所载条款与下列特别条款承保下列货物运输保险，特签发本保险单。

This policy of Insurance witnesses that The People Insurance (Property) Company of China, Ltd. (hereinafter called the Company) at the request of the Insured and in consideration of the agreed premium paid by the Insured, undertakes to insure the under mentioned goods in transportation subject to the conditions of this Policy as per the Clauses printed overleaf and other special clauses attached hereon.

标记 **Marks and No.**	包装及数量 **Quantity**	保险货物项目 **Description of goods**	保险金额 **Amount Insured**
AS PER INV. NO. 20EZF0318	660CTNS	WOODEN GARDEN PRODUCTS	USD14850.00

总保险金额:
Total Amount Insured　SAY U. S. DOLLARS FOURTEEN THOUSAND EIGHT HUNDRED AND FIFTY ONLY.

保险费 **Premium**　**As arranged**　　启运日期 **Date of commencement**　AS PER B/L　　装载运输工具 **Per conveyance**　SS. ZHENHUA V.307E

自 **From**　NINGBO　　经 **Via**　______　　至 **To**　KOBE

承保险别 **Conditions:**

COVERING ALL RISKS AND WAR RISK AS PER CIC OF PICC DATED 01/01/2010, WAREHOUSE TO WAREHOUSE CLAUSE INCLUDED.

S/C NO. ZF20E0117.

所保货物，如发生本保险单项下可能引起索赔的损失或损坏，应立即通知本公司下述代理人查勘。如有索赔，应向本公司提交保险单正本（本保险单共有 2 份正本）及有关文件。如一份正本已用于索赔，其余正本则自动失效。

In the event of damage which may result in a claim under this Policy, immediate notice be given to the Company Agent as mentioned hereunder. Claims, if any, one of the Original Policy which has been issued in **TWO** Original(s) together with the relevant documents shall be surrendered to the Company, if one of the Original Policy has been accomplished, the others to be void.

Survey agent at the destination:

SAFER INSURANCE COMPANY
123 HARBOUR ROAD, KOBE, APAN
TEL: 078-31249068

赔款偿付地点
Claim payable at　IN JAPAN

出单日期
Issuing date　23 MAR., 2020

地址：中国浙江绍兴大禹路 256 号
Address: 256 Dayu Road, Shaoxing, Zhejiang, China

中国人民财产保险股份有限公司绍兴分公司
PICC Property & Casualty Company Ltd, shao xing Branch

江笑葵

Authorized Signature

图 6－4

二、测试

2020 年 1 月 10 日，嘉兴文桑的单证员朱敏琪向中国人民财产保险股份有限公司嘉兴分公司投保，有 1000 箱藤篮（RATTAN BASKET）将于 2020 年 1 月 15 日从上海出口到意大利热那亚。请帮助朱敏琪缮制保险单。

（一）信用证（部分）：

…

*59：Beneficiary：ZHEJIANG JIAXING WENSANG
IMP. AND EXP. CO. , LTD.
NO. 120 SOUTH FURUN ROAD
NANHU DISTRICT, JIANXING
CHINA

*32B：Amount：Currency USD Amount 16,000. 00

…

43P：Partial Shipment：NOT ALLOWED

43T：Transshipment：NOT ALLOWED

44E：Port of Loading：SHANGHAI

44F：Port of Discharge：GENOA

…

46A：DOCUMENTS REQUIRED：

…

+ INSURANCE POLICY IN DUPLICATE ISSUED BY PEOPLES INSURANCE COMPANY OF CHINA INCORPORATING THEIR OCEAN MARINE CARGO CLAUSES FREE FROM PARTICULAR AVERAGE DATED 01/01/2010 FOR 110 PERCENT OF CIF INVOICE VALUE INDICATING THE PREMIUM PAID

…

47A：ADDITIONAL CONDITIONS：

1. THE NUMBER OF THIS CREDIT 1972737604 AND ORDER NO. 39972 MUST BE QUOTED ON ALL DOCUMENTS.

…

（二）其他相关资料：

发票号码：WSE200103　　发票金额：16000. 00 美元

保险单号码：PIZJ20630104903　　投保日期：2020 年 1 月 10 日

船名航次：APL VICTORY V. 864　　装运日期：2020 年 1 月 15 日

目的港货损检验及理赔代理人：
ASSICURAZIONI GENERALI S. P. A. GENOA BRANCH
105 CECIL STREET, GENOA, ITALY
TEL：39 - 01 - 20807365

PICC 中国人民财产保险股份有限公司
PICC Property and Casualty Company Limited

总公司设于北京　　一九四九年创立
Head Office Beijing　　Established in 1949

货 物 运 输 保 险 单
CARGO TRANSPORTATION INSURANCE POLICY

发票号码 **Invoice No.**　　保单号次 **Policy No.**

被保险人 **Insured:** ____________________

中保财产保险有限公司（以下简称本公司）根据被保险人的要求，及其所缴付约定的保险费，按照本保险单承担险别和背面所载条款与下列特别条款承保下列货物运输保险，特签发本保险单。

This policy of Insurance witnesses that The People Insurance (Property) Company of China, Ltd. (hereinafter called the Company) at the request of the Insured and in consideration of the agreed premium paid by the Insured, undertakes to insure the under mentioned goods in transportation subject to the conditions of this Policy as per the Clauses printed overleaf and other special clauses attached hereon.

标记 **Marks and No.**	包装及数量 **Quantity**	保险货物项目 **Description of goods**	保险金额 **Amount Insured**

总保险金额:
Total Amount Insured

保险费 **Premium** __________　启运日期 **Date of commencement** __________　装载运输工具 **Per conveyance** __________

自 **From** __________　经 **Via** __________　至 **To** __________

承保险别 **Conditions:**

所保货物，如发生本保险单项下可能引起索赔的损失或损坏，应立即通知本公司下述代理人查勘。如有索赔，应向本公司提交保险单正本（本保险单共有2份正本）及有关文件。如一份正本已用于索赔，其余正本则自动失效。

In the event of damage which may result in a claim under this Policy, immediate notice be given to the Company Agent as mentioned hereunder. Claims, if any, one of the Original Policy which has been issued in **TWO** Original(s) together with the relevant documents shall be surrendered to the Company, if one of the Original Policy has been accomplished, the others to be void.

赔款偿付地点
Claim payable at ____________________

出单日期
Issuing date ____________________

地址：中国浙江嘉兴人民路96号
Address: 96 Renmin Road, Jiaxing, Zhejiang, China

中国人民财产保险股份有限公司嘉兴分公司
PICC Property & Casualty Company Ltd, Jiaxing Branch

刘建中

Authorized Signature

图6－5

第七章　出境货物报关

第一节　出境货物报关概述

一、出境货物报关

在我国，一般货物的出口必须通过海关的审单、查验、征税、放行四个环节才能出境。因此，出口货物的发货人（出口商）或其代理人（货代或报关行）必须按照海关的规定办理相应的出口申报、配合查验、缴纳税费手续，海关放行后，货物才能顺利出境。

出口报关是一项十分复杂和专业性很强的工作，需要由既熟悉国际贸易流程、法律法规、税务税收、商务单证、商品学等各方面的知识，又掌握海关法律法规和海关业务制度的专业人员办理。报关行为的发生意味着当事人与海关行政法律关系的发生。如果当事人在报关行为中出现差错、纰漏，构成违法行为的，将要依法受到相应行政处罚；若触犯法律的，还要受到刑事处罚。

因此在外贸实务中，为了提高通关效率，节省通关费用，避免无意识的违法、违规行为发生，一些进出口公司通常自己不办理报关手续，而是委托一些具备报关资格，同时又熟悉国际贸易知识的报关企业（货代或报关行）办理有关货物的出口报关手续，并向其支付相应的代理费用。

外贸公司单证员的工作就是准备好相应的报关所需要的单据，送交给报关企业，货物出口后在规定的期限内向报关企业索回退税专用的报关单出口退税证明联，凭以办理退税。

二、报关单位

报关单位是指依法在海关注册登记的进出口货物收发货人和报关企业。

进出口货物的收发货人是指依法直接进口或者出口货物的中华人民共和国境内的法人、其他组织或个人。报关企业是指按照规定经海关准予注册登记，接受进出口货物收发货人的委托，以进出口货物收发货人的名义或自己的名义，向海关办理报关业务，从事报关服务的境内企业法人。

《中华人民共和国海关法》第九条规定："进出口货物，除另有规定的外，可以由进出口货物的收发货人自行办理报关纳税手续，也可以由进出口货物收发货人委托海关准予注册登记的报关企业办理报关纳税手续。"这一规定从法律上明确了进出口货物的报关行为根据实施者不同，可以分为"自理报关"和"代理报关"两大类。

进出口货物收发货人自行办理报关业务叫作自理报关，报关企业代理货物的收发货人进行报关叫作代理报关。

代理报关又可以分为"直接代理报关"和"间接代理报关"。直接代理报关，指以委托人的名义报关纳税。在直接代理报关中，法律后果直接作用于被代理人即委托人。间接代理报关，指以报关企业自身名义报关纳税。在间接代理报关中，报关企业承担委托人责任。

目前我国货物出口实行通关无纸化，代理报关业务需由出口商登录中国电子口岸进行通关无纸化代理报关委托申请，根据海关要求，在系统里提交 PDF 格式的发票、合同、装箱单，完成通关无纸化网上签约。无纸化通关流程见图 7－1。

同时为了方便报关企业，出口商将相应的合同、发票、装箱单、报关单等纸质单据快递寄送给报关企业，委托其代理报关。

第二节　代理报关委托书

一、代理报关委托书的含义

代理报关委托书（见图 7－2）是一种格式文书，也是进出口货物收发货人委托报关企业办理报关等通关事宜，明确双方责任和义务的书面证明。

二、代理报关委托书的缮制

代理报关委托书有 17 项内容，填写要领如下：

（1）委托书编号：共有 11 位数字，事先已经在委托书上印就。

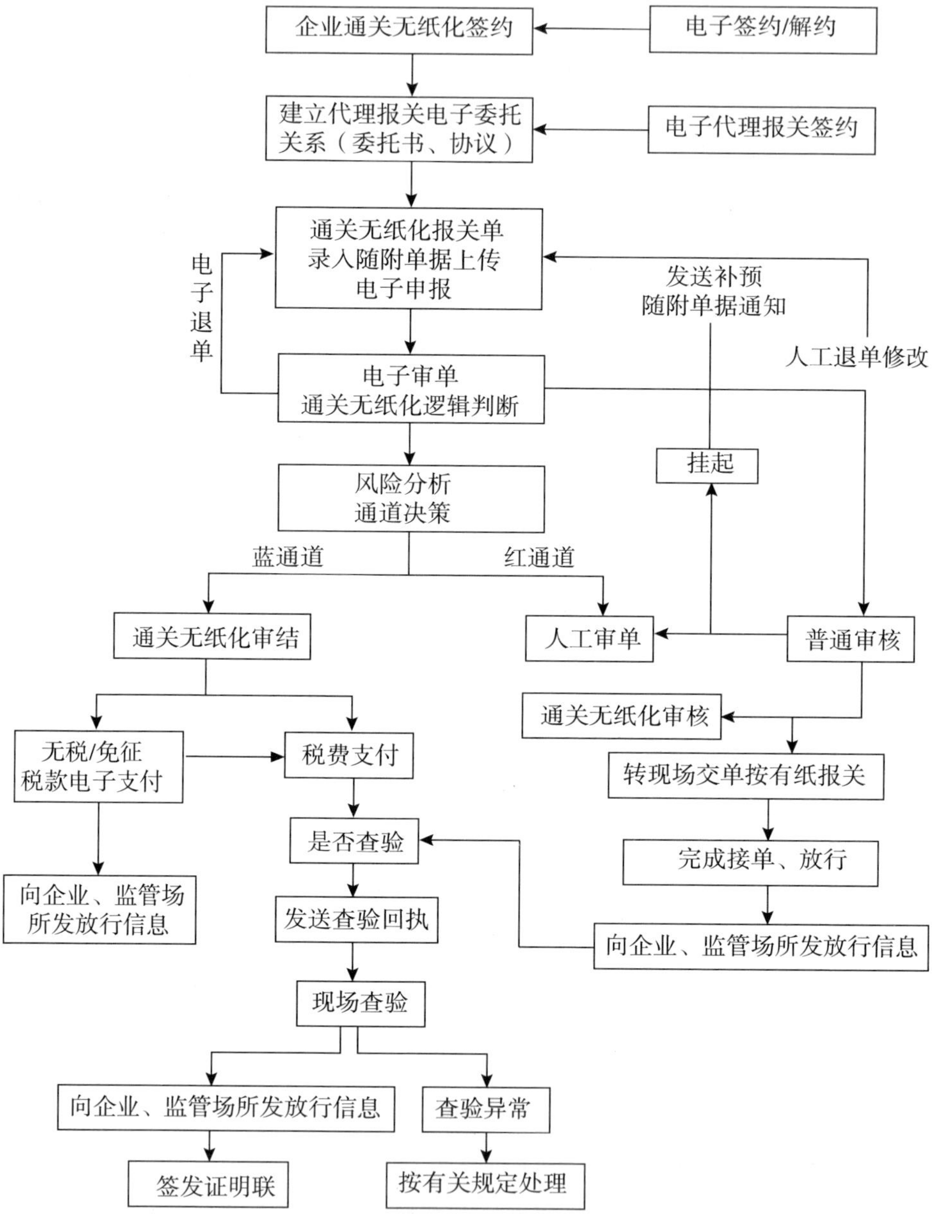

图 7－1

（2）委托事宜：在 A 至 H 项中选一项或若干项填入，如“我单位现（B 长期）委托贵公司代理 A、B、D 等通关事宜”，意思是“我单位现长期委托贵公司代理填单申报、辅助查验、办理海关证明联等通关事宜”。委托事宜填写完后，还要填入委托书有效期、委托日期以及委托方盖章签字。

（3）委托方：填写进出口商名称及其在海关登记备案时的十位数海关代码或十八位数统一社会信用代码。

（4）主要货物名称：填写进出口货物的名称。

（5）H. S. 编码：填写进出口货物的税则号（商品编码）。

（6）货物总价：填写进出口货物的总价。

（7）进出口日期：出口货物时填写出口日期；进口货物时填写进口日期。

（8）提单号：此栏进出口商不填，等订舱配船办妥后，报关时由报关企业添加上去。

（9）贸易方式：填写“一般贸易”“进料加工”“来料加工”等内容。如果填写了“进料加工”或“来料加工”，报关时须出具相应的备案手册，填写相应颜色的报关单。

（10）原产地/货源地：出口货物时填写货源地，进口货物时填写原产地。

（11）委托方业务签章：由进出口商盖公章，并填写公司具体联系人、联系电话号码与填写“委托报关协议”日期。

（12）被委托方：填写报关企业名称。

（13）报关单编码：此栏进出口商不填，由报关企业在报关时添加。

（14）收到单证日期：由报关企业填写收到进出口商的报关单证的日期。

（15）收到单证情况：由报关企业在收到的单证的名称后的框内打“√”，如果进出口商提供的单证名称没有在委托协议中列出，就在“其他”栏后面填加。

（16）报关收费：由双方协商填写。一般情况下一次报关费为人民币100元。

（17）被委托方业务签章：由报关企业盖公章，填上报关企业的报关员姓名，再由具体经办报关员签章，填写“委托报关协议”的日期。

此外，“其他要求”和“承诺说明”，是进出口商与报关企业之间的约定，可以由双方协商填写，每个进出口商与每个报关企业的约定都不尽相同。

代理报关委托书

(1)编号：□□□□□□□□□□□□□

(2)我单位现　　(A 逐票、B 长期)委托贵公司代理　　　　　等通关事宜（A 填单申报、B 辅助查验、C 垫缴税款、D 办理海关证明联、E 审批手册、F 核销手册、G 申办减免税手续、H 其他）。详见《委托报关协议》。

我单位保证遵守《中华人民共和国海关法》和国家有关法规，保证所提供的情况真实、完整、单货相符。否则，愿承担相关法律责任。

本委托书有效期自签字之日起至　　　　年　　月　　日止。

委托方(盖章)：

法定代理人或其授权签署《代理报关委托书》的人(签字)：

年　　月　　日

委托报关协议

为明确委托报关具体事项和各自责任，双方经平等协商签订协议如下：

委托方	(3)
主要货物名称	(4)
H. S. 编码	(5)
货物总价	(6)
进出口日期	(7)　　　　年　　月　　日
提单号	(8)
贸易方式	(9)
原产地/货源地	(10)
其他要求：	
背面所列通用条款是本协议不可分割的一部分，对本协议的签署构成了对背面通用条款的同意。	
委托方业务签章：(11) 经办人签章： 联系电话： 年　　月　　日	

被委托方	(12)	
*报关单编码	(13)	
收到单证日期	(14)	
收到单证情况 (15)	合同 □	发票 □
	装箱单 □	提（运单） □
	加工贸易手册 □	许可证件 □
	其他	
报关收费(16)	人民币：	
承诺说明：		
背面所列通用条款是本协议不可分割的一部分，对本协议的签署构成了对背面通用条款的同意。		
被委托方业务签章：(17) 经办报关员签章： 联系电话： 年　　月　　日		

（白联：海关留存、黄联：被委托方留存、红联：委托方留存）　　中国报关协会监制

图 7－2

第三节　出口货物报关单

一、出口货物报关单的定义

出口货物报关单是由海关总署规定统一格式和填制规范，由出口货物的发货人或其代理人填制，对出口货物的真实情况做电子或书面声明，并提交海关办理出口货物申报手续的法律文书，是海关依法监管货物出口、征收关税及其他税费、编制海关统计及其他事务的重要凭证。

二、出口货物报关单的填报

（一）填报出口货物报关单的一般要求

2018 年版的出口货物报关单（样式见图 7－3）共 50 栏项目，除“海关批注及签章”由海关填写外，其余 49 个栏目均由发货人（出口商）或其代理人填报，一般要求如下：

（1）申报人必须如实申报，不得伪报、瞒报、虚报和迟报。

（2）填制内容必须真实，做到单证相符、单货相符，即所填报关单各栏目的内容与商业发票、装箱单、出境货物通关单等文件的内容相符，与实际出口货物相符。

（3）报关单填报要正确、完整，字迹清楚，不得用铅笔或红色复写纸填写，用电脑或打字机打印。

（4）不同批文、不同合同、同一批货物不同贸易方式、同一批货物不同运输方式、同一批货物相同运输方式但不同航次的货物，都要分单填报。

（5）不同项号、商品名称、规格型号、单价、数量及单位等，均要分行填报。

（二）出口货物报关单的填报

（1）预录入编号：此栏填报预录入报关单的编号。预录入编号规则由接受申报的海关决定。出口商缮制报关单时，此栏可以留空。

（2）海关编号：此栏填报海关接受申报时给予报关单的编号，一份报关单对应一个海关编号。出口商缮制报关单时，此栏可以留空。

（3）境内发货人：此栏填报在海关注册的对外签订并执行出口合同的中

中华人民共和国海关出口货物报关单

预录入编号：(1)　　海关编号：(2)　　页码/页数：

境内发货人　(3)	出境关别　(6)		出口日期　(7)		申报日期　(8)	备案号　(9)	
境外收货人　(4)	运输方式　(10)		运输工具名称及航次号 (11)		提运单号　(12)		
生产销售单位　(5)	监管方式　(13)		征免性质　(14)		许可证号　(15)		
合同协议号　(16)	贸易国（地区）　(17)		运抵国（地区）　(18)		指运港　(19)	离境口岸　(20)	
包装种类　(21)	件数(22)	毛重（千克）(23)	净重（千克）(24)	成交方式　(25)	运费　(26)	保费　(27)	杂费　(28)
随附单证及编号　(29)							
标记唛码及备注　(30)							

项号	商品编号	商品名称及规格型号	数量及单位	单价/总价/币制	原产国（地区）	最终目的国（地区）	境内货源地	征免
(31)	(32)	(33)	(34)	(35) (36) (37)	(38)	(39)	(40)	(41)

特殊关系确认：(42)	价格影响确认：(43)	支付特许权使用费确认：(44)	自报自缴：(45)
报关人员 (46) 申报单位　(49)	报关人员证号 (47)　电话 (48)	兹申明对以上内容承担如实申报、依法纳税之法律责任 申报单位（签章）	海关批注及签章　(50)

图 7–3

国境内企业法人、其他组织或个人的名称及编码，编码是18位法人或其他组织统一社会信用代码加10位海关代码，其中18位信用代码是必须的。

（4）境外收货人：此栏填报签订合同的境外收货人或买家，与提单上的收货人（Consignee）可能不一样。

（5）生产销售单位：此栏填报出口货物在境内的生产或销售单位名称。包括：1）自营出口货物的单位；2）委托有进出口经营权的企业代理出口货物的单位等。加工贸易货物出口报关单的生产销售单位应与“加工手册”中的“加工企业”一致，一般贸易出口报关单的生产销售单位一般情况下与境内发货人一致。

（6）出境关别：此栏根据货物实际出境的口岸海关，填报海关规定的口岸海关的名称及4位数代码。例如，吴淞海关2202。

（7）出口日期：此栏填报运载出口货物的运输工具办结出境手续的日期。通俗地说，就是海运提单日期或航空运单的日期。日期采用8为数字，顺序是年（4位）、月（2位）、日（2位）。

（8）申报日期：指海关接受出口货物发货人或其代理人申报数据的日期。以电子数据报关单方式申报的，申报日期为海关计算机系统接受申报数据时的记录日期。此栏可以留空。

（9）备案号：此栏填报出口货物发货人在海关办理加工贸易合同备案或征税、减税、免税备案审批等手续时，海关核发的《中华人民共和国海关加工贸易手册》（以下简称“《加工贸易手册》”）或其他备案审批文件的编号。一般贸易货物出口时，此栏留空。

（10）运输方式：此栏填报载运货物出境所使用的运输工具的种类，有水路运输、铁路运输、汽车运输、航空运输、邮递运输和其他运输（人扛、畜驮、电网、管道等）。

（11）运输工具名称及航次号：此栏指载运货物出境所使用的运输工具种类和运输工具编号。一份报关单只允许填报一个运输工具名称，若是国际多式联运出境，按驶离我国关境最后一个口岸时的运输工具名称填报。

（12）提运单号：此栏填报出口货物运输单证中的提单或运单编号。一份报关单只允许填报一个提单或运单编号，一票货物对应多个提单或者运单编号，应分单填写。

（13）监管方式：此栏专指以国际贸易中出口货物的交易方式为基础，结合海关对出口货物的征税、统计及监管条件综合设定海关对进出口货物的管理方式，由 4 位数字构成。一份报关单只允许填报一种监管方式。

（14）征免性质：此栏应根据实际情况按海关规定的“征免性质代码表”选择填报相应的征免性质简称及代码，持有海关核发的“进出口货物征免税证明”的，应按“进出口货物征免税证明”中批注的征免性质填报。一份报关单只允许填报一种征免性质。

（15）许可证号：此栏填报的许可证编号，包括出口许可证、两用物项和技术出口许可证、两用物项和技术出口许可证（定向）、纺织品临时出口许可证、出口许可证（加工贸易）、出口许可证（边境小额贸易）。一份报关单只允许填报一种监管方式。

（16）合同协议号：此栏填报出口货物涉及的合同（包括协议或订单）编号，一份报关单只能填报一个合同编号。如果出口货物涉及多个合同编号，则应分开申报。

（17）贸易国（地区）：此栏填写售予国（地区），未发生商业性交易的填报货物所有者所属的国家（地区）。

（18）运抵国（地区）：此栏填报出口货物离开我国关境直接运抵，或者在运输中转国别（地区）未发生任何商业性交易的情况下最后运抵的国家（地区）。不经过第三国（地区）转运的直接运输的出口货物，以出口货物的指运港所在国（地区）为运抵国（地区）。经过第三国（地区）转运的出口货物，如中转国（地区）发生商业性交易，则以中转国（地区）作为运抵国（地区）。无实际进出境的，填报“中国（142）”。

（19）指运港：此栏填报出口货物运往境外的最终目的港。目的港后的“自由区”不能省略，因为货物不卸在自由区便无法享受各种减免税待遇。对于同名港口要加注国家名称。运输单据中的港口名称一般都是英文，而报关单上填写的是港口的中文名称及代码。最终目的港不可预知的，按尽可能预知的目的港填报。

（20）离境口岸：此栏填报上述栏目（6）出境关别的下属港区的中文名称及代码，代码为 6 位数字。

（21）包装种类：此栏应根据出口货物的实际外包装种类，按海关规定的“包装种类代码表”选择填报相应的包装种类名称或代码。

（22）件数：此栏填报有外包装的出口货物的实际件数，应与提单、运单或舱单显示的件数一致。如果提单件数为集装箱，则填写集装箱个数；如果提单件数为托盘，则填报托盘数。裸装或散装货物的件数填“1”，相应的包装种类填写“裸装”或“散装”。

（23）毛重（千克）：此栏填报出口货物及其包装材料的重量之和，计量单位为千克，不足一千克的填报“1”。

（24）净重（千克）：此栏填报出口货物的毛重减去外包装材料后的重量，即货物本身的实际重量，计量单位为千克，不足一千克的填报“1”。

（25）成交方式：此栏根据实际成交价格条款，按海关规定的“成交方式代码表”选择填报相应的成交方式名称或代码。无实际出境的报关单填报 FOB。

（26）运费：此栏填报出口货物运至我国境内输出地点装载后的运输费用，FOB 成交方式不需要填报。运费可按运费单价、总价或运费率三种方式之一填报，注明运费标记（1 表示运费率，2 表示每吨货物的运费单价，3 表示运费总价），并按海关规定的“货币代码表”选择填报相应的币种代码。

代码	货币名称	代码	货币名称	代码	货币名称
110	港币	142	人民币	331	瑞士法郎
116	日本元	300	欧元	398	清算瑞士法郎
121	澳门元	302	丹麦克朗	501	加拿大元
132	新加坡元	303	英镑	502	美元
133	韩国元	326	挪威克朗	601	澳大利亚元
136	泰国铢	330	瑞典克朗	609	新西兰元

（27）保费：此栏填报出口货物在国际运输过程中，由被保险人付给保险公司对货物出口所保险别的费用，FOB 和 CFR 成交方式不需要填报。保费可按保险费价或保费率两种方式之一填报，注明保险费标记（1 表示运费率，3 表示运费总价），并按海关规定的“货币代码表”选择填报相应的币种代码。

（28）杂费：此栏填报成交价格以外的，按照《中华人民共和国进出口关税条例》（以下简称“《进出口关税条例》”）相关规定应计入完税价格或应从完税价格中扣除的费用，如佣金、手续费等。

（29）随附单证及编号：此栏根据海关规定的“监管证件代码表”选择填报除上述第 15 栏规定的许可证以外的其他出口许可证或监管证件代码及编

号。如：竹木制品出口填报：B/出口货物检验检疫工作联系单（电子底账）数据号。部分车辆出口填报：4/出口许可证编号。保税货物填报：a/核注清单号。

实行无纸化通关时，由原先纸质单据交由现场海关放行，改为发票、提单等单据以 PDF 格式电子上传到海关单一窗口系统，从而实现无纸化通关。无纸化随附单据上传后，单一窗口下的出口货物报关单会在此栏显示所上传单据的名称，并显示为"随附单证 1：……（电子底账数据号等），随附单证 2：……（代理报关委托协议、PDF 格式的发票等）"。

（30）标记唛码及备注：此栏填报出口货物外包装上的运输标识，但标识上有图形的除外。另外，此栏还填报运载出口货物的集装箱的标箱数及号码。比如：2；TCNU4198939，表明是一个 40 尺集装箱。又如：3；DRYU4212021 + HANU2043030，表示是一个 40 尺集装箱和一个 20 尺集装箱。

另外，一个提运单号多集装箱的，需要品名和集装箱匹配信息：比如品名 1、3、4、8 在 A 集装箱内，品名 2、5、6、7 在 B 集装箱内，只有 1 个集装箱的多品名，或者只有 1 个品名多集装箱的不需要提供。

（31）项号：此栏分两行填报，第一行填写报关单中的商品顺序编号，第二行专用于加工贸易、减免税等已备案、审批的货物，填写该项货物在《加工贸易手册》或"进出口货物免征税证明"等备案、审批单证中的顺序编号。

（32）商品编号：此栏填报的商品编码由 10 位数组成，前 8 位是《中华人民共和国进出口税则》确定的进出口货物的税则号列，同时也是《中华人民共和国海关统计商品目录》确定的商品编码，后 2 位是符合海关监管要求的附加编码。同样商品名称不同税则号的，应分栏填写。

（33）商品名称及规格型号：出口商品名称一般填写中文，规格型号（申报要素）根据海关规定填报。例如，品牌［0. 无品牌；1. 境内自主品牌；2. 境内收购品牌；3. 境外品牌（贴牌生产）；4. 境外品牌（其他）］；出口享惠情况［0. 出口货物在最终目的国（地区）不享受优惠关税；1. 出口货物在最终目的国（地区）享受优惠关税；2. 不能确定在最终目的国（地区）享受优惠关税］、商品名称、用途、型号、电压、其他等。原则上，报关单、提单以及舱单上的品名须一致。如：

商品名称及规格型号
藤编篮子
0｜2｜藤编｜直径 26CM，高 40CM
镜子
0｜2｜照视用｜未经光学加工｜已镶框

（34）数量及单位：此栏专指出口商品的实际数量及计量单位，分三行填写。第一行按法定第一单位填报数量及单位，第二行按法定第二单位填报数量及单位，无法定第二单位的填写“ * * * ”，第三行按合同实际成交的计量单位填报数量及单位。

例如，婴儿袜，法定第一单位“千克”，法定第二单位“无”，合同成交计量单位“打双”，填写如下：

数量及单位
1440 千克
* * * *
2000 打双

（35）单价：此栏填报同一项号下出口货物实际成交的商品单位价格。无实际成交价格的，本栏目填报单位货值。

（36）总价：此栏填报同一项号下出口货物实际成交的商品总价格。无实际成交价格的，本栏目填报货值。

（37）币制：此栏按海关规定的“货币代码表”选择相应的货币名称及代码填报，若“货币代码表”中无实际成交币种，须将实际成交货币按申报日外汇折算率折算成“货币代码表”中列明的货币填报。

（38）原产国（地区）：此栏填报“中国 CHN”。

（39）最终目的国（地区）：此栏填报已知的出口货物的最终实际消费、使用或进一步加工制造的国家（地区）名称及代码。不经过第三国（地区）转运的直接运输的货物，以运抵国（地区）为最终目的国（地区）。同一批出口货物的最终目的国（地区）不同的，应分别填报最终目的国（地区）。出口货物不能确定最终目的国（地区）时，以尽可能预知的最后运往国（地区）为最终目的国（地区）。

（40）境内货源地：本栏目填报出口货物在国内的产地或原始发货地。出口货物产地难以明确的，填报最早发运该出口货物的单位所在地。请按海关规定的“国内地区代码表”选择填报相应的国内地区名称及代码。

（41）征免：此栏应按照海关依据《中华人民共和国海关法》《进出口关税条例》及其他法律和行政法规，对出口货物进行征税、减税、免税或特案处理的实际操作方式，须填写“征免税方式代码表”中相应征减免税方式。填写时，注意备案号、监管方式、征免性质、征免四个栏目的协调。

备案号	监管方式	征免性质	征免
* * *	一般贸易	一般征税	照章征税
B57704150022	来料加工	来料加工	全免
C57205711700	进料加工	进料加工	全免

（42）特殊关系确认：此栏目在出口时填报“否”或者留空不填报。

（43）价格影响确认：此栏目在出口时填报“否”或者留空不填报。

（44）支付特许使用费确认：此栏目在出口时填报“否”或者留空不填报。

（45）自报自缴：如果出口时不需要缴纳关税时，此栏填报“否”。

（46）报关人员：此栏填报报关员姓名。

（47）报关人员证号：此栏填报报关员的证号。

（48）电话：此栏填报报关企业的电话号码。

（49）申报单位：此栏填报申报单位的名称及 18 位代码。这里要说明的是：出口商提供给报关企业清关用的报关单样单上，盖的是出口企业的“报关专用章”，填报的是出口企业的 18 位代码；货物放行后的报关单证明联上，盖的是报关企业（货代或报关行）的报关单专用章。

（50）海关批注及签章：此栏供海关作业时签注，申报人不填。

三、出口货物报关单填报过程中的注意事项

在上述报关单的缮制过程中，有几项内容是出口商无法填写的，可以留空不填，由货代公司或报关行在代理报关时补充填写。有几项内容海关规定可以留空，但出口商必须填制，以示职责的担当。

（1）出境关别与离境口岸：根据海关要求，此两栏目分别填写隶属海关（口岸海关）的名称代码和口岸海关下属的港区名称代码，但出口商并不知道这些内容，因此可以先填报装货港，由接受委托的报关企业在报关时修正。

(2) 出口日期：根据海关要求，此栏可以留空，但因为这是出口商要求承运人装运货物的出口日期，牵涉承、托双方的责、权、利，所以出口商不能留空此栏。

(3) 运输工具名称：根据海关要求，此栏目填写载货船舶的船名与航次，如果是航空或铁路运输，可以仅填写航班号或火车班次。出口商在填写报关单时，一般为实际出运前一周左右，尚不知船名、航次、航班号等内容，故可以留空，由接受委托的报关企业在报关时补充填上。

(4) 提运单号：一般情况下，在货物出运前一周左右时，出口商还未知提运单号，因此此栏可以留空，由接受委托的报关企业在报关时补充填上。

(5) 报关人员、报关人员证号及电话：出口商填写报关单时尚不知这些具体数据，因此可以留空，但接受委托的报关企业向海关报关时，此栏绝对不能留空。

这里要强调的是：关于报关单的填写，我国海关每年都会有新的规定，须与海关的规定相一致。本书的报关单填制主要是从出口企业单证员的角度出发，采用代理报关的方式进行出口货物报关，所以在报关单的填制上不一定严格与海关总署的报关单填制规范要求相符。

第四节　同步实训

一、示范

(一) 缮制代理报关委托书

在前面第四章里我们讲到，浙江省诸暨对外贸易有限公司（诸暨外贸）与浙江中外运有限公司宁波明州分公司（明州公司）一直有业务往来关系，于是诸暨外贸的单证员沈宇雯在办理了申请检验检疫与投保之后，立即填写代理报关委托协议和出口货物报关单，寄给明州公司，委托其在宁波代理出口报关。由于两家企业是长期合作关系，诸暨外贸的货物若在宁波出口，填单申报、辅助查验、垫缴税款、办理海关证明联等海关事宜皆由明州公司代理办理。

其他相关资料：

委托方：浙江省诸暨对外贸易有限公司

18 位代码：91370000726228392Y

被委托方：浙江中外运有限公司宁波明州分公司
18 位代码：91330203744973390P
委托日期：2020 年 3 月 25 日　　出口日期：2020 年 3 月 29 日
货物名称：木制庭院用品　　H. S. 编码：4420909090
货物总价：13500 美元　　贸易方式：一般贸易
货源地：浙江诸暨　　报关收费：人民币 100 元
经办人：沈宇雯　　联系电话：17723456789
收到单证情况：发票、装箱单、电子底账
填写完毕的代理报关委托协议见图 7 -4。

（二）填报出口货物报关单

其他相关资料：
出境关别：北仑海关 3104　　离境口岸：宁波北仑港港区 380101
海运费：350. 00 美元　　保险费：20. 00 美元
境外收货人：KOMERI CO. , LTD.　　包装种类：纸制或纤维板制盒/箱
船名航次：ZHENHUA V. 307E　　提单号：ZSNB20C006129
合同号码：ZF20E0117　　境内货源地：浙江诸暨 33109
木制篱笆数量：1000 片　　单价：3. 50 美元
申报要素：0 | 1 | 篱笆 | 木 | 无品牌 | 高 90 厘米，宽 75 厘米
净重：1600. 00 千克　　商品编码：4420909090
木制花桶数量：1800 个　　单价：5. 00 美元
申报要素：0 | 1 | 花桶 | 木 | 无品牌 | 直径 40 厘米，深 30 厘米
净重：3600. 00 千克　　商品编码：4420909090
木制鸟笼数量：200 个　　单价：5. 00 美元
申报要素：0 | 1 | 鸟笼 | 木 | 无品牌 | 无规格
净重：130. 00 千克　　商品编码：4420909090
总毛重：6650 千克　　总净重：5330 千克
成交方式：CIF　　报关员证号：31105225
贸易国/运抵国：JPN　　指运港：神户 JPN002

代理报关委托书

编号：2 0 0 3 0 4 0 3 0 7 1

我单位现B(B长期)委托贵公司代理 A、B、D、H等通关事宜（A填单申报、B辅助查验、C垫缴税款、D办理海关证明联、E审批手册、F核销手册、G申办减免税手续、H其他）。详见《委托报关协议》。

我单位保证遵守《中华人民共和国海关法》和国家有关法规，保证所提供的情况真实、完整、单货相符。否则，愿承担相关法律责任。

本委托书有效期自签字之日起至 2020年04月30日止。

浙江省
诸暨对外贸易
有限公司
(章)

委托方(盖章)：

法定代理人或其授权签署《代理报关委托书》的人(签字)：王一峰

2020年03月11日

委托报关协议

为明确委托报关具体事项和各自责任，双方经平等协商签订协议如下：

委托方	浙江省诸暨对外贸易有限公司 91370000726228392Y
主要货物名称	木制庭院用品
HS编码	4420909090
货物总价	13500美元
出口日期	2020年03月29日
提单号	
贸易方式	一般贸易
原产地/货源地	浙江诸暨
其他要求：	
背面所列通用条款是本协议不可分割的一部分，对本协议的签署构成了对背面通用条款的同意。	
委托方业务签章： 浙江省 诸暨对外贸易 有限公司 (章) 经办人签章：沈宇雯 联系电话：17723456789 2020年03月25日	

被委托方	浙江中外运有限公司宁波明州分公司 91330203744973390P	
*报关单编码		
收到单证日期		
收到单证情况	合同 □	发票 ☑
	装箱单 ☑	提（运单） □
	加工贸易手册□	许可证件 □
	其他：电子底账	
报关收费	人民币：100元	
承诺说明：		
背面所列通用条款是本协议不可分割的一部分，对本协议的签署构成了对背面通用条款的同意。		
被委托方业务签章： 经办报关员签章： 联系电话： 2020年　月　日		

（白联：海关留存、黄联：被委托方留存、红联：委托方留存）　　中国报关协会监制

图7－4

集装箱标箱数及号码：2，COSU2341253

所有商品法定第一单位：千克、法定第二单位：无

随附单证1：电子底账 330600220016164010

随附单证2：代理报关委托协议（电子）；发票

唛头：

KOMERI

ZF20E0117

KOBE

NO. 1—660

收到代理报关委托协议后，明州公司的单证员王雅飞将有关数据输入电脑，生成的报关单[①]见图7-5。

二、测试

（一）缮制代理报关委托书

2020年1月3日，嘉兴文桑的单证员朱敏琪委托中外运上海物流有限公司（81330203MA2973390P）代理报关1000箱（4000个）藤篮出口意大利热那亚事宜，相关资料如下：

浙江省嘉兴市文桑进出口有限公司18位代码：92370702622900382Y

货物名称：藤编篮子　　H. S. 编码：4602120000. 101

货物总价：16000. 00美元　　出口日期：2020年1月15日

贸易方式：一般贸易　　境内货源地：浙江嘉兴33093

报关收费：人民币100元　　收到单证日期：2020年1月6日

收到单证情况：发票、装箱单、电子底账（后补）

委托方经办人：朱敏琪　　联系电话：0573-68029378

经办报关员：顾锡娣　　联系电话：021-54642838

请帮助朱敏琪根据上述资料与一般惯例填制代理报关委托书（图7-6）。

---

① 在实务中，出口公司填制的纸制报关单不能用于出口清关。在无纸化通关的今天，报关内容必须由货代或者报关行的专职报关员根据海关规定将纸制报关单上的内容输入电脑，也就是B2G情况下的通关无纸化报关单录入、随附单据上传、电子申报。

中华人民共和国海关出口货物报关单

预录入编号：　　海关编号：　　页码/页数：1/1

境内发货人 91370000726228392Y 浙江省诸暨对外贸易有限公司	出境关别 北仑海关 3104	出口日期 2020.03.29	申报日期	备案号 ******
境外收货人 KOMERI CO., LTD.	运输方式 水路运输	运输工具名称及航次号 ZHENHUA / 307E	提运单号 ZSNB20C006129	
生产销售单位 91370000726228392Y 浙江省诸暨对外贸易有限公司	监管方式 一般贸易	征免性质 一般征税	许可证号 ******	
合同协议号 ZF20E0117	贸易国（地区） 日本 JPN	运抵国（地区） 日本 JPN	指运港 神户（日本）JPN002	离境口岸 北仑港港区 380101

包装种类 纸制或纤维板制盒/箱	件数 660	毛重（千克） 6650	净重（千克） 5330	成交方式 CIF	运费 502/350/3	保费 502/20.00/3	杂费 ******

随附单证及编号
随附单证 1：电子底账 330600220016164010　随附单证 2：代理报关委托协议（电子）；发票

标记唛码及备注　KOMERI　集装箱标箱数及号码：2，COSU2341253
ZF20E0117
KOBE
NO. 1–660

项号	商品编号	商品名称及规格型号	数量及单位	单价/总价/币制	原产国（地区）	最终目的国（地区）	境内货源地	征免
1	4420909090	木制庭院用品 0|1|篱笆|木|无品牌|高 90CM，宽 75CM	1600 千克 **** 1000 片	3.50 3500.00 美元	中国 CHN	日本 JPN	浙江诸暨 33109	照章征税
2	4420909090	木制庭院用品 0|1|花桶|木|无品牌|直径 40CM，深 30CM	3600 千克 **** 1800 个	5.00 9000.00 美元	中国 CHN	日本 JPN	浙江诸暨 33109	照章征税
3	4420909090	木制庭院用品 0|1|鸟笼|木|无品牌|无规格	130 千克 **** 200 个	5.00 1000.00 美元	中国 CHN	日本 JPN	浙江诸暨 33109	照章征税

特殊关系确认：否　价格影响确认：否　支付特许权使用费确认：否　自报自缴：否

报关人员　报关人员证号 31105255　电话　兹申明对以上内容承担如实申报、依法纳税之法律责任 申报单位　(91330203744973390P)浙江中外运有限公司宁波明州分公司　申报单位（签章）	海关批注及签章

图 7–5

代理报关委托书

编号：2 0 0 1 0 3 1 7 1 0 1

我单位现B(B长期)委托贵公司代理 A、B、D、H等通关事宜（A填单申报、B辅助查验、C垫缴税款、D办理海关证明联、E审批手册、F核销手册、G申办减免税手续、H其他）。详见《委托报关协议》。

我单位保证遵守《中华人民共和国海关法》和国家有关法规，保证所提供的情况真实、完整、单货相符。否则，愿承担相关法律责任。

本委托书有效期自签字之日起至 2020年02 月 15 日止。

浙江省
嘉兴市文桑进
出口有限公司
(章)

委托方(盖章)：

法定代理人或其授权签署《代理报关委托书》的人(签字)： 张平

2020年 01 月03 日

委托报关协议

为明确委托报关具体事项和各自责任，双方经平等协商签订协议如下：

委托方	
主要货物名称	
HS 编码	
货物总价	
出口日期	
提单号	
贸易方式	
原产地/货源地	
其他要求：	
背面所列通用条款是本协议不可分割的一部分，对本协议的签署构成了对背面通用条款的同意。	
委托方业务签章： 经办人签章： 联系电话： 年 月 日	

被委托方		
*报关单编码		
收到单证日期		
收到单证情况	合同 □	发票 □
	装箱单 □	提（运单） □
	加工贸易手册□	许可证件 □
	其他：	
报关收费		
承诺说明：		
背面所列通用条款是本协议不可分割的一部分，对本协议的签署构成了对背面通用条款的同意。		
被委托方业务签章： 经办报关员签章： 联系电话： 年 月 日		

（白联：海关留存、黄联：被委托方留存、红联：委托方留存） 中国报关协会监制

图 7－6

（二）填报出口货物报关单

2020 年 1 月 13 日，中外运上海物流有限公司的报关员顾锡娣将报关所需有关数据全部录入电脑，并赶去上海报关中心大厅申报，因为嘉兴文桑进出口有限公司的货物（藤编篮子）1 月 15 日要出运。

按照惯例、上述填制完毕的代理报关委托书以及下列其他相关资料，请帮助报关员顾锡娣（证号：22007403）填制的出口货物报关单如图 7－7。

其他相关资料：

预录入编号：E20200000061112239　海关编号：222520200790444062（外港海关）

出境口岸：外港海关 2225　离境口岸：上海外港 23 区 250203

合同协议号：19JW1106　成交方式：CIF

船名航次：APL VICTORY V. 864　提单号：SH20T02351

毛重：6000. 00 公斤　净重：4000. 00 公斤

海运费：2500 美元　保险费：17. 60 美元

法定第一单位：千克　法定第二单位：无

实际成交计量单位：个　单价：4. 00 美元

贸易国/运抵国：意大利 ITA　指运港：热那亚 ITA001

境外收货人：SAVIO TESSILI S. P. A.　境内货源地：浙江嘉兴 33080

集装箱标箱数及号码：2；APLU8663218

随附单证 1：电子底账 331200220041072000

随附单证 2：代理报关委托协议（电子）；发票

申报要素：0｜2｜藤编｜直径 26cm，高 40cm

唛头：SAVIO

19JW1106

GENOA

NO. 1—1000

中华人民共和国海关出口货物报关单

预录入编号： 海关编号： 页码/页数：

境内发货人	出境关别		出口日期		申报日期		备案号
境外收货人	运输方式		运输工具名称及航次号		提运单号		
生产销售单位	监管方式		征免性质		许可证号		
合同协议号	贸易国（地区）		运抵国（地区）		指运港		离境口岸
包装种类	件数	毛重（千克）	净重（千克）	成交方式	运费	保费	杂费
随附单证及编号							
标记唛码及备注							

项号	商品编号	商品名称及规格型号	数量及单位	单价/总价/币制	原产国（地区）	最终目的国（地区）	境内货源地	征免

特殊关系确认：	价格影响确认：	支付特许权使用费确认：	自报自缴：

报关人员 报关人员证号 电话 兹申明对以上内容承担如实申报、依法纳税之法律责任 申报单位 申报单位（签章）	海关批注及签章

图 7–7

第八章　一般原产地证与普惠制原产地证

原产地证明书（Certificate of Origin）简称产地证，是出口商应进口商的要求而提供的，由政府有关当局、公证机构、出口商或制造商出具的，证明货物原产地或制造地的一种证明文件。原产地证明书是商品进入国际贸易领域的“经济国籍”或“护照”，是贸易关系人交接货物、结算货款、索赔理赔、进口国通关征税的有效凭证，也是进口国对不同出口国实行不同贸易政策的凭证。

原产地证明书按用途可分为优惠原产地证明书和非优惠原产地证明书两大类；按种类可分为普惠制原产地证明书、一般原产地证明书、区域性经济集团互惠原产地证书、专用原产地证明书等。在我国常见的产地证明书有一般原产地证书、普惠制原产地证明书和区域性经济集团原产地证等。本章介绍一般原产地证明书和普惠制原产地证明书。

第一节　一般原产地证

一、一般原产地证明书介绍

一般原产地证明书由商务部统一规定和印制，并由中华人民共和国海关或中国国际贸易促进委员会（中国进出口商会）签发。两者的产地证除了出证机构不同外，填制的内容完全一致。

根据我国现行的规定，出口企业最迟于货物报关出运前三天向签证机构申请办理一般原产地证书，并严格按照签证机构的要求，真实、完整、正确地填写以下材料：

（一）中华人民共和国出口货物原产地证明书一套（一正三副）；

（二）出口货物的商业发票正本一份；

（三）签证机构认为必要的其他证明文件，如“加工工序清单”等。

在目前 G2B 的申领情况下，企业下载签证机构的专门软件，将有关数据输入电脑，生成一般产地证，然后打印出来，和商业发票与加工工序清单（如果需要的话）一起送签证机构签署。

二、一般原产地证的内容和缮制说明

除了出证机构计算机指定的号码外，原产地证明书（图 8－1）还有 12 项内容，使用英文填写，证书表面要清洁、整齐，一般不允许更改。现就其各栏目内容逐项予以说明。

（1）出口商（Exporter）：此栏填写出口公司的正式名称、地址和国家全称。一般情况下，信用证项下为受益人，托收或汇付项下为合同卖方，中国地址的英文翻译采用汉语拼音。注意此栏不能填写境外中间商名称，即使信用证有规定也不可以，要事先修改信用证。

（2）收货人（Consignee）：此栏填写最终收货人名称、地址和国家全称。一般情况下，信用证项下为提单通知人，托收或汇付项下为合同买方。由于外贸需要，有时合同或信用证规定收货人一栏留空，在这种情况下，有两种处理方法：

①此栏加注“To whom it may concern”；

②此栏加注“To order”。

如果合同或信用证规定此栏需要填写转口商时，可在收货人后面加填英文“VIA”＋转口商名称、地址、国家。

（3）运输方式和路线（Means of transport and route）：此栏填写装货港、目的港、中转港（若有）的名称，并说明运输方式（如，海运、空运等）。例如：From Shanghai to Hamburg via Hong Kong by vessel。

（4）运抵国（地区）（Country/region of destination）：此栏填写目的港所在的国家（地区）的全称。在转口贸易时，一般不能填写转口商所在国的国家名称，而应填写最终进口国（地区）的全称。

（5）签证机构用（For certifying authority use only）：此栏一般情况下留空不填，仅供签证机构对后发证书、补发证书、签发副本或其他事项加注声明时使用。例如，信用证要求中国国际商会出具产地证，中国国际贸易促进委员会签署人员就会在此栏盖章“CHINA COUNCIL FOR THE PROMOTION OF

INTERNATIONAL TRADE IS CHINA CHAMBER OF INTERNATIONAL COMMERCE”，意思是：中国国际贸易促进委员会即是中国国际商会。

（6）唛头和包装号（Marks and numbers）：此栏填写货物外包装上的运输标识且与商业发票、提单的同项内容一致。如果唛头过多此栏不够写，可填写在第7、8、9栏的空白处，或另加附页并在附页右上角显示原证号，由签证机构人员手签、加盖签证章。如果没有唛头，应填写“No Marks”或“N/M”。唛头中不能出现中国关境以外的国家（地区）制造的字样，如“Made in Hong Kong”等。

（7）商品描述、包装件数及种类（Number and kind of packages; description of goods）：此栏填写的出口商品名称应是商业发票中所描述的货物，可采用与其他单据无矛盾的称谓，但须与实际商品一致。包装件数及种类应与提单或运单中的表述一致。若是散装货物，用“In bulk”表示。填写时要注意以下五点情况：

①商品名称须具体，应可以在商品编码 H. S. Code 的 8 位数中准确找到，不能填写笼统名称。比如“Man's Shirts”，不能写成“Garments”。

②包装件数及种类必须用英文大写和阿拉伯数字同时表示。例如，“Two Hundred and Twenty（220）Cartons of Man's Shirts”。

③与商品名称有关的商标、品牌、颜色、货号等无须显示，因为这些内容与商品编码、海关税则无关。

④商品名称填完后，要在下一行加上表示结束的符号“* * * * * *”，以防加塞伪造。

⑤有时信用证要求在证书上加注合同号码、信用证号等内容，可加注在此栏结束符号下方，用 Remark 起始。也可以加注在品名数量之下，然后加上表示结束的符号“* * * * * *”。

（8）商品编码（H. S. Code）：此栏填写上述商品对应的商品编码，应与报关单中显示的商品编码一致。同一证书中包含几种不同商品时，应分别标明不同的商品编码。

（9）数量（Quantity）：此栏填写出口商品的数量及单位，应与商业发票中的表述一致，如 2640PCS 或者 2000DOZ. PR。如果计量单位为重量，应表明是毛重还是净重，如 N. W. 1440KGS。

（10）发票号码及日期（Number and date of invoice）：此栏填写商业发票

的号码和日期，分两行填写，第一行填写发票号码，第二行填写发票日期。应与商业发票上的显示一致，并且不能迟于出货日期。为避免对月份、日期的误解，月份一律用英文表述，如 16 JAN.，2012。

（11）出口商声明（Declaration by the exporter）：出口商声明已事先印就，内容为："兹出口商声明以上所列内容正确无误，本批出口商品的生产地在中国，完全符合中华人民共和国出口货物原产地规则。"出口商在此声明栏空白处，由已在签证机构注册的法人代表或签署人员手签，加盖有中英文的条形章或公章，并且还需填写申报地点、申报日期。

注意：手签人的签字与条形章或公章在证书上的位置不能重合。申报日期不能早于第 10 栏的发票日期。

（12）签证机构证明（Certification）：签证机构证明已事先印就，内容是"兹证明出口商的声明是正确无误的"。签证机构授权人经审核后在此栏（正本）签名，加盖签证机构印章。另外，签证机构还要在此注明签发地点和签发日期。一般情况下签发日期不能早于发票日期和申报日期。

如果产地证由中国国际贸易促进委员会签署，它除了盖章与授权人签署外，还会在此栏注明自己的地址；如果由海关签署，那就只有盖章和授权人签署，不注明地址。

（13）证书号码（Certificate No.）和序列号（Serial No）：出证机构计算机自动给出的编号。例如，20C3307Y1474/00034R，即 2020 年（20）一家注册号为 3307Y 的公司的第 00034R 号一般原产地证书，由中国国际贸易促进委员会签发（C），序列号是 CCPIT3402000529089（计算机自动给出）。如果是海关签发的，没有序列号，只有证书号。例如，C203156398410009，即 2020 年（20）一家注册号为 315639841 的公司的第 0009 号一般原产地证（C）。

1. Exporter:
(1)

Serial No. (13)
Certificate No.

CERTIFICATE OF ORIGIN
OF
THE PEOPLE'S REPUBLIC OF CHINA

2. Consignee:
(2)

3. Means of transport and route
(3)

5. For certifying authority use only
(5)

4. Country / region of destination
(4)

6. Marks & Nos.	7. Number and kind of packages; Description of goods	8. H. S. Code	9. Quantity	10. Numbers and Date of Invoice
(6)	(7)	(8)	(9)	(10)

11. Declaration by the exporter (11)
The undersigned hereby declares that the above details and statements correct, that all the goods were produced in China and that they comply with the Rules of Origin of the people's Republic of China

Place and date, signature and stamp of authorized signatory

12. Certification (12)
It is hereby that the declaration by the exporter is correct.

Place and date, signature and stamp of certifying authority

图 8－1

第二节　普惠制原产地证

一、普惠制概述

普遍优惠制（Generalized System of Preference）简称普惠制（GSP），是指发达国家（给惠国）给予发展中国家或地区（受惠国）在经济、贸易方面的一种普遍的、非歧视的、非互利的特别优惠待遇。受惠国向给惠国出口工业制成品、半制成品或部分农产品时，给惠国海关凭受惠国当局出具的普惠制原产地证明书给予免征或减征关税的优惠待遇。

普惠制原产地证明书（Generalized System of Preferences Certificate of Origin）是一种受惠国有关机构就本国出口商向给惠国出口受惠商品而签发的，用以证明原产地的证明文件，也是给惠国给予优惠关税待遇或免税的凭证。

欧盟从1996年开始曾三次减少对我国的受惠产品（产品毕业）。2015年1月1日起停止给予我国所有输入产品的普惠制（国家毕业）。目前，给予我国普惠制待遇的国家共12个，它们是挪威、瑞士、列支敦士登、俄罗斯、白俄罗斯、乌克兰、哈萨克斯坦、日本、土耳其、加拿大、澳大利亚、新西兰。

在我国，普惠制原产地证书由各地海关办理签证、发证和管理工作。根据我国海关的有关规定，出口企业最迟于货物出运前5天，向签证机构申请办理普惠制产地证。计算机通过后，即可去商检局领取Form A。申领所需的文件有：

（一）缮制完毕的普惠制原产地证明书Form A一套（一正二副）；

（二）出口商的商业发票正本一份；

（三）签证机构所需的其他证明文件，如加工工序清单；

（四）如果出口商品含进口成分，应交纳含进口成分受惠商品成本明细单一式二份。

在目前G2B的申领情况下，企业下载海关的专门软件，将有关数据输入电脑，生成普惠制产地证，然后打印出来，和商业发票、加工工序清单、成本名称明细单（如果需要的话）一起送签证机构签署。

二、普惠制原产地证明书格式 A（Form A）的缮制

联合国贸易和发展会议优惠问题特别委员会对普惠制原产地证明书格式 A（Form A）的印刷格式、填制方法都有严格明确的规定，对所需纸张的质量、重量、大小尺寸都做了规定，并要求正本加印绿色防伪标识，防止涂改或伪造。因此缮制时必须认真细心，不得涂改，证书上不得加盖校正章。

普惠制产地证（图 8－2）也有 13 项内容，除证书号（Reference No.）由发证机构指定、第 4 栏签证机构使用、第 11 栏签证机构证明以外，其余 10 栏均由出口企业用英文打印，特殊情况下，第 2 栏可以使用给惠国的文字。证书表面要求清洁、整齐，不能有留空栏。各栏目填制要求如下：

（1）出口商名称、地址和国家［Goods consigned from（Exporter's name，address，country）］：此栏是带有强制性的，必须填写在中国境内的出口商的详细地址。信用证项下一般填写受益人，托收或汇付项下填写合同卖方。中文地名翻译采用汉语拼音。

（2）收货人名称、地址和国家［Goods consigned to（Consignee's name，address，country）］：此栏根据信用证要求填写给惠国的最终收货人名称（即信用证上规定的提单通知人或特别声明的收货人）。如果信用证未明确最终收货人，可以填写商业发票的抬头人。但绝不可填写中间商（如新加坡客商）的名称。

挪威、瑞士对此栏是非强制性要求。如果货物直接运往上述给惠国，且进口商要求将此栏留空，则可以不填写详细名称地址，但必须填“To order”。

（3）运输方式和路线（就所知而言）［Means of transport and route（as far as known）］：此栏填写出口货物的装货港、目的港或到货地点，并说明运输方式。如因运输需要发生转运，应注明转运地。若目的地为内陆地，则允许产地证上的目的地名称与提运单上的卸货港不一致。

例如：From Shanghai to Vancouver via Kobe by sea.

例如：From Shanghai to Hamburg by sea thence transit to Switzerland.

（4）供官方使用（For official use）：此栏留空，供商检局加注说明时使用。

①货物已出运，出证机构签发证书的日期晚于装运日期，即俗称的“补发”证书，海关在此栏加盖“issued retrospectively”红色印章，中文意思为“后发”。

②原证遗失、被盗或损毁，出证机构签发副本证书，会盖上“Duplicate Retrospectively”的章，并在此栏注明原证书的编号和签发日期，且声明原发证书作废，其文字是“This Certificate is in replacement of Certificate of Origin No … Dated …which cancelled”，意思是：本证为某月某日签发的第×号证书的副本，原证书作废。

（5）商品顺序号（Item number）：如果同一批出口货物有不同税则号的商品，按税则号归类，用阿拉伯数字“1、2、3……”按顺序编号填入此栏。单项商品用“1”表示。

（6）唛头和包装号（Marks & Numbers of packages）：此栏的填写方法与上述第一节一般原产地证相应栏目填法相同。

（7）商品名称、包装件数及种类（Number of kind of packages; Description of goods）：此栏的填写方法与上述第一节一般原产地证相应栏目填法相同。

（8）原产地标准（Origin criterion）：此栏文字最少，但却是国外海关审核的核心项目。对含有进口成分的商品，国外要求严格且容易退证，应根据原产地标准选择正确的代码填入。

原产地标准及填报代码：

填报代码	出口国家	原产地标准
P	所有给惠国家	完全原产品
W + H. S.	挪威、瑞士、列支敦士登、土耳其、日本	产品列入给惠国“加工清单”并符合其加工条件 产品未列入“加工清单”，但产品使用的进口原料或零部件经过充分加工，产品 H. S. 号不同于原材料或零部件的 H. S. 号
F	加拿大	有进口成分，但进口成分价值未超过产品出厂价的 40%
Y + 进口成分的百分比	俄罗斯、白俄罗斯、乌克兰、哈萨克斯坦	有进口成分，但进口成分价值未超过离岸价的 50%

（9）毛重或其他数量（Gross weight or other quantity）：此栏的填写方法与上述第一节一般原产地证相应栏目填法相同。

（10）发票号码及日期（Number and date of invoice）：此栏的填写方法与上述第一节一般原产地证相应栏目填法相同。

（11）签证机构证明（Certification）：签证机构证明事先已印刷，内容为

“兹证明出口商的声明是正确无误的，本批货物已由承运人运出”。

海关的批注内容有 3 项：

（11 -1）中华人民共和国海关公章，只签一份正本，副本不予盖章；

（11 -2）由海关授权人手签；

（11 -3）签发日期与签署地点，此日期不能早于发票日期和申报日期，但应早于货物的出运日期；此地点为海关所在地，一般情况与合同中的卖方所在地一致。

（12）出口商声明（Declaration by the exporter）：出口商声明已事先印刷，内容为“兹由出口商声明，以上所列内容正确无误”。此栏填写的内容有 4 项。

（12 -1）用英文填写生产国国名“CHINA”（已事先印刷）。

（12 -2）用英文填写最终进口国国名。进口国必须与第 2 栏收货人所在地的国别一致。

（12 -3）出口商签署（手签），加盖单位中英文印章（正副本均须签署盖章）。签署人手迹必须事先在海关注册备案。盖章时，应避免覆盖进口国名称和签署人手迹。

（12 -4）出口商填写地点、日期。此地点一般为信用证中受益人或买卖合同中卖方的所在地，此日期不能早于发票日期（可以与发票同一天），也不能晚于第 11 栏的日期。

（13）证书号码（Reference No.）：此栏由商检局计算机自动给予。网上申领时，只要计算机通过，就会自动给出。例如，G193103A06050082 是注册号为 3103A0605 的出口企业 2019 年（19）办理的第 82 票（0082）普惠制产地证（G）。

<table>
<tr><td colspan="3">1. Goods consigned from (Exporter's name address country)
(1)</td><td colspan="3" rowspan="2">Reference No. (13)
GENERALIZED SYSTEM OF PREFERENCES
CERTIFICATE OF ORIGIN
(Combined declaration and certificate)
FORM A
issued in THE PEOPLE'S REPUBLIC OF CHINA
(country)</td></tr>
<tr><td colspan="3">2. Goods consigned to (Consignee's name, address, country)
(2)</td></tr>
<tr><td colspan="3">3. Means of transport and route(as far as known)
(3)</td><td colspan="3">4. For official use
(4)</td></tr>
<tr><td>5. Item number
(5)</td><td>6. Marks & Numbers of packages
(6)</td><td>7. Number of kind of packages; Description of goods
(7)</td><td>8. Origin criterion
(8)</td><td>9. Gross weight & other Quantity
(9)</td><td>10. Number and date of Invoice
(10)</td></tr>
<tr><td colspan="3">11. Certification
It is hereby certified, on the basis of control carried out, that the declaration by the exporter is correct.
(11-1)

(11-2)

(11-3)
Place and date, signature and stamp of certifying authority</td><td colspan="3">12. Declaration by the exporter
The undersigned hereby declares that the above details and statements are correct; that all goods were produced in
CHINA (12-1)
(Country)
and that they comply with the origin requirements specified for those goods in the Generalized System of Preferences for goods exported to
(12-2)
(importing country)

(12-3)
(12-4)
Place and date, signature of authorized signatory</td></tr>
</table>

图 8－2

第三节 同步实训

一、示范

2020 年 3 月 24 日，诸暨外贸的单证员沈宇雯向中华人民共和国绍兴海关申领普惠制产地证。

（一）信用证中有关产地证的内容：

…

APPLICANT *50:KOMERI CO. , LTD.
4453 -1, IBARASONE, SHIRONE
OKAYAMA
JAPAN

BENEFICIARY *59:ZHUJI FOREIGN TRADE CORP. OF ZHEJIANG, LTD.
288 WEST SECOND RING ROAD
ZHUJI, ZHEJIANG
CHINA

…

PORT OF LOADING 44E:CHINA

PORT OF DISCHARGE 44F: KOBE

LATEST DATE OF SHIP. 44C: 200330

DESCRIPTION OF GOODS 45A:

WOODEN GARDEN PRODUCTS
AS PER S/C NO. ZF20E0117
TRADE TERMS: CIF KOBE

DOCUMENTS REQUIRED46A:

…

+ CERTIFICATE OF ORIGIN IN DUPLICATE

…

ADDITIONAL CON. 47A:

1. S/C NO. ZF20E0117 MUST BE SHOWN ON ALL DOCUMENTS.

…

（二）其他相关资料：

发票编号：20EZF0318　　发票日期：2020 年 3 月 18 日

木制庭院用品数量：3000 个/660 箱

原产地标准：完全国产，无进口成分

申领日期：2020 年 3 月 23 日　　产地证日期：2020 年 3 月 24 日

授权签署人：赵萍　　证书号：G203304A04110058

唛头：KOMERI　　装货港：宁波

ZF20E0117

KOBE

NO. 1—660

单证员沈宇雯根据信用证号码 30－2020－021136 以及上述相关资料，填写普惠制原产地证明书。当天下午，沈宇雯从海关领回了签发的产地证（图 8－3）。

1. Goods consigned from (Exporter's business name address country)
ZHUJI FOREIGN TRADE CORP.
OF ZHEJIANG, LTD.
288 WEST SECOND RING ROAD, ZHUJI,
ZHEJIANG, CHINA

2. Goods consigned to (Consignee's name, address, country)
KOMERI CO., LTD.
4453-1, IBARASONE, SHIRONE
OKAYAMA
JAPAN

3. Means of transport and route
FROM NINGBO TO KOBE BY SEA

Reference No. G203304A04110058

GENERALIZED SYSTEM OF PREFERENCES
CERTIFICATE OF ORIGIN
(Combined declaration and certificate)

FORM A

issued in **THE PEOPLE'S REPUBLIC OF CHINA**
(country)

4. For official use

5. Item number	6. Marks & Nos of packages	7. Number of kind of packages; Description of goods	8. Origin criterion	9. Gross weight & other Quantity	10. Number and date of Invoice
1	KOMERI ZF20E0117 KOBE NO. 1—660	SIX HUNDRED AND SIXTY (660) CARTONS OF WOODEN GAR-DEN PRODUCTS ************ REMARK: S/C NO. ZF20E0117	P	3000PCS	20EZF0318 18 MAR.,2020

11. Certification
It is hereby certified, on the basis of control carried out, that the declaration by the exporter is correct.

中华人民共
和国××
海关（章）

赵萍（手签）

ZHUJI CHINA 24 MAR., 2020
Place and date, signature and stamp of certifying authority

12. Declaration by the exporter
The undersigned hereby declares that the above details and statements are correct; that all goods were produced in
CHINA
(Country)
and that they comply with the origin requirements specified for those goods in the **Generalized System of Preferences** for goods exported to
JAPAN
(importing country)

浙江省诸暨对外贸易有限公司
ZHUJI FOREIGN TRADE CORP. OF
ZHEJIANG, LTD.

沈宇雯（手签）

ZHUJI CHINA 23 MAR., 2020
Place and date, signature of authorized signatory

图 8－3

二、测试

2020年1月10日，嘉兴文桑的单证员朱敏琪向嘉兴市中国贸易促进委员会嘉兴市支会（嘉兴市进出口商会）提出申领一般原产地证明书（图8－4）。

（一）信用证（部分）：

…

*50：Applicant：SAVIO TESSILI S. P. A.
VIA UDINE 105
33170 CASSANO
ITALY

*59：Beneficiary：ZHEJIANG JIAXING WENSANG
IMP. AND EXP. CO.，LTD.
NO. 120 SOUTH FURUN ROAD
NANHU DISTRICT，JIANXING
CHINA

…

43P：Partial Shipment：NOT ALLOWED

43T：Transshipment：NOT ALLOWED

44E：Port of Loading：SHANGHAI

44F：Port of Discharge：GENOA

44C：Latest Date of Shipment：200115

45A：SHIPMENT OF GOODS：

RATTAN BASKET WITH COTTON COVER INSIDE

OTHER DETAILS AS PER S/C NO. 19JW1106

PACKING：4 PCS IN AN EXPORT CARTON. TOTAL INTO ONE 40' CONTAINER

CIF GENOA

46A：DOCUMENTS REQUIRED：

…

+ CERTIFICATE OF ORIGIN IN DUPLICATE

…

47A：ADDITIONAL CONDITIONS：

1. THE NUMBER OF THIS CREDIT 1972737604 AND ORDER NO. 39972 MUST BE QUOTED ON ALL DOCUMENTS.

…

（二）其他相关资料：

发票号码：WSE200103　　　　　　发票日期：2020 年 1 月 3 日

中国贸易促进委员会嘉兴支会授权人：杨文新

税则号：4602120000

申领日期：2020 年 1 月 10 日　　　证书日期：2020 年 1 月 10 日

证书号：20C203307Y0605/00082　　序列号：CCPIT 3402000104081

唛头：SAVIO

19JW1106

GENOA

NO. 1—1000

1. Exporter:

Serial No.
Certificate No.

CERTIFICATE OF ORIGIN
OF
THE PEOPLE'S REPUBLIC OF CHINA

2. Consignee:

3. Means of transport and route

4. Country / region of destination

5. For certifying authority use only

6. Marks & Nos.	7. Number and kind of packages; Description of goods	8. H. S. Code	9. Quantity	10. Numbers and Date of Invoice

11. Declaration by the exporter

The undersigned hereby declares that the above details and statements correct, that all the goods were produced in China and that they comply with the Rules of Origin of the people's Republic of China

Place and date, signature and stamp of authorized signatory

12. Certification

It is hereby that the declaration by the exporter is correct.

Place and date, signature and stamp of certifying authority

图 8 –4

第九章　区域性优惠原产地证

第一节　目前我国的区域性优惠原产地证

近几年来，我国与许多国家或区域性经济集团进行了多轮谈判并达成协议，双方在减让清单中的产品可享受比最惠国税率更为优惠的关税税率。这种关税优惠是相互的，与发达国家给予发展中国家的普遍的、非互惠的、非歧视的普惠制有所不同。在同这些协议项下的国家进出口货物时，由出口商提供区域性优惠原产地证，使进口商得到关税优惠待遇，从而达到双边互惠的目的。由于区域性贸易协定的关税优惠是对等互惠的，它将逐渐代替普惠制，成为我国出口产品的主要优惠政策，各种区域性优惠原产地证明书也将逐步代替普惠制产地证 Form A。

截止到 2016 年 6 月，我国签订有 1 个优惠贸易安排（《亚太贸易协定》）和 13 个自由贸易区协定，自贸伙伴达 23 个国家和地区，包括东盟 10 国、智利、巴基斯坦、新西兰、新加坡、秘鲁、哥斯达黎加、瑞士、冰岛、澳大利亚和韩国共 20 个国家，以及中国香港、中国澳门和中国台湾 3 个地区。所使用的区域性优惠原产地证明书有《亚太贸易协定》原产地证明书（Form B）、中国—东盟自由贸易区优惠原产地证明书（Form E）、中国—智利自由贸易区优惠原产地证明书（Form F）、中国—巴基斯坦自由贸易区优惠原产地证明书（Form P）、中国—新西兰自由贸易区优惠原产地证明书、中国—新加坡自由贸易区优惠原产地证明书、中国—秘鲁自由贸易区优惠原产地证、中国—哥斯达黎加自由贸易区优惠原产地证明书、中国—瑞士自由贸易区优惠原产地证明书、中国—冰岛自由贸易区优惠原产地证明书、中国—澳大利亚自由贸易区优惠原产地证明书、中国—韩国自由贸易区优惠原产地证明书，以及对中国香港、中国澳门的 CEPA 原产地证明书和对中国台湾的 ECFA 原产地证明书。

目前和我国正在商议中的区域性经济集团和国家还包括海湾合作委员会（包括沙特、科威特、阿联酋、阿曼、卡塔尔和巴林6国）和南部非洲关税同盟。通过相互降低和取消关税，进一步开放服务和投资领域，自由贸易区可以带来贸易和投资机会，降低生产和交易成本，从而实现互利共赢和共同发展。

第二节　《亚太贸易协定》原产地证明书

我国从2006年9月1日起签发《亚太贸易协定》原产地证明书［CERTIFICATE OF ORIGIN Asia – Pacific Trade Agreement（Combined Declaration and Certificate）］，可以签发《亚太贸易协定》原产地证明书的国家有印度、韩国、孟加拉国、斯里兰卡、老挝和中国六个国家。关税减免的产品范围包括农产品、药品、化工产品、纺织品、金属制品、机电产品和汽车及其零部件等，降税幅度从5%到100%不等。

因为证书号的首字是B，所以《亚太贸易协定》原产地证明书（图9－1）又称From B。Form B正本粉红色，副本白色，除了号码栏，共12栏，各栏的填写方法如下。

（1）第1栏：出口商名称、地址、国别［Goods consigned from（Exporter's business name，address，country）］。此栏带有强制性，应填写中国境内出口商的详细地址，包括道路名称、门牌号码等。出口商必须是已办理产地注册的企业，且英文名称应与在签证机构注册备案的一致。此栏切勿出现中国香港、中国澳门、中国台湾地区等中间商。

（2）第2栏：收货人名称、地址、国家［Goods consigned to（Consignee's business name，address，country）］。此栏填写《亚太贸易协定》成员国最终收货人的名称，即信用证上规定的提单通知人，或特别声明的收货人，不能填其他中间商名称。此栏在特殊情况下，也可填上“To order”或“To whom it may concern”字样。

（3）第3栏：供签证当局使用（For official use）。此栏由签证机构填写，出口商留空。签证机构根据实际情况，填写如下内容。

①如属“补发”证书，签证机构在此栏盖上“Issued retrospectively”章；

②如属“重发”证书，签证机构在此栏注明原发证书的编号和签证日期，并声明原发证书作废，其文字是这样的：此证书是某月某日签发的某证书（号码为……）的副本，原证书已作废（This certificate is in replacement of Certificate of Origin No. xxx dated … which is cancelled），并盖上“副本”（duplicate）的红色印章。

（4）第4栏：运输方式与路线（Means of transport and route）。此栏填写最后一个离开中国关境的离境地，如果是转运货物，还要加上转运地。例如，From Shanghai to Chittagong by Sea. 又如，Sea freight from Ningbo to Colombo via Hong Kong.

（5）第5栏：税则号（Tariff item number）。此栏填写出口货物的 H. S. 编码，填写前4位。例如，婴儿袜的税则号是6111200010，填写为6111。

（6）第6栏：唛码标志（Marks and numbers of Packages）。此栏填写出口货物外包装上的运输标识（唛头），须与发票上的唛头一致。唛头中处于同一行的内容不能换行。此栏不得留空。注意：

①如果散装货物没有唛头，应填写“N/M”（无唛头）。

②如果唛头过多，可填写在第7、8、9、10栏的空白处。

③如果唛头是图案等较为复杂的形式，可在该栏目填上：“See attachment”，并另加附页。附页须一式三份，附页上方填上“Attachment to the Certificate of Origin No. ×××（证书号码）”，附页下方两边分别填上签证地点、签证日期、申报地点和申报日期，右下方盖上出口商的签证章并由申报员签名，附页与证书大小一致。

（7）第7栏：包装数量及种类和货物描述（Number and kind of packages / description of goods）。此栏填写出口货物的名称、包装件数的大小写，并在末行加上“＊＊＊”字符（截止线），以防加塞伪造内容。注意：

①商品名称应详细、准确，并与第5栏的税则号相对应。如果合同或信用证中的品名过于笼统，应在括弧内加注具体的描述；

②如果合同或信用证要求在产地证中显示信用证号、订单号等内容，可加在截止线下方，以“Remarks”开头。

例如：Forty（40）cartons of babies' hosiery

＊＊＊＊＊＊＊＊＊＊＊＊＊＊＊＊＊＊＊＊＊＊＊＊＊＊＊＊＊＊＊

Remarks：Credit No. SID46905067

（8）第8栏，原产地标准［Origin criterion（see notes overleaf）］。此栏用字不多，却是进口国海关审核的核心项目，必须认真填写，若有不明之处，可查看证书反面。属于完全原产的货物，填写“A”；如果含有进口成分的产品，填写如下：

①在一出口成员国境内最终制得或加工的产品，如果其使用的来自非成员国或不明原产地的原材料、零件或制品的总价值不超过该产品FOB价的55%，则填写字母“B”并注明原产于非成员国或原产地不明的原材料、零部件或制品的总价值占出口产品FOB价的百分比，如“B”50%。

②符合原产地累积标准的，如果最终产品中成员国成分合计不低于其FOB价的60%，则填写字母“C”并注明原产于成员国领土内的累计含量的总价值占出口产品FOB价的百分比，如“C”60%。

③最不发达成员国原产的产品在适用条件“A”时百分比不能超过65%，适用条件“B”时百分比不能低于50%。符合该特定原产地标准的产品，填写字母“D”。

（9）第9栏，毛重及其他数量（Gross weight or other quantity）。此栏应以商品的正常计量单位填写，如只、件、匹、双、打、台等，以重量计算的则填毛重，只有净重的，填净重也行，但要标明净重，即加上“N. W.（net weight）”。

（10）第10栏，发票号及日期（Number and date of invoices）。此栏填写对应的发票号码与发票日期，必须与商业发票上显示的一致。注意：

①月份用英文缩写表示，日期与年份用数字表示；

②年份要填完整，如2020不能写成20；

③发票号码如果太长需换行打印时，应使用折行符“—”；

④发票日期不能迟于提单日期和申报日期。

（11）第11栏，生产国、进口国声明和出口商（Declaration by the exporter）。此栏有三项内容。

①出口商声明和生产国，英文声明和生产国“CHINA”字样已经印就，大意是证书中所列内容正确，货物产于中国。

②进口国，进口国国名一定要正确，必须是《亚太贸易协定》成员国，与收货人及目的港所在的国别一致。

③出口商签署，出口企业的申报员应在此栏签署，并加盖已在签证机构注册过的中英文签证章，填上申报地点与时间。印章应清晰。

注意：申报日期不能填写法定休息日，此日期不得早于发票日期，一般也不能迟于提单日期，如果迟于提单日期，则要申请后发证书。在证书正本和所有副本上盖章签署时，要避免覆盖进口国名称、原产国名称、申报地址和申报时间。更改后证书的申报日期一般与原证一致，重发证书的申报日期应为重新申报时的日期。

（12）第12栏，签证当局证明（Certification）：此栏填写签证地址和日期，一般情况下，与出口商申报日期、地址一致。签证机构授权签证人员在此栏签署，并加盖签证机构的印章。注意：签证机构只在证书正本加盖印章，副本没有印章。

（13）证书号码（Reference No）：此栏填写《亚太贸易协定》原产地证明书号码。例如：B20 380000005 0045 是指注册号为380000005的出口商2020年办理的第45票证书。

对于签署机构已经签发的证书，出口商如需更改内容，须提出更改申请，并退还原签证书。更改的号码与新证的编码规则一致，但改变流水号。如原签发的证书遗失，经签证机构重新签发，重发证的号码与新证的编码规则一致，但改变流水号。

1. Goods consigned from (1) (Exporter's business name, address, country)	Reference No. (13) **CERTIFICATE OF ORIGIN** **Asia-Pacific Trade Agreement** **(Combined Declaration and Certificate)** Issued in THE PEOPLE'S REPUBLIC OF CHINA (Country)
2. Goods consigned to (2) (Consignee's business name, address, country)	3. For official use (3)
4. Means of transport and route (4)	

5. Tariff item number (5)	6. Marks and numbers of Packages (6)	7. Number and kind of packages / description of Goods (7)	8. Origin criterion (see notes overleaf) (8)	9. Gross weight or other quantity (9)	10. Number and date of invoices (10)

11. Declaration by the exporter The undersigned hereby declares that the above details and state ments are correct; that all the goods were produced in **CHINA** (11-1) (Country) and that they comply with the origin requirements specified for these goods in the Asia-Pacific Trade Agreement for goods exported to (11-2) (Importing Country) (11-3) Place and date, signature of authorized Signatory	12. Certification It is hereby certified, on the basis of control carried out, that the declaration by the exporter is correct. (12) Place and date, signature and stamp of Certifying Authority

图 9－1

第三节　中国—东盟自由贸易区优惠原产地证书

中国—东盟自由贸易区优惠原产地证英文全称是："ASEAN - CHINA FREE TRADE AREA PREFERENTIAL TARIFF CERTIFICATE OF ORIGIN (Combined Declaration and Certificate) FORM E"，简称 Form E。为享受中国—东盟自由贸易区优惠关税协议优惠待遇而接受本证明书的成员国有文莱、柬埔寨、印度尼西亚、老挝、马来西亚、缅甸、菲律宾、新加坡、泰国、越南和中国。

自 2004 年 1 月 1 日起，在中国—东盟自由贸易区的农产品的进口可凭 Form E 享受关税优惠待遇。2005 年 7 月 20 日起，约 7000 个税目的产品开始全面降税，至 2010 年，中国与文莱、印度尼西亚、马来西亚、菲律宾、新加坡和泰国等六个东盟老成员将取消所有产品的关税，建成自由贸易区。老挝、缅甸至 2009 年 1 月、柬埔寨至 2012 年 1 月，50% 的税目的关税降至 0 ~ 5%，2013 年 40% 的税目的关税降至零。越南 2010 年 50% 的税目的关税降至 0 ~ 5%。2015 年老挝、缅甸、柬埔寨、越南与中国实现自由贸易（关税降至零）。

出口至上述任何一个国家的进出口货物，享受中国—东盟自由贸易区优惠关税协议下优惠待遇的主要条件包括：

其一，必须是在目的国可享受关税减让的货物；

其二，必须符合货物由任一中国—东盟自由贸易区成员国直接运至另一成员国的运输条件，但如果过境运输、转换运输工具或临时储存仅是由于地理原因或仅出于运输需要考虑，运输途中经过一个或多个非中国—东盟自由贸易区成员境内的运输亦可接受；

其三，必须符合原产地标准。

中国—东盟自由贸易区优惠原产地证由一份正本（灰棕色）及三份副本（浅绿色）组成：正本交给进口商；第一副本出证机构留存；第二副本交给进口商，货物在进口国通关后交还给有关当局；第三副本出口商留存。

Form E（图 9 - 2）也是 12 栏（除了号码栏），用英文填制，其中证书号码、第 1、2、6、10 栏的内容及填制要求，和普惠制原产地证（本书第八章第二节）以及上述《亚太贸易协定》原产地证的相应各栏一致，可参见 Form A 和 Form B 的填制要求。下面就第 3、4、5、7、8、9、11、12 栏的填制要求介绍如下。

1. Goods consigned from (Exporter's business name, address, country) (1)	Reference No. **ASEAN-CHINA FREE TRADE AREA PREFERENTIAL TARIFF CERTIFICATE OF ORIGIN** **(Combined Declaration and Certificate)** **FORM E** Issued in THE PEOPLE'S REPUBLIC OF CHINA (Country) See Notes overleaf
2. Goods consigned to (Consignee's business name, address, country) (2)	
3. Means of transport and route (as far as known) (3) Departure date Vessel's name / Aircraft etc. Port of discharge	4. For official use (4) □Preferential treatment Given Under ASEAN-CHINA Free Trade Area Preferential Tariff □Preferential treatment Not Given (Please state reason/s) Signature of Authorised Signatory of the Importing Country

5. Item number	6. Marks and numbers on packages	7. Number and type of packages, description of goods (including quantity where appropriate and HS number of the importing Country)	8. Origin criterion (see notes overleaf)	9. Gross weight or other quantity and value(FOB)	10. Number and date of invoices
(5)	(6)	(7)	(8)	(9)	(10)

11. Declaration by the exporter (11) The undersigned hereby declares that the above details and statement are correct; that all the goods were produced in **CHINA** (Country) and that they comply with the origin requirements specified for these goods in the ASEAN-CHINA Free Trade Area Preferential Tariff for the goods exported to (Importing Country) Place and date, signature of authorised signatory	12. Certification (12) It is hereby certified, on the basis of control carried out, that the Declaration by the exporter is correct. Place and date, signature and stamp of certifying authority

图 9－2

（1）第3栏，运输方式及运输途径。此栏除了注明运输方式以外，还要在栏内对应的英文后依次填写上离港日期、运输工具号（船名、航班）和卸货港。

（2）第4栏：官方使用。此栏由进口国海关填写。不论是否给予优惠待遇，进口成员国海关必须在第4栏做出相应的标注。

（3）第5栏：序列号。此栏与 Form A 的第5栏相同，可参照本书第八章第二节 Form A 第5栏的填制。

（4）第7栏：包装数量及种类、货物描述（包括 H. S. 税目号）。此栏填写货物的包装数量及种类，并在包装数量的英文描述后用括号加上阿拉伯数字；货物名称必须详细，以便验货的海关官员可以识别，产品的货号及任何商标也应列明；H. S. 编码要填写六位数，如 H. S. Code：940320；货名与 H. S. 编码要对应。如果货物无包装，应注明“散装（In bulk）”。货物描述结束后，应在后面添加“＊＊＊”（截止符）。如果合同或信用证要求在证书上添加信用证号码等内容的，参见 Form B 第7栏的填写方式。

（5）第8栏：原产地标准。此栏填写如下：

①对于完全原产的产品，应填写“WO”（适用于文莱、马来西亚、泰国、新加坡和越南），或填写“X”（适用于缅甸、柬埔寨、印度尼西亚、老挝、菲律宾）；

②货物在出口成员国加工但并非完全生产，未使用原产地累计规则判断原产地标准的，其国产价值成分≥40%，填写该产品国产价值的百分比，如70%；

③货物在出口成员国加工但并非完全生产，使用了原产地累计规则判断原产地标准的，中国—东盟累计价值成分≥40%，填写该产品价值的百分比，如45%；

④货物符合产品的特定原产地标准的产品，填写“PSR”。

（6）第9栏：毛重或其他数量及价格（FOB）。此栏比 Form A 或 Form B 多一项内容，即除了填写数量或毛重外，还要填写出口货物的 FOB 金额。

（7）第11栏：生产国、进口国和出口商声明。此栏与 Form B 的第11栏相同，可参照 Form B 的填制。

（8）第12栏：官方证明。此栏填写签证机构的签证地点（城市名）、日期，签证机构的签证人员经审核后在此栏（正本和副本）签名，盖签证印章。

当申请单位申请后发证书时，需在此栏上应加注“Issued Retrospectively”。

如果 Form E 原产地证书需要更改，由原签证机构的签证人员将证书上错误项目以横线划去，在旁边空白处手写正确的内容，在正确内容周围加“＊＊＊”（截止符），由签证人员签字，并加盖签证印章，不再重新签发 Form E 更改证书。

Form E 原产地证书被盗、遗失或毁坏的，出口商可以书面向签证机构申请签发该原产地证正本及第三副本的经核准真实副本。该副本应当根据签证机构存档的出口文件制发，同时提供相关的商业单证（如提单、报关单）的复印件，并应在第 12 栏中注明“经核准的真实副本”（Certified true copy）字样。审签人员审核无误予以签发该证书的补发证书，补发证书应当注明原始原产地证的签发日期，在原始证签发之日起一年内签发。

第四节　中国—韩国自由贸易区原产地证书

中国—韩国自由贸易区原产地证（CERTIFICATE OF ORIGIN Form for China－Korea FTA），简称中韩产地证。

中国—韩国自由贸易区原产地证书（图 9－3）由一份浅绿色正本及两份白色副本组成，正本 Original 寄交进口商或送银行结汇，副本 Copy 由出证机构和出口商留存。

中韩自由贸易区谈判于 2012 年 5 月正式启动。谈判大体分为模式谈判和出要价谈判两个阶段。2013 年 9 月，中韩双方完成了模式谈判，确定了基本原则、总体自由化水平和未来协定涉及的范围领域。2015 年 2 月 25 日，中韩双方完成《中国—韩国自由贸易协定》全部文本的草签，对协定内容进行了确认。至此，中国—韩国自由贸易区谈判全部完成。2015 年 6 月 1 日，中韩两国政府正式签订《中国—韩国自由贸易协定》。

自 2015 年 12 月 20 日起，依照《中国—韩国自由贸易协定》和国家法律有关规定，申请人可以向各地海关申请签发中国—韩国自由贸易区原产地证书。

除了证书号，中韩产地证还有 14 栏内容。与 FORM A、FORM E 相同，证书号由出证机构的计算机自动分配，其他各栏的内容由出口企业的申报人员按照要求如实填制，保证所填的证书真实、准确。证书一律不得涂改，不得加盖更正章。具体各栏的填制要求如下。

（1）第1栏，出口商名称、地址、国家（Exporter's name，address，country）：填写中国（出口）或韩国（进口）出口商详细的依法登记的名称、地址（包括国家）。

（2）第2栏，生产商名称、地址、国别（Producer's name and address，if known）：填写生产商详细的依法登记的名称、地址（包括国家）。如果证书包含一家以上生产商的商品，应列出其他生产商详细的依法登记的名称、地址（包括国家）。如果出口商或生产商希望对信息予以保密，可以填写“应要求提供”（AVAILABLE UPON REQUEST）。如果生产商和出口商相同，应填写“同上”（SAME）。

（3）第3栏，收货人的名称、地址、国别（Consignee's name，address，country）：填写常驻韩国的收货人详细的依法登记的名称、地址（包括国家）。

（4）第4栏，运输方式及路线［Means of transport and route（as far as known）］：填写运输方式及路线，在对应的栏目中详细说明离港日期（Departure Date）、运输工具的编号（Vessel/Flight/ Train/Vehicle No.）、装货口岸（Port of loading）和到货口岸（Port of discharge）。

（5）第5栏，备注（Remarks）：此栏可以填写进口商的订单号，信用证号等信息。注意：

①如果发票是由非缔约方经营者开具的，则应在此栏详细注明非缔约方经营者依法登记的名称和所在国家。

②如果原产地证书是后补发的，则应注明“补发”（ISSUED RETROACTLVELY）字样。

③如果原产地证书是经核准的副本，则应注明“原产地证书正本（编号××××，日期××××）经核准的真实副本”（CERTIFIED TRUE COPY of the Original Certificate of Origin No. … Dated …）字样。

④如果此份证书不存在以上内容，则此栏打印“******”。

⑤此栏最下面打印核查网址“Verification：www. chinaorigin. gov. cn”。

（6）第6栏，项目号［Item number（Max 20）］：填写项目号，但不得超过20项。

（7）第7栏，唛头及包装号（Marks and numbers on packages）：若存在唛

头和包装号，填写唛头及包装号。如果唛头是图形或者符号而非字母或者数字，应填写“图形或符号（I/S）”。如果没有唛头及包装号，应填写“没有唛头及包装号”（N/M）。

（8）第8栏，包装数量及种类，商品描述（Number and kind of packages，description of goods）：详细列明包装数量及种类。详细列明每种货物的货品名称，以便于海关人员查验时加以识别。货品名称应与发票上的描述及货物的协调制度编码相符。如果是散装货物，应注明“散装”（IN BULK）。缮制时，可参见FORM A第6栏和FORM E第7栏的填制。

（9）第9栏，HS编码［H. S. code（Six-digit code）］：对应第8栏中的每种货物填写税则号（商品编码），以六位数编码为准。

（10）第10栏，原产地标准（Origin criterion）：标明货物申明享受优惠关税待遇所依据的原产地标准。注意以下四方面：

①如果货物在一缔约方完全获得或生产，填“WO”。

②如果货物完全由已获得原产资格的材料生产，填“WP”。

③如果货物使用了非原产原材料，但满足“特定产品原产地标准表”所规定的税则归类改变、区域价值成分、工序要求或其他要求，填“PSR”。

④如果符合特定货物处理的规定，填“OP”。

（11）第11栏，毛重或其他数量［Gross weight，quantity（Quantity Unit）or other measures（liters，m^3，etc.）］：如果填写毛重，应该用“千克”表示，也可以按照惯例采用其他计量单位（例如，体积、件数等）来精确反映数量。

（12）第12栏，发票号码与日期（Number and date of invoice）：填写发票号码和发票日期。如果发票是由非缔约方经营者开具且该商业发票号码和发票日期均不知晓，则出口方签发的原始商业发票的号码和发票日期应在本栏注明。

（13）第13栏，出口商申明（Declaration by the export）：此栏有三项内容，（13－1）的大意是证明上述内容正确并货物产自中国；（13－2）的大意是证明货物出口去韩国并完全符合《中国—韩国自由贸易协定》；（13－3）由出口商签署盖章。出口企业经授权的原产地申办人员须在此栏签名，填写申报地点和申报日期。此栏的申报日期不得早于第12栏发票的日期。

（14）第14栏，签证机构证明（Certification）：这里的英文大意是证实第13栏的内容正确，货物符合《中国—韩国自由贸易协定》。此栏由签证机构的签证人员签名，加盖各直属检验检疫局字样的签证印章，并填写签证机构的签证地点和日期。签名必须清楚且保持与备案笔迹一致。印章应加盖清晰，且不能与签名重叠。

（15）第15栏，证书编号：中韩产地证编号共16位数字，包括“K”、年份（2位）、产地证申请人所在地（省、市、自治区）编号（4位）、产地证申请人备案号（5位）和流水号（4位）。

<table>
<tr><td colspan="4">1. Exporter's name, address, country:
(1)</td><td colspan="4" rowspan="3">Certificate No. (15)

CERTIFICATE OF ORIGIN
Form for China-Korea FTA

Issued in______________________

(see Overleaf Instruction)</td></tr>
<tr><td colspan="4">2. Producer's name and address, if known:
(2)</td></tr>
<tr><td colspan="4">3. Consignee's name, address, country:
(3)</td></tr>
<tr><td colspan="4">4. Means of transport and route (as far as known)
(4)
Departure Date

Vessel/Flight/ Train/Vehicle No.

Port of loading

Port of discharge</td><td colspan="4">5. Remarks
(5)</td></tr>
<tr><td>6. Item number (Max 20)

(6)</td><td>7. Marks and numbers on packages

(7)</td><td colspan="2">8. Number and kind of packages, description of goods

(8)</td><td>9. HS code (Six digit code)

(9)</td><td>10. Origin criterion

(10)</td><td>11. Gross weight quantity (Quantity Unit) or other measures (liters, m³, etc.)
(11)</td><td>12. Number and date of invoice

(12)</td></tr>
<tr><td colspan="4">13. Declaration by the export:

The undersigned hereby declares that the above details and statement are correct, that all the goods were produced in
CHINA (13-1)
(Country)
and that they comply with the origin requirements specified in the FTA for goods exported to
KOREA (13-2)
(Importing Country)

(13-3)

Place and date, signature of authorized signatory</td><td colspan="4">14. Certification
On the basis of control carried out, it is hereby certified that the Information herein is correct and that the goods described comply with the origin requirements specified in the China-Korea FTA.

(14)

Place and date, signature and stamp of authorized body</td></tr>
</table>

图 9－3

第五节 中国香港和中国澳门 CEPA 原产地证和中国台湾 ECFA 原产地证

一、中国香港、中国澳门 CEPA 原产地证

CEPA 全称为 Close Economic Partnership Arrangement，即《关于建立更紧密经贸关系的安排》的英文简称，包括中央政府与香港特别行政区政府签署的《内地与香港关于建立更紧密经贸关系的安排》、中央政府与澳门特别行政区政府签署的《内地与澳门关于建立更紧密经贸关系的安排》。

CEPA 原产地证是指在内地与香港、澳门更紧密经贸关系的相关协定下使用的原产地证。出口商或生产商在中国香港、中国澳门，向特别行政区政府授权的原产地证发证机构申请，可以享受 CEPA 原产地证。目前，根据 CEPA 规定，中国香港的发证机构有六家，分别是香港工业贸易署、香港中华总商会、香港中华厂商联合会、香港工业总会、香港总商会和香港印度商会。中国澳门的发证机构只有一家，即澳门经济局。

内地进口商或其代理人在进口报关时，应主动向进境地海关申明有关货物是 CEPA 货物，并提交有效的 CEPA 原产地证正本。进境地海关经联网核对无误后，准予进口货物享受零关税待遇。因故不能联网核对的，应进口商的要求，海关可按规定办理进口放行手续，但对该货物按非《关于建立更紧密经贸关系的安排》下适用的进口关税税率征收相当于税款的保证金。申报地海关自该货物放行之日起 90 天内，核对其原产地情况，根据核查结果，办理或退还保证金，或将保证金转为进口关税的手续。CEPA 货物的审价、归类和复验工作仍按照内地海关现行的规定办理，应当符合海关的要求，对 CEPA 货物实行零关税待遇，但属于国内税的增值税部分仍需征收。

因为目前的 CEPA 原产地证主要用于进口货物的报关，而且每个栏目中关于填写的内容在栏头都有详细标明，这里就不做缮制讲解了。

CEPA 原产地证（香港）见图 9－4。CEPA 原产地证（澳门）与图 9－4 的格式一样，只是中文为繁体字，“港”和“香港”改为“澳”和“澳门”，外文为葡萄牙语，“HONG KONG”改为“MACAO”。

<table>
<tr><td colspan="2">出口商(名称及香港地址)Exporter (full name and Hong Kong address)</td><td rowspan="2">证书编号 CERTIFICATE NO.
签发日期 DATE OF ISSUE
证书有效截止日期 VALID UP TO

原产地证书
[内地与香港关于建立更紧密经贸关系的安排]
CERTIFICATE OF HONG KONG ORIGIN
(CLOSER ECONOMIC PARTNERSHIP ARRANGEMENT)
(CEPA)

【原产地证书发证机构标志】</td></tr>
<tr><td colspan="2">收货人(名称及内地地址)Consignee (full name and Inland address)</td></tr>
<tr><td>离港日期 Departure Date</td><td>工厂登记编号 Factory Number</td><td></td></tr>
<tr><td>船只/飞机/火车/货车编号
Vessel/Flight/Train/Vehicle No.</td><td>装货地 Place of Loading</td><td rowspan="2">内部专用 For internal Use Only</td></tr>
<tr><td colspan="2">到货口岸 Port of Discharge</td></tr>
</table>

包装标志，数量及货柜编号；包裹件数及种类；货物摘要及产品内地协制编号，离岸价(港元) Marks, Nos. and Container No.; No. and Kind of Packages; Description of Goods and Mainland HS Code; FOB value (HK$)	数量(计量单位) Quantity (Quantity Unit)	商标名称或标签 Brand Name or Labels(if any)

本人谨证明以上描述之货物均符合《内地与香港关于建立更紧密经贸关系的安排》下货物贸易的原产地规则的要求。

I HEREBY CERTIFY THAT THE GOODS DESCRIBED ABOVE COMPLY WITH THE REQUIREMENTS OF THE RULES OF ORIGIN FOR TRADE IN GOODS UNDER CEPA.

【原产地证书发证机构印章】　　　　【原产地证书发证机构签署】

图 9－4

二、中国台湾 ECFA 原产地证

ECFA 全称是 Economic Cooperation Framework Agreement，即《海峡两岸经济合作框架协议》的英文简称。《海峡两岸经济合作框架协议》于 2010 年 9 月 12 日正式生效，协议的目的是加强和增进海峡两岸双方之间的经济、贸易和投资合作，促进双方货物和服务贸易进一步自由化，逐步建立公平、透明、便利的投资及其保障机制，扩大经济合作领域，建立合作机制。

协议规定：其中货物贸易早期收获项目将于 2011 年 1 月 1 日正式实施，届时大陆方面将对 539 项原产于中国台湾的产品实施降税，包括轻纺产品、化工产品、机械电子产品等。中国台湾方面将对 267 项原产于大陆的产品实施降税，包括石化产品、机械产品、轻纺产品等。双方将在早期收获计划实施后不超过两年的时间内分三步对早期收获产品实现零关税。

ECFA 原产地证（图 9－5）以中文填写，必要时辅以英文，但不能仅以英文填写。所有栏目必须填写，如有任何涂改、损毁或填写不满均将导致原产地证书失效。如果一次货物出运太多，使得一张证书写不下时，可添加续页。证书如有续页，续页应填写同一证书编码，同时在证书下方填写“第 X 页，共 X 页”。如果证书仅有 1 页，亦应填写“第 1 页，共 1 页”。

ECFA 原产地证共 15 栏，逐一讲解如下。

第 1 栏：应填写海峡两岸经济合作框架协议下在双方注册登记的海峡两岸双方出口商的详细名称、地址、电话、传真和电子邮件等联系方式。如无传真或电子邮件，应填写“无”。

第 2 栏：应填写海峡两岸经济合作框架协议下在双方注册登记的海峡两岸双方生产商的详细名称、地址、电话、传真和电子邮件等联系方式。如无传真或电子邮件，应填写“无”。如果证书包含一家以上生产商，应详细列出所有生产商的名称、地址，如果证书填写不下，可以随附生产商清单。如果生产商和出口商相同，填写“同上”。若本栏资料属机密性资料时，请填写“签证机构或相关机关要求时提供”。

第 3 栏：应填写海峡两岸经济合作框架协议下在双方注册登记的海峡两岸双方进口商的详细名称、地址、电话、传真和电子邮件等联系方式，如无传真或电子邮件，应填写“无”。

第 4 栏：应填写运输方式及路线，详细说明离港日期、运输工具（船舶、

海峡两岸经济合作框架协议原产地证书

正本　如有任何涂改、损毁或填写不满均将导致本原产地证书失效

<table>
<tr><td>1.出口商(名称、地址)

电话：　　　　传真：
电子邮件：</td><td>编号：

签发日期：

有效期至：</td></tr>
<tr><td>2.生产商(名称、地址)

电话：　　　　传真：
电子邮件：</td><td rowspan="2">5. 受惠情况

□依据海峡两岸经济合作框架协议给予优惠关税待遇

□拒绝给予优惠关税待遇(请注明原因)

____
进口方海关已获授权签字人签字</td></tr>
<tr><td>3.进口商(名称、地址)

电话：　　　　传真：
电子邮件：</td></tr>
<tr><td>4. 运输工具及路线：
离港日期：
船舶/飞机编号等：
装货口岸：
到货口岸：</td><td>6. 备注</td></tr>
</table>

7.项目编号	8. HS 编码	9. 货品名称、包装件数及种类	10.毛重或其他计量单位	11.包装唛头或编号	12.原产地标准	13.发票价格、编号及日期

<table>
<tr><td>14. 出口商声明
—本人对于所填报原产地证书内容的真实性与正确性负责；
—本原产地证书所载货物，系原产自本协议一方或双方，且货物属符合海峡两岸经济合作框架之原产货物。

出口商或已获授权人签字

地点和日期</td><td>15. 证明
依据《海峡两岸经济合作框架协议》临时原产地规则规定，兹证明出口商所做申报正确无讹。

地点和日期，签字和签证机构印章

电话：　　　　传真：
地址：</td></tr>
</table>

图 9－5

飞机等）的编号、装货口岸和到货口岸。如离港日期未最终确定，可填写预计的离港日期，并注明“预计”字样。

第5栏：不论是否给予优惠关税待遇，进口方海关可在本栏标注（√）。如果不给予优惠关税待遇，请在该栏注明原因。该栏应由进口方海关已获授权的签字人签字。

第6栏：如有需要，可填写订单号码、信用证号等。

第7栏：应填写项目编号，但不得超过20项。

第8栏：应对应第9栏中的每项货物填写HS编码，以进口方8位编码为准。

第9栏：应详细列明货品名称、包装件数及种类，以便于海关关员查验。货品名称可在中文名称外辅以英文，但不能仅以英文填写。货品名称应与出口商发票及HS编码上的商品描述相符。如果是散装货，注明“散装”。当本栏货物信息填写完毕时，加上“＊＊＊”（三颗星）或“/”（结束斜线符号）。

第10栏：每种货物的数量可依照海峡两岸双方惯例采用的计量单位填写，但同时填写以国际计量单位衡量的数量，如毛重（用千克衡量），容积（用公升衡量），体积（用立方米衡量）等，以精确地反映货物数量。

第11栏：应填写包装唛头或编号，以便于海关关员查验。

第12栏：若货物符合临时原产地规则，出口商必须按照下列表格中规定的格式，在本证书第12栏中标明其货物申报适用优惠关税待遇所根据的原产地标准。

本表格第9栏列名的货物生产或制造的详情	填入第12栏
(a) 出口方完全获得的货物	“WO”
(b) 完全是在一方或双方，仅由符合本附件的临时原产地规则的原产材料生产	“WP”
(c) 符合产品特定原产地标准的货物	“PSR”

此外，如果货物适用的原产地标准依据“累积规则”条款、“微小含量”条款或“可互换材料”条款，亦应于本栏相应填写“ACU”“DMI”或“FG”。

第13栏：应填写海峡两岸经济合作框架协议下海峡两岸双方出口商开具的商业发票所载明的货物实际成交价格、发票编号及发票日期。

第 14 栏：应由出口商或已获授权人填写、签名，并应填写签名的地点及日期。

第 15 栏：应由签证机构的授权人员填写签证地点和日期，并签名、盖章，同时提供签证机构的地址、电话及传真号码。

第六节　其他自由贸易区优惠原产地证

除了上文所述的五种原产地证书外，我国目前在进出口贸易中使用的自由贸易区优惠原产地证还有很多，这些原产地证的填写与 Form A、Form B、Form E 证书大同小异，第 2 栏都是生产厂商，第 4 栏是装货港和卸货港，大多还要求明示船名航次/飞机航班/火车编号、装运日期等内容，且大多有备注栏，签证机构都是在右下方签署盖章，其中证书还必须显示签证机构的地址、电话和传真号码。

这些证书的填写要点都印制在证书的背面，有些由海关出证，有些由中国国际贸易促进委员会出证，网络上都有介绍，这里不再赘述。

中国—智利自由贸易区优惠原产地证明书（Form F）见图 9 - 6，中国—巴基斯坦自由贸易区优惠原产地证明书（Form P）见图 9 - 7，中国—新西兰自由贸易区优惠原产地证明书见图 9 - 8，中国—新加坡自由贸易区优惠原产地证明书见图 9 - 9，中国—秘鲁自由贸易区优惠原产地证明书见图 9 - 10，中国—哥斯达黎加自由贸易区优惠原产地证明书见图 9 - 11，中国—冰岛自由贸易区优惠原产地证明书见图 9 - 12，中国—澳大利亚自由贸易区优惠原产地证明书见图 9 - 13。

1. Exporter's name, address, country:	Reference No. **CERTIFICATE OF ORIGIN** **Form F for China-Chile FTA** Issued in THE PEOPLE'S REPUBLIC OF CHINA (see Instruction overleaf)
2. Producer's name and address, if known:	
3. Consignee's name, address, country:	
4. Means of transport and route (as far as known) Departure Date Vessel/Flight/ Train/Vehicle No. Port of loading Port of discharge	5. For official use only ☐Preferential Tariff Treatment Given Under China-Chile FTA ☐Preferential treatment Not Given (Please state reasons) Signature of Authorized Signatory of the Importing Country 6. Remarks

7. Item number (Max 20)	8. Marks and numbers on packages	9. Number and kind of packages, description of goods	10. HS code (Six digit code)	11. Origin criterion	12. Gross weight quantity (Quantity Unit) or other measures (items, etc)	13. Number, date of invoice and invoiced value

14. Declaration by the export The undersigned hereby declares that the above details and statement are correct, that all the goods were produced in **CHINA** (Country) and that they comply with the origin requirements specified in the FTA for goods exported to **CHILE** (Importing Country) Place and date, signature of authorized signatory	15. Certification It is hereby certified, on the basis of control carried out, that the declaration by the exporter is correct. Place and date*, signature and stamp of certifying authority Certifying authority Tel: Fax: Address:

*A Certificate of Origin under China-Chile Free Trade Agreement shall be valid for one year from the date of issue in the exporting country.

图 9－6

1. Exporter's Name, Address, Country	Reference No. **CERTIFICATE OF ORIGIN** **CHINA-PAKISTAN FTA** **(Combined Declaration and Certificate)** Issued in THE PEOPLE'S REPUBLIC OF CHINA (Country) See Notes overleaf
2. Consignee's Name, Address, Country	
3. Producer's Name, Address, Country	
4. Means of transport and route (as far as known) Departure date Vessel/Flight/Train/Vehicle No. Port of loading Port of discharge	5. For Official Use Only □Preferential treatment Given Under China-Pakistan FTA Free Trade Area Preferential Tariff □Preferential treatment Not Given (Please state reason/s) Signature of Authorised Signatory of the Importing Country

6. Item number	7. Marks & Nos on packages, Number and kind of packages description of goods, HS code of the importing country	8. Origin criterion	9. Gross weight quantity and FOB value	10. Number and date of invoices	11. Remarks

12. Declaration by the export The undersigned hereby declares that the above details and statement are correct; that all the goods were produced in **CHINA** (Country) and that they comply with the origin requirements specified for these goods in the China-Pakistan Free Trade Area Preferential Tariff for the goods exported to **PAKISTAN** (Importing Country) Place and date, signature and stamp of authorized signatory	13. Certification It is hereby certified, on the basis of control carried out, that the Declaration by the exporter is correct. Place and date, signature and stamp of certifying authority

图 9－7

1. Exporter's name, address, country:	Certificate No. **CERTIFICATE OF ORIGIN** Form for the Free Trade Agreement between the Government of the People's Republic of China and the Government of New Zealand Issued in the People's Republic of China (see Instruction overleaf)
2. Producer's name and address, if known:	
3. Consignee's name, address, country:	
4. Means of transport and route (as far as known) Departure Date Vessel/Flight/ Train/Vehicle No. Port of loading Port of discharge	5. For official use only □Preferential Tariff Treatment Given Under China-New Zealand FTA □Preferential treatment Not Given (Please state reasons) Signature of Authorized Signatory of the Importing Country 6. Remarks

7. Item number (Max 20)	8. Marks and numbers on packages	9. Number and kind of packages, description of goods	10. HS code (Six digit code)	11. Origin criterion	12. Gross weight quantity (Quantity Unit) or other measures (items, etc)	13. Number, date of invoice and invoiced value

14. Declaration by the export The undersigned hereby declares that the above details and statement are correct, that all the goods were produced in **CHINA** (Country) and that they comply with the origin requirements specified in the FTA for goods exported to **NEW ZEALAND** (Importing Country) Place and date, signature of authorized signatory	15. Certification On the basis of control carried out, it is hereby certified that the information herein is correct and that the goods described comply with the origin requirements specified in the Free Trade Agreement between the Government of the People's Republic of China and the Government of New Zealand. Place and date, signature and stamp of authorized body

图 9-8

1. Goods consigned from(Exporter's business name, address, country)	Reference No. **CHINA-SINGAPORE FREE TRADE AREA** **PREFERENTIAL TARIFF** **CERTIFICATE OF ORIGIN** **(Combined Declaration and Certificate)** Issued in the People's Republic of China (Country) See Notes Overleaf
2. Goods consigned to(Consignee's business name, address, country)	
3. Means of transport and route (as far as known) Departure Date Vessel's name/Aircraft etc. Port of Discharge	5. For official use only ☐Preferential Treatment Given Under CHINA-SINGAPORE Free Trade Area Preferential Tariff ☐Preferential treatment Not Given (Please state reasons) Signature of Authorized Signatory of the Importing Country

5. Item number	6. Marks & Nos. Packages	7. Number and type of packages, description of goods (including quantity where appropriate and HS number of the importing country)	8. Origin criterion (see notes overleaf)	9. Gross weight or other quantity and value (FOB)	10. Number and date of invoice

11. Declaration by the exporter The undersigned hereby declares that the above details and statement are correct; that all the goods were produced in **CHINA** (Country) and that they comply with the origin requirements specified for these goods in the China-Singapore Free Trade Area Preferential Tariff for the goods exported to **SINGAPORE** (Importing Country) Place and date, signature of authorized signatory	12. Certification It is hereby certified, on the basis of control carried out, that the declaration by the exporter is correct. Place and date, signature and stamp of certifying authority

图 9－9

1. Export's name and address:

2. Producer's name and address, if known:

3. Consignee's name and address:

Certificate No.:

CERTIFICATE OF ORIGIN

Form for China – Peru FTA

Issued in THE PEOPLE'S REPUBLIC OF CHINA

(see Overleaf Instruction)

4. Means of transport and route (as far as known):

Departure Date:

Vessel/Flight/Train/Vehicle No.:

Port of loading:

Port of discharge:

For Official Use Only:

5. Remarks:

6. Item number (Max 20)	7. Number and kind of packages; description of goods	8. HS code (Six digit code)	9. Origin criterion	10. Gross weight, quantity (Quantity Unit) or other measures(liters, m^3, etc)	11. Number and date of invoice	12. Invoiced value

13. Declaration by the exporter:

The undersigned hereby declares that the above details and statement are Correct, that all the goods were produced in

CHINA

(Country)

and that they comply with the origin requirement specified in the FTA for the goods exported to **PERU**

(Importing country)

Place and date, signature of authorized signatory

14. Certification:

On the basis of control carried out, it is hereby certified that the Information herein is correct and that the goods described comply with the origin requirements specified in the China – Peru FTA.

Place and date, signature and stamp of authorized body

图 9 –10

Certificate of Origin

1. Exporter's name, address, country:

Reference No.

CERTIFICATE OF ORIGIN

Form for China-Costa Rica Free Trade Agreement

Issued in THE PEOPLE'S REPUBLIC OF CHINA

(see Instruction overleaf)

2. Producer's name and address, if known:

3. Consignee's name, address, country:

For official use only

4. Means of transport and route (as far as known)

Departure Date

Vessel/Flight/ Train/Vehicle No.

Port of loading

Port of discharge

5. Remarks

6. Item number (Max 20)	7. Marks and numbers on packages	8. Number and kind of packages, description of goods	9. HS code (Six digit code)	10. Origin criterion	11. Gross weight quantity (Quantity Unit) or other measures (items, etc)	12. Number, date of invoice and invoiced value

13. Declaration by the export

The undersigned hereby declares that the above stated information is correct, and that all the goods were produced in

CHINA

(Country)

and that they comply with the origin requirements specified in the Free Trade Agreement for the goods exported to

COSTA RICA

(Importing Country)

Place and date, signature of authorized person

14. Certification

On the basis of the carried out control, it is hereby certified that the information is correct and that the described goods comply with the origin Requirements of the China - Costa Rica Free Trade Agreement.

Place and date*, signature and stamp of the Authorized Body

Tel: Fax:

Address:

*A Certificate of Origin issued under China – Costa Rica Free Trade Agreement shall be valid for one year from the date of issuance in the exporting country

图 9 – 11

1. Exporter (Name, full address, country)	**No.** **Certificate of Origin used in FTA between** **CHINA** **and** **ICELAND** See notes overleaf before completing this form
2. Consignee (Name, full address, country)	
3. Transport details (as far as know) Departure Date Vessel/Flight/Train/Vehicle No. Port of loading Port of discharge	4. Remarks

5. Item number (Max 20)	6.Marks & numbers	7. Number and kind of packages, Description of goods	8.HS code (Six digit code)	9. Origin criterion	10.Gross mass (kg) or other measure (liters, m^3, etc.)	11.Invoices (Number and date)

12. ENDORSEMENT BY THE AUTHORIZED BODY It is hereby certified, on the basis of control carried out, that the Declaration of the exporter is correct Place and date, signature and stamp of authorized body	13. DECLARATION BY THE EXPORTER The undersigned hereby declares that the details and statement Above are correct, that all the goods were produced in CHINA (country) and that they comply with the origin requirements specified in the FTA for the goods exported to ICELAND (Importing country) Place and date, signature of authorized signatory

图 9－12

1. Exporter's name, address, country:	Certificate No. : **CERTIFICATE OF ORIGIN** **Form for China-Australia Free Trade Agreement** Issued in________________________
2. Producer's name and address (if known):	
3. Importer's name, address, country (if known):	For official use only:
4. Means of transport and route (if known): Departure Date Vessel/Flight/ Train/Vehicle No. Port of loading Port of discharge	5. Remarks

6. Item number (Max 20)	7. Marks and numbers on packages (optional)	8. Number and kind of packages, description of goods	9. HS code (6- digit code)	10. Origin criterion	11. Gross or net weight or other quantity (e.g. Quantity Unit, litres, m^3.)	12. Invoice number and date

13. Declaration by the export The undersigned hereby declares that the above-stated information is correct and that the goods produced to **AUSTRALIA** (Importing Party) comply with the origin requirements specified in the China-Australia Free Trade Agreement. Place and date, signature of authorized person	14. Certification On the basis of the control carried out, it is hereby certified that the information here is correct and the described goods comply with the origin requirements of the China - Australia Free Trade Agreement. Place, date, and signature and stamp of the Authorized Body Tel: Fax: Address:

图 9 – 13

第七节　同步实训

一、示范

2020 年 8 月 31 日，诸暨外贸出口 720 串（1 串一盒，24 盒一箱，共 30 箱）圣诞灯（Christmas Lights）到菲律宾马尼拉。其他相关资料如下：

发票号码：20EZF0817　　　　发票日期：2020 年 8 月 17 日

H. S. 编码：940530　　　　证书号码：E203304A04110019

装货港：SHANGHAI　　　　卸货港：MANILA

装运日：2020 年 8 月 31 日　　　　FOB 价值：5040 美元

船名航次：PIL CORAL V. 45　　　　授权签署：赵萍

原产地标准：完全国产，无进口成分

出口商：ZHUJI FOREIGN TRADE CORP. OF ZHEJIANG，LTD.
288 WEST SECOND RING ROAD
ZHUJI，ZHEJIANG，CHINA

进口商：LAXON ENTERPRISES
926 MARKARTEE BOULEVARD
MANILA THE PHILIPPINES

唛头：LAXON
ZF20E0726
MANILA
NO 1—30

8 月 24 日，诸暨外贸的单证员沈宇雯根据上述有关资料缮制中国—东盟自由贸易区优惠原产地证明书。8 月 25 日取得证书（图 9 – 14）。

二、测试

2020 年 4 月 10 日嘉兴文桑出口新西兰 600 件（50 箱）针织女式毛衫（LADIES SWEATER），2020 年 4 月 3 日单证员朱敏琪向嘉兴市海关申领中国—新西兰自由贸易区优惠原产地证明书。请根据下列相关资料缮制中国—新西兰产地证明书（图 9 – 15）。

1. Goods consigned from (Exporter's business name, address, country) ZHUJI FOREIGN TRADE CORP. OF ZHEJIANG, LTD., 288 WEST SECOND RING ROAD ZHUJI, ZHEJIANG, CHINA	Reference No. E203304A04110019 **ASEAN-CHINA FREE TRADE AREA PREFERENTIAL TARIFF CERTIFICATE OF ORIGIN (Combined Declaration and Certificate)** **FORM E** Issued in THE PEOPLE'S REPUBLIC OF CHINA (Country) See Notes overleaf
2. Goods consigned to (Consignee's business name, address, country) LAXON ENTERPRISES 926 MARKARTEE BOULEVARD MANILA THE PHILIPPINES	
3. Means of transport and route (as far as known) Departure date 31 AUG., 2020 Vessel's name / Aircraft etc. S. S. PIL CORAL V. 45 Port of discharge MANILA	4. For official use ☐Preferential treatment Given Under ASEAN -CHINA Free Trade Area Preferential Tariff ☐Preferential treatment Not Given (Please state reasons) Signature of Authorised Signatory of the Importing Country

5. Item number	6. Marks and numbers on packages	7. Number and type of packages, description of goods (including quantity where appropriate and HS number of the importing Country)	8. Origin criterion (see notes overleaf)	9. Gross weight or other quantity and value(FOB)	10. Number and date of invoices
1	LAXON ZF20E0726 MANILA NO. 1—30	THIRTY (30) CARTONS OF CHRISTMAS LIGHTS H. S. CODE: 940530 ******	"X"	720PCS USD5040.00	20EZF0817 17 AUG., 2020

11. Declaration by the export	12. Certification
The undersigned hereby declares that the above details and statement are correct; that all the goods were produced in **CHINA** (Country) and that they comply with the origin requirements specified for these goods in the ASEAN-CHINA Free Trade Area Preferential Tariff for the goods exported to THE PHILIPPINES (Importing Country) 浙江省诸暨对外贸易有限公司 ZHUJI FOREIGN TRADE CORP. OF ZHEJIANG, LTD 沈宇雯(手签) ZHUJI CHINA 24 AUG., 2020 Place and date, signature of authorised signatory	It is hereby certified, on the basis of control carried out, that the declaration by the exporter is correct. 中华人民共和国××海关(章) 赵萍(手签) ZHUJI CHINA 25 AUG., 2020 Place and date, signature and stamp of certifying authority

图 9－14

其他相关资料：

发票号码：WSE200402　　　　发票日期：2020 年 4 月 2 日

证书号码：N203303A02030039　　　　运输方式：空运

启运港：上海　　　　卸货港：AUCKLAND（奥克兰）

装运日期：2020 年 4 月 10 日　　　　航班号：NZ288

税则号：6104310000　　　　授权签署人：张才理

原产地情况说明：毛衫中含 65% 的羊毛，30% 的棉，5% 的涤纶。其中羊毛从新西兰进口，其余原材料均在中国采购，在中国生产后出口①。

出口商：ZHEJIANG JIAXING WENSANG IMP. AND EXP. CO. , LTD.
NO. 120 SOUTH FURUN ROAD, NANHU DISTRICT
JIAXING, CHINA

生产商：ZHEJIANG JIAXING HAIHONG KNITTING FACTORY
28 WUTONG ROAD, TONGXIANG,
JIAXING, CHINA

进口商：ANTHONY TRADING CO. , LTD.
20 CHARLOTTE STREET, EDEN TCE BOX 3425
AUCKLAND NEW ZEALAND

唛头：

A. T. C. L.
ZJ20E0115
AUCKLAND
NO 1—50

① 填制举例：

（1）在中国境内完全获得或生产的产品，填写“WO”，如中国杭嘉湖一带的蚕茧，经在中国的生产加工完成的丝绸。

（2）在中国或新西兰境内，完全由已经获得原产资格的材料生产的产品，填写“WP”。例如，平湖箱包厂生产的箱包，所用材料为牛皮、夹层布料及其他辅料，其中牛皮从新西兰进口，其他材料均在中国采购，在中国生产后出口新西兰，原产地标准一栏填写“WP”。又如，中国某企业生产的钢制型材（H. S. 编码 7308）所使用的钢板（H. S. 编码 7219），由巴西进口的铁矿石（H. S. 编码 7202）提炼，由于钢板已经判定为中国生产，所以该型材符合品目改变的要求，其原产标准一栏填写“WP”。

1. Exporter's name, address, country:	Certificate No. **CERTIFICATE OF ORIGIN** Form for the Free Trade Agreement between the Government of the People's Republic of China and the Government of New Zealand Issued in the People's Republic of China (see Instruction overleaf)
2. Producer's name and address, if known:	
3. Consignee's name, address, country:	
4. Means of transport and route (as far as known) Departure Date Vessel/Flight/ Train/Vehicle No. Port of loading Port of discharge	5. For official use only □Preferential Tariff Treatment Given Under China-New Zealand FTA □Preferential treatment Not Given (Please state reasons) Signature of Authorized Signatory of the Importing Country 6. Remarks

7. Item number (Max 20)	8. Marks and numbers on packages	9. Number and kind of packages, description of goods	10. HS code (Six digit code)	11. Origin criterion	12. Gross weight quantity (Quantity Unit) or other measures (items, etc)	13. Number, date of invoice and invoiced value

14. Declaration by the export	15. Certification
The undersigned hereby declares that the above details and statement are correct, that all the goods were produced in **CHINA** (Country) and that they comply with the origin requirements specified in the FTA for goods exported to **NEW ZEALAND** (Importing Country) Place and date, signature of authorized signatory	On the basis of control carried out, it is hereby certified that the information herein is correct and that the goods described comply with the origin requirements specified in the Free Trade Agreement between the Government of the People's Republic of China and the Government of New Zealand. Place and date, signature and stamp of authorized body

图 9-15

第十章　其他单据

《跟单信用证统一惯例》（UCP600）将信用证项下的单据分为四大类：运输单据、保险单据、商业发票和其他单据。商业发票、运输单据和保险单据在前面第二、四、六章里都已讲过，其他单据包括包装单据、产地证、受益人证明信、装船通知、船公司证明等。包装单据、产地证我们在前面第三、八、九章里也已讲了。本章着重讲述受益人证明信、装船通知和船公司证明。

这些单据的内容及制作格式没有严格统一的规范，但必须与信用证的要求一致。有些信用证要求“所有单证显示×××号码（All documents showing ××× No.）”，那么，这些单据上也要显示相应的号码。

第一节　装运通知

一、装运通知概述

装运通知（shipping advice）也称装船通知，是出口商在货物装运后发给进口商的电信（电传、传真、电子邮件）通知，目的是让进口商了解货物已经装船发运，准备付款接货。

在FOB、CFR条件下成交的合同，需进口商自行办理货物保险的凭证，装运通知应该在货物装运或交承运人后立即发出，以便进口商办理投保手续。在CIF、CIP条件下成交的合同，为了让买方了解货物装运情况、准备接货或筹措资金赎单，出口商也要及时发送装运通知。

装运通知也是提交银行结汇的单据之一。在进口商是中东地区的信用证中，如果采用CFR术语，为避免卖方因疏忽而未及时发送装运通知，信用证中常要求出口商在议付时提交装运通知，并规定了装运通知的具体内容，有的信用证还规定用传真发送装运通知并将传真机上的发送记录一并提交银行作为议付单据。

二、装运通知缮制

装运通知（图 10－1）无统一格式，主要是给予买方关于货物已按规定交至船上（或交承运人）的充分的通知。该装船通知在时间上是毫不迟延的，在内容上是详尽的，可满足买方为在目的港收取货物采取必要的措施（包括办理保险）的需要。如果合同或信用证对装运通知已有具体规定，必须按合同或信用证的规定办理；如果合同或信用证对装运通知没有具体规定，按一般惯例。具体内容如下。

（1）单据名称：装运通知在合同或信用证里的英文表述为 Shipping Advice 或 Advice of Shipment，必须符合信用证的要求。

（2）收件人名称：按照合同或信用证的规定，装运通知的收件人可以是进口商（开证申请人），也可以是指定的保险公司。有时信用证上还明示收件人的传真号码，也须一并显示出来。如果合同或信用证没有明示收件人，可以填写为“To whom it may concern”，意思是敬启者。

（3）单据号码：按惯例一般填写发票号码。

（4）日期：填写装运通知的日期，此日期不能超过合同或信用证约定的时间，常见的有以小时为准，如“within 24/48 hours”；或以天为准，如“one day before the shipment date”。当信用证没有规定时间时，应与提单日期同一天，即装船后立即发送。

如果信用证规定“immediately after shipment（装船后立即通知）”，应掌握在提单日期的三天之内；如果信用证规定“within 2 days after shipment（装运后两天之内）”，应掌握在提单日期后的两天之内。

（5）装运货物的名称：填写出口货物的名称，须与发票、装箱单、提单等其他单据上的相应内容一致。

（6）货物数量（重量）和包装件数：填写出口货物的数量（重量）和包装件数，须与发票、装箱单、提单等其他单据上的相应内容一致。

（7）装货港：填写出口货物的启运港，须与提单上的相应内容一致。

（8）卸货港：填写出口货物的目的港，须与提单上的相应内容一致。

（9）船名航次：填写载货船舶的船名航次，须与提单上的相应内容一致。

（10）提单号码：填写提单上显示的号码，须与提单上的相应内容一致。

（11）提单日期：填写提单上显示的日期，须与提单上的相应内容一致。

（12）发票金额：填写出口货物的金额，须与发票、汇票上的相应内容一致，当然也可以不显示发票金额。

（13）唛头：填写出口货物的唛头，须与发票、提单等单据上的相应内容一致，当然也可以不显示唛头。

（14）其他：比如合同或信用证要求显示的合同号码、订单号码等，有时可能会出现包装说明、ETD（预计船舶离港时间）、ETA（预计船舶到达时间）等内容，也应该一一填写进去，并与发票、提单上的相应内容一致。

（15）签署：即加盖出口企业的中英文章和法人代表的签署章。

×××进出口有限公司

XXX IMPORT AND EXPORT CO. LTD.

123 JIEFANG ROAD, HANGZHOU, CHINA

装运通知

SHIPPING ADVICE (1)

To:
(2)

No.: (3)
Date: (4)

WE ARE PLEASED TO INFORM YOU THAT THE GOODS UNDER L/C NO. ×××[①] HAVE BEEN SHIPPED. THE DETAILS ARE AS FOLLOWS:

Description of goods: (5)

No. and kind of pkgs: (6)

Port of loading: (7)

Port of discharge: (8)

Name of vessel & Voy. (9)

Bill of Lading number: (10)

Bill of Lading date: (11)

Invoice value: (12)

Marks and Nos. (13)

Others: (14)

(15)
Signature

图 10－1

① 在实务中，L/C NO. 可以根据具体情况改为 S/C NO.、ORDER NO. 等。

第二节　受益人证明信

受益人证明信（beneficiary's statement）是一种由受益人出具的证明，用以证实自己已履行了合同或信用证规定的条款，如证明所交的货物品质符合合同规定、证明运输包装中不含木质材料、证明已按要求寄送了某些单据等。在信用证结算方式下，受益人证明信往往也是出口商必须向银行提交的单据之一。

一、受益人证明的种类

（一）寄单证明（certificate for dispatch of documents）

这是最常见的受益人证明信。受益人（卖方）根据合同或信用证规定，在货物装运前（或后）的一定期限内，邮寄给指定的收件人全套副本单据（或部分正本单据、部分副本单据），并出具相关的证明信，作为受益人向银行议付的单证之一。

（二）电抄本（copy of Telex/Fax/E－mail）

这是买方对卖方的一种要求，即根据合同或信用证的规定，在货物装运前（或后）的一定期限内，由受益人按照合同或信用证的规定，用电讯方式（电传、传真或电子邮件）传递给合同或信用证规定的接收者相应的单据，并以电传、传真或电子邮件发送器下载的报告，证明受益人已经发出电文，此报告即电抄本，作为受益人向银行议付的单证之一。近些年来电抄本已经十分罕见了。

（三）履约证明（certificate of agreement honoring）

这是一种由受益人出具的，证明自己已经履行了合同或信用证规定的相关条款，如证明出口货物品质完好无损、符合合同规定，证明出口货物的运输包装经过了特殊处理，无害虫/或虫卵，证明出口货物如何生产制造等。此证明作为受益人向银行议付的单证之一。

二、受益人证明信的缮制

受益人证明信（图 10－2）与装运通知一样，也无固定格式，其内容一般包括以下几个方面。

（1）单据名称：根据合同或信用证的要求填写，一般有 Beneficiary's certificate（受益人证明）、Beneficiary's statement（受益人说明）、Beneficiary's declaration（受益人声明）等。

（2）单据号码：按惯例一般填写发票号码。

（3）日期：此日期应与证明信的内容吻合，并具有逻辑性。例如，证明信的内容是证明受益人在货物装运后的两天之内寄送了一套副本单据给买方，相关提单的日期是3月12日，则证明信日期既不能早于3月12日，也不能晚于3月14日。而对于证明出口货物品质完好、运输包装无木质材料、出口货物如何生产制造等情况说明的证明信，日期应该早于提单日期，或与提单日期同一天。

（4）抬头：如果信用证有指定的抬头（如开证申请人），即按信用证指定的缮制。如果不知道具体收件人的姓名，按惯例一般填写"To whom it may concern"，即敬启者。

（5）内容：根据合同或信用证的规定缮制，但对所使用的动词的时态、语态要做相应的调整。例如，信用证规定："Beneficiary's certificate certifying that one set of N/N shipping documents must be sent to the applicant immediately after shipment date"，意思是要求受益人在货物装船后立即寄送一套副本单据给开证申请人，而相应的开证申请人名称是 Orchid Trading Ltd.。受益人在完成寄单工作，缮制证明信时，应将祈使句中的"must be sent"改成完成时态"have been sent"，并明示开证申请人的名称，用以说明自己已正确完成了相应的行为。受益人证明信应写成："WE HEREBY CERTIFY THAT ONE SET OF N/N SHIPPING DOCUMENTS HAS BEEN SENT TO ORCHID TRADING LTD. IMMEDIATELY AFTER SHIPMENT DATE"。

（6）签署：即加盖出口企业的中英文章和法人代表的签署章。

×××进出口有限公司

XXX IMPORT AND EXPORT CO. LTD.

123 JIEFANG ROAD, HANGZHOU, CHINA

受益人证明信

BENEFICIARY'S CERTIFICATE (1)

No : (2)

Date: (3)

(4)

WHOM IT MAY CONCERN

(5)

WE HEREBY CERTIFY THAT …

(6)

Signature

图 10 – 2

第三节　船公司证明信

船公司证明信（shipping company's certificate）是承运人或其代理人出具的单据，通常是进口商为了满足政府需要或为了解船舶装载性能、货物运输情况等，要求出口商提供由承运人或其代理人出具的相关证明文件。

一、船公司证明信的种类

（一）船舶本身的证明文件

1. 船龄证明。

船龄证明（Certificate of Vessel's Age）是船公司或其代理人出具的说明载货船舶年限的证明文件。因为海洋中波涛汹涌，日晒雨淋，一条船舶经过了15年左右时间的航行，大多破旧不堪，所以有些国家/地区的信用证规定，装载货物的船舶的船龄不得超过15年，并要求受益人提供船公司或其代理人出具的船龄证明书。这样要求的主要目的在于禁止使用老龄船，以保护货物运输安全。

2. 船级证明。

船级证明（Certificate of Classification）是一种证明载货船舶符合一定船级标准的证明文书。按照惯例船级证明由船级社（专门从事船舶检验的机构）出具，国际上著名的船级社有英国劳埃德船级社（LR）、德国船级社（GL）、挪威船级社（DNV）、法国船级社（BV）、日本海事协会（NK）、美国船级社（ABS）等。

3. 船籍证明。

船籍证明（Certificate of Ship's Nationality）主要用于证明船舶所属国籍，一般由承运人出具。进口商要求提供船籍证明，通常是因为一些政治原因。例如，在1998年之前巴基斯坦的银行开来的信用证常要求提供载货船舶的船籍不属于印度的证明；在2000年之前某些阿拉伯国家的银行开来的信用证经常要求提供船籍不属于以色列的证明。随着冷战的结束，船籍证明日渐减少。

（二）运输和航行证明

1. 航行路线证明。

航行路线证明（Certificate of Sailing Route）主要说明航程中船舶停靠的港

口和挂靠港。在中东战争和海湾战争时期，红海和波斯湾地区的国家常在信用证中有这样的要求，主要是不让进口货物在以色列或与以色列友好的国家中转或停靠，证明信的格式及内容一般不固定，可以由受益人出具，也可以由承运人出具，只需符合信用证的要求即可。

2. 转船证明。

转船证明（Certificate of Transshipment），主要用来说明出口货物将在中途转船，且已联系妥当，由承运人出具，由出口商负责通知进口商。

3. 船长收据。

船长收据（Captain's Receipt）是船长收到随船带给收货人的单证时的收单证明。在20世纪五六十年代，航空快递还没有今天这样发达，常常出现货物到达目的港而单据还未到达的情况，进口商为了能及时提货，就要求出口商让船长将某些单据随货带到目的地。如今随着航空快递业的发展，船长收据已经十分罕见了。

（三）航运组织和公约证明

1. 黑名单证明。

黑名单证明信（Black List Certificate）是船公司出具的说明载货船舶未被列入黑名单的证明文件。中东战争与海湾战争时期，阿拉伯国家将与以色列有业务往来的船公司列入黑名单，并不与他们发生业务往来。许多阿拉伯国家开出的信用证都要求出具载货的船舶不属于黑名单的证明，现已不多。

2. SMC、DOC和SOLAS。

这几个缩略语近年来常出现在信用证的要求中，SMC（Safety Management Certificate船舶安全管理证书）和DOC（Document of Compliance安全符合证书，也有人称其为船/港保安符合证书）是按照国际安全管理规则（ISM）的规定，载货船舶应在船上拥有的必要证书。SOLAS指的是《1974年国际海上人命安全公约》（简称“SOLAS公约”）。美国“9·11”事件后，国际海事组织于2002年12月召开缔约国大会通过对SOLAS公约的修正案，并在2004年7月1日起开始实施。按上述有关规定，船舶应持有“安全管理证书”正本，其船名与国籍证书一致，所载公司名称与“安全符合证书”中的公司名称相一致。

二、船公司证明的缮制

如果船公司证明有固定格式的，像船级证明，不需要出口商提供资料。

如果一些船公司证明本身没有格式的，一般都是出口商按照信用证条款的要求进行缮制，然后让承运人或其代理人签署盖章。

值得注意的是，船公司证明的出具者必须与对应的提单的出具者为同一个人（单位），否则是一个不符点。

出口商（受益人）在审核或缮制船公司证明时要注意：证书上关于运输单据号码、货物名称、装货港、卸货港等的内容，必须与提单上的相应内容一致，否则开证行可能以单证不一而拒付。

第四节　同步实训

一、示范

诸暨外贸的单证员沈宇雯按照信用证的要求，于2020年3月28日将商业发票、装箱单和海运提单的副本传真给了买家KOMERI公司，并制作受益人证明信。

（一）信用证中有关受益人证明信缮制的内容为：

…

APPLICANT　　＊50：KOMERI CO.，LTD.
4453－1，IBARASONE，SHIRONE
OKAYAMA
JAPAN

BENEFICIARY　　＊59：ZHUJI FOREIGN TRADE CORP. OF ZHEJIANG，LTD.
288 WEST SECOND RING ROAD
ZHUJI，ZHEJIANG
CHINA

…

DESCRIPTION OF GOODS　45A：
WOODEN GARDEN PRODUCTS
AS PER S/C NO. ZF20E0117
TRADE TERMS：CIF KOBE

DOCUMENTS REQUIRED　46A：

…

＋CERTIFICATE SENT BY BENEFICIARY TO APPLICANT EVIDENCING THAT COPIES OF IN-

VOICE, BILL OF LADING, AND PACKING LIST HAVE BEEN FAXED TO APPLICANT ON FAX NO 0081 - 86 - 624 - 3470 ONE DAY BEFORE BILL OF LADING DATE

…

ADDITIONAL CON. 47A:

1. S/C NO. ZF20E0117 MUST BE SHOWN ON ALL DOCUMENTS.

…

（二）其他相关资料：

发票编号：20EZF0318　　发票日期：2020 年 3 月 18 日

提单号码：ZSNB20C006129　　提单日期：2020 年 3 月 29 日

（三）缮制的受益人证明信如下（图 10-3）。

浙江省诸暨对外贸易有限公司

ZHUJI FOREIGN TRADE CORP. OF ZHEJIANG, LTD.

浙江省诸暨市西二环路 288 号

288 West Second Ring Road, Zhuji, Zhejiang, China

受益人证明信

BENEFICIARY'S CERTIFICATE

TO:

KOMERI CO., LTD.

No.: 20EZF0318

Date: 28 MAR., 2020

WE HEREBY EVIDENCE THAT COPIES OF INVOICE, BILL OF LADING, AND PACKING LIST HAVE BEEN FAXED TO YOU ON FAX NO 0081-86-624-3470 ONE DAY BEFORE BILL OF LADING DATE.

S/C NO. ZF20E0117

浙江省诸暨对外贸易有限公司
ZHUJI FOREIGN TRADE CORP. OF ZHEJIANG, LTD.

王一峰(章)

图 10 –3

二、测试

2020 年 3 月 10 日嘉兴文桑的总经理张平在新西兰奥克兰与老客户 ANTHONY 公司签订了出口 600 件毛衫的合同（图 10－4）。4 月 10 日货运出运后，根据合同的规定，嘉兴文桑必须在 4 月 9 日发送装运通知。单证员朱敏琪根据合同要求给买家发送装运通知。请帮助朱敏琪缮制装运通知（图 10－5）。

（一）合同：

浙江省嘉兴市文桑进出口有限公司
ZHEJIANG JIAXING WENSANG IMP. AND EXP. CO., LTD.

中国嘉兴南湖区富润南路 120 号

NO. 120 SOUTH FURUN ROAD, NANHU DISTRICT, JIAXING, CHINA

销售确认书
SALES CONFIRMATION

To:

ANTHONY TRADING CO., LTD.
20 CHARLOTTE STREET
EDEN TCE BOX 3425
AUCKLAND NEW ZEALAND

S/C No.: 20JW0310
Date: 10 MAR., 2020
Place: AUCKLAND

Dear Sirs:

We hereby confirm having sold to you the following goods on terms and conditions as specified below:

Description of Goods and Packing	Quantity	Unit Price	Total Amount
		FCA SHANGHAI	
LADIES SWEATER 65PCT WOOL, 30PCT COTON, 5PCT POLYESTER, KNITTED	600PCS	USD9.10	USD5460.00

大写总值：
Total Amount in words: SAY U. S. DOLLARS FIVE THOUSAND FOUR HUNDRED AND SIXTY ONLY.

装运起讫地点：
Shipment: FROM SHANGHAI **TO** AUCKLAND BY AIR

装运期限：
Time of Shipment: ON OR BEFORE 10 APR., 2020

分批 / 转运：
Partial / Transshipment: PARTIAL SHIPMENTS AND TRANSSHIPMENT NOT ALLOWED

包装：
Packing: ONE PC IN A PP BAG AND 12PCS INTO AN EXPORT CARTON.

付款条件：
Terms of Payment: BY T/T. 20CT OF THE AMOUNT USD1092.00 PAID ON OR BEFORE 31 MAR. 2020 AND THE BALANCE USD4368.00 SHOULD BE PAID BEFORE 10 APR. 2020.

单证要求：
Documents required:
1. SIGNED COMMERCIAL INVOICE IN 2 COPIES.
2. SIGNED DETAILED PACKING LIST IN 2 COPIES.
3. AIR WAYBILLS CONSIGNED TO ANTHONY TRADING CO., LTD. 20 CHARLOTTE STREET, EDEN TCE BOX 3425, AUCKLAND, NEW ZEALAND
4. CERTIFICATE OF ORIGIN.
5. SHIPPING ADVICE ONE DAY BEFORE THE SHIPMENT.

The Seller:
浙江省嘉兴市文桑进出口有限公司
张平

The Buyer:
ANTHONY TRADING CO., LTD.
Amy Anthony

图 10－4

（二）其他相关资料：

发票号码：WSE200402

运单日期：2020 年 4 月 10 日

运单号码：999 - 50190081

航班号：NZ288

唛头：

A. T. C. L.

20JW0310

AUCKLAND

NO. 1—50

浙江省嘉兴市文桑进出口有限公司

ZHEJIANG JIAXING WENSANG IMP. AND EXP. CO., LTD.

中国嘉兴南湖区富润南路 120 号

NO. 120 SOUTH FURUN ROAD, NANHU DISTRIC JIAXING, CHINA

装运通知

SHIPPING ADVICE

No.: ____________________

Date: ____________________

TO WHOM IT MAY CONCERN:

WE ARE PLEASED TO INFORM YOU THAT THE GOODS UNDER S/C NO. 20JW0310 HAVE BEEN SHIPPED. THE DETAILS ARE AS FOLLOWS:

Description of goods:

Quantity:

Port of loading:

Port of discharge:

Air Waybill No.:

Air Waybill date:

Flight Number:

Invoice value:

Marks and Nos.

浙江省嘉兴市文桑进出口有限公司
ZHEJIANG JIAXING WENSANG I/E CO., LTD.

张平（章）

图 10－5

第十一章　航空货运单与铁路运单

第一节　航空货运单

航空运输不同于水路运输，航空公司既接受货代的间接托运，也接受出口企业的直接托运。当危险品出运时，航空公司只接受出口商直接托运而不接受货代的间接托运。

出口商通过货代托运空运货物时，填写国际货物运输托运单（第四章图4－1）；直接向航空公司托运，填写国际货物托运书，全称为“Shipper's Letter of Instruction”，简称“SLI”。如果出口企业通过货代托运，SLI由货代填写，如果出口企业直接向航空公司托运，SLI由出口商填写。

一、国际货物托运书的缮制

国际货物托运书的内容大同小异，以浙江瀚达国际货运代理有限公司的托运书（图11－1）为例，共24项内容。

（1）货运单号码（No. of AWB）：此栏留空，如果出口企业通过货代间接托运，此栏由货代填写。

（2）始发站（Airport of departure）：此栏填写启运地的汉语拼音，如果出口企业通过货代间接托运，由货代加填起运地机场代码。

（3）到达站（Airport of destination）：此栏填写目的地的英文，如果出口企业通过货代间接托运，由货代加填目的地的机场代码。如属同名机场，须注明所属城市或国家名称。

（4）供承运人用（For carrier use only）：此栏可留空，由承运人或货代填写，也可以填写出口企业已经预先订妥的航班及日期。

浙江瀚达国际货运代理有限公司
ZHEJIANG HANDA INTERNATIONAL LOGISTICS CO., LTD
国际货物托运书
SHIPPER'S LETTER OF INSTRUCTION

货运单号码：
No. of AWB: (1)

始发站 AIRPORT OF DEPARTURE (2)	到达站 AIRPORT OF DESTINATION (3)	供承运人用 (4) FOR CARRIER USE ONLY	
		航班/日期 FLIGHT /DATE	航班/日期 FLIGHT/DATE
路线及到达站(5) ROUTING AND DESTINATION			

至 TO	第一承运人 BY 1ST CARRIER	至 TO	承运人 BY	至 TO	承运人 BY	至 TO	承运人 BY	已预留吨位 BOOKED

托运人账号(6) SHIPPER'S ACCOUNT NUMBER	托运人姓名及地址(7) SHIPPER'S NAME AND ADDRESS ↓	运费 (11) CHARGES
另请通知 (8) ALSO NOTIFY		
收货人账号(9) CONSIGNEE'S ACCOUNT NUMBER	收货人姓名及地址(10) CONSIGNEE'S NAME AND ADDRESS ↓	

托运人声明的价值(12) SHIPPER'S DECLARED VALUE		保险金额 (13) AMOUNT OF INSURANCE	随附文件 (14) DOCUMENTS TO ACCOMPANY AIR WAYBILL
供运输用 FOR CARRIAGE	供海关用 FOR CUSTOMS		

件数 NO. OF PACKAGES	实际毛重(公斤) ACTUAL G. WEIGHT (KG)	运价类别 RATE CLASS	收费重量 CHARGEABLE WEIGHT(KG)	费率 RATE/ CHARGE	货物品名及数量（包括体积或尺寸） NATURE AND QUANTITY OF GOODS (INCL. DIMENSIONS OR VOLUME)
(15)	(16)	(17)	(18)	(19)	(20)

在货物不能交付收货人时，托运人指示处理方法 (21) SHIPPER'S INSTRUCTION IN CASE OF INABILITY TO DELIVER SHIPMENT AS CONSIGNED
处理情况（包括包装方式、货物标志及唛码等） (22) HANDLING INFORMATION (INCL. METHOD OF PACKING, IDENTIFYING MARKS & NUMBERS, ETC.)

托运人证实以上所填全部属实并愿遵守承运人的一切载运章程
THE SHIPPER CERTIFIES THAT THE PARTICULARS ON THE FACE HEREOF ARE CORRECT AND AGREES TO THE CONDITIONS OF CARRIAGE OF THE CARRIER

托运人签字 (23) SIGNATURE OF SHIPPER	日期 DATE	经手人 (24) AGENT

图 11 – 1

（5）路线及到达站（Routing and destination）：此栏出口企业不用填写，仅在没有直达航班的情况下，由货代或航空公司填写。

（6）托运人账号（Shipper's account number）：此栏填写出口企业账号，如果是通过货代间接托运，由货代填写（即填写货代的账号）。FCA 术语项下，此栏留空。

（7）托运人姓名及地址（Shipper's name and address）：此栏填写出口企业的英文名称、地址等信息，须与合同或信用证一致。

（8）另请通知（Also notify）：此栏一般情况下留空，但如果合同或信用证有“被通知人”的要求，可以将“被通知人”的信息填写在此处。

（9）收货人账号（Consignee's account number）：此栏一般情况下留空。如果是 FCA 术语项下，由航空公司填写。

（10）收货人姓名及地址（Consignee's name and address）：此栏填写收货人的名称、地址、国家等信息，须与合同或信用证一致。航空运单不是物权凭证，不能转让（每份航空运单的右上方都有“not negotiable”的字样），所以此栏不能填写 To order 或 To order of ×××。在实务中，航空公司可以拒绝运载要求在收货人栏填写 To order 或 To order of ×××的货物。

（11）运费（charges）：此栏填写 Freight prepaid（CPT 或 CIP 术语）或 Freight collect（FCA 术语）。

（12）托运人声明的价值（Shipper's declared value）：此栏有两项内容。

①供运输使用：此栏填写出口企业向货代或航空公司办理货物声明价值的金额，一般按发票金额缮制。如果不声明，就填写 NVD（No value declare），即没有声明价值。

②供海关用：此栏所填内容是提供给海关的征税依据，当用出口货物报关单或商业发票征税时，此栏可以留空或填 As per Inv（如发票）。如果货物没有商业价值（如样品），此栏填写 NCV（No commercial value），即没有商业价值。

（13）保险金额（Amount of insurance）：如果航空公司为托运人代办货物运输保险业务，此栏填写货物的保险金额。如果航空公司不提供此项服务或托运人不要求代办保险，此栏填写 NIL（Nothing）。

（14）随附文件（Documents to accompany Air Waybill）：此栏填写出口企业交给航空公司或货代的随同货物一起出运的单据名称，如发票、装箱单等。

（15）件数（No. of packages）：此栏填写货物的包装件数，如果包装种类不同，应分别填写，并将总件数填写在横线下面。

（16）实际毛重［Actual g. weight（kg）］：此栏填写货物的毛重，与件数相对应。分别填写时，将总毛重填写在横线下面。如果货物毛重以千克（kg）表示，重量的最小单位是0.5 kg。当重量不足0.5 kg时，按0.5 kg计算；超过0.5 kg不足1 kg时，按1 kg计算。如果货物毛重以磅（lb）表示，当货物重量不足1 lb时，按1 lb计算。比如，货物毛重269.3千克，填写为269.5 kg；货物毛重269.6千克，填写为270.0 kg。

（17）运价类别（Rate class）：此栏根据航空公司的有关资料，结合出运的货物，按实际填写运价类别代码。

（18）计价重量（Chargeable weight）：此栏填写货物的实际毛重。若属于"M"费率等级，此栏可空白。若属于按体积计费①者，填写计费重量。使用航空集装箱运输时，还要填写航空集装箱的皮重。

（19）费率（Rate/Charge）：此栏可以留空，也可以填写实际运费。

（20）货物品名及数量（包括体积及尺寸）［Nature and quantity of goods（incl. dimensions or volume）］：此栏填写货物的具体名称及数量。货物名称不得填写表示货物类别的统称，如电器、仪器等；鲜活易腐物品、活体动物等及危险品不能作为货物品名，而应填写其标准学术名称。

此栏填写完货物名称后，还要填写每件货物的外包装尺寸及体积，单位分别用厘米和立方米表示，货物尺寸按其外包装的"长×宽×高×件数"的顺序填写。

（21）在货物不能交付收货人时，托运人指示处理办法（Shipper's instruction in case of inability to deliver shipment as consigned）：此栏在一般情况下留空，或填写"由承运人处理"。

（22）处理情况（包括包装方式、货物标志及唛码等）［Handling information（incl. method of packing, identifying Marks & Numbers, etc.）］：此栏填写货物在运输、中转、装卸和仓储时需要注意的事项；填写货物的包装形式、标志和号码以及货物外包装所用的材料。同一票货物如包装不同要分别写明

① 航空运输的运费有按实际毛重计收运费和按体积重量计收运费两种。折算的公式是1000公斤等于6立方米，两者取其重者。比如，某货物毛重500公斤，体积3.84立方米，按照1000公斤等于6立方米折算，体积重量是640公斤，大于实际毛重500公斤，因此航空公司按照640公斤计收运费。

数量和包装种类。但这些事项不能超过航空公司的运输能力。

（23）托运人签字、日期（Signature of shipper，date）：此栏由出口企业签字或盖章，间接托运时由货代签字或盖章，并填写托运货物的日期。

（24）经办人（Agent）：此栏填写出口企业单证员姓名；间接托运时，此栏填写货代的具体经办人名字。

二、航空货运单概述

航空货运单（Air Waybill，简称“AWB”）是航空运输公司及其代理人（航空货运代理公司）签发给托运人表示已收妥货物并接受托运的货物收据，也是承运人与托运人之间签订的运输契约，还可以作为核收运费的依据和海关查验放行的基本单据。但是它不同于海运提单，不是物权凭证，不能凭以提货，也不能背书转让（运单右上方印有 not negotiable 字样），必须做成记名抬头。

由于航空运输的承运人有两大类，即航空运输公司和航空货运代理公司，因此航空货运单主要也分两类，即主运单和分运单。

凡航空货运单右上方标明是某航空公司的货运单称主运单（Master Air Waybill），简称 MAWB。它可以由航空公司签发，也可以由货运代理公司签发。

凡航空货运单右上方标明是某货运代理公司的货运单称分运单（House Air Waybill），简称 HAWB。它只能由货代公司签发。在实务中，出口企业用于结汇的航空货运单大多数是货代签发的，有主运单，也有分运单。两种货运单的内容基本相同，法律效力相当。

航空货运单正本一式三份：正本一（Original 1）交承运人留存，正本二（Original 2）随货同行，在目的地交收货人，正本三（Original 3）交托运人，供出口商议付结汇用。副本至少六份，分别发给货代、目的地、第一、第二、第三承运人（若有）和用作提货收据。

三、航空货运单的缮制

航空货运单与海运提单一样，各个航空公司有各自的格式，不过内容大同小异。以中国国际航空公司的航空货运单（图 11－2）为例，讲解如下。

999 — (1) 999—

Shipper's Name and Address (3)	Shipper's Account Number (4)	Not negotiable **Air Waybill*** As Carrier: (2)	AIR CHINA 中国国际航空公司 BEIJING CHINA
		Copies 1, 2 and 3 of this air waybill are originals and have the same Validity.	
Consignee's Name and Address (5)	Consignee's Account Number (6)	It is agreed that the goods described here are accepted in apparent good order and condition (except as noted) and SUBJECT TO THE CONDITION OF CONTRACT ON THE REVERSE HEREOF. ALL GOODS MAY BE CARRIED BY ANY OTHER MEANS INCLUDING ROAD OR ANY OTHER CARRIER UNLESS SPECIFIC CONTRARY INSTRUCTIONS ARE GIVEN HEREON BY THE SHIPPER. THE SHIPPER'S ATTENTION IS DRAWN TO THE NOTICE CONCERNING CARRIER'S LIMITATION OF LIABILITY. Shipper may increase such limitation of liability by declaring a higher value for carriage and paying a supplement charge if required.	
Issuing Carrier's Agent Name and City (7)			
Agent's IATA Code (8)	Account No. (9)	Accounting information (11)	
Airport of Departure and Requested Routing (10)			

To	By first Carrier	Routing & Destination (12)	To	By	To	By	Currency (13)	CHGS Code (14)	WT/VAL PPD	WT/VAL COLL (15)	Other PPD	Other COLL (16)	Declared Value for Carriage (17)	Declared Value for Customs (18)

Airport of Destination (19)	Flight/Date (20)	For Carrier use only	Flight/Date	Amount of Insurance (21)	INSURANCE If shipper requests insurance in accordance with conditions on reverse hereof indicate amount to be insured in figures in box marked "amount of insurance".

Handling Information
(22)

No.of Piece RCP	Gross Weight	Kg/Lb	Rate class	Commodity Item No.	Chargeable Weight	Rate / Charge	Total	Nature and Quantity of Goods (incl. Dimensions or Volume)
(23)	(24)	(25)	(26)	(27)	(28)	(29)	(30)	(31)

Prepaid		Collect	
Prepaid	Weight charge(32)	Collect	Other charges(44)
Prepaid	Valuation charge(33)	Collect	
Prepaid	Tax(34)	Collect	Shipper certifies that the particulars on the face hereof are correct and that insofar as any part of the consignment contains restricted articles, such part is properly described by name and is in proper condition for carriage by air according to the Applicable Dangerous Goods Regulations.
Prepaid	Total other Charges Due Agent(35)	Collect	
Prepaid	Total other Charges Due Carrier(36)	Collect	Signature of Shipper or its Agent(45)
Total prepaid (37)	Total Collect (38)		
Currency Conversion Rate (39)	CC Charges in Dest. Currency (40)		Executed on (46) at (47) Signature of Issuing Carrier or its Agent(48)
For Carrier use only at Dest. (41)	Charges at Destination (42)		Total Collect Charges (43) 999—

ORIGINAL 3 (FOR SHIPPER)

图 11－2

（1）航空货运单编号（Air Waybill No.）：此栏由航空公司填写。编号前三位一般是各国航空公司的代号，如中国国际航空公司是999，日本航空公司是131，德国汉莎航空公司是020，俄罗斯航空公司是555，美国西北航空公司是012等。第4位至第10位数字表示货运单序号，最后1位是检验号。例如，999 5019 0081。

（2）承运人（Carrier）：主运单上的承运人为航空运输公司，分运单上的承运人为航空货代。UCP600第23条规定，若信用证要求空运单据，银行将接受表面标明承运人名称的单据。

（3）托运人名称及地址（Shipper's Name and Address）：信用证结算时，此栏一般填写受益人名称地址；托收或汇付结算时，此栏一般填写合同卖方的名称地址。若合同或信用证有特殊规定，则按照要求填写。

（4）托运人账号（Shipper's Account Number）：此栏一般留空不填。

（5）收货人名称及地址（Consignee's Name and Address）：信用证结算时，此栏一般填写开证申请人名称地址，托收或汇付结算时，此栏一般填写合同买方的名称地址。若合同或信用证有特殊规定，则按照要求填写。此外，此栏必须做成记名抬头，不允许填写“To order”或“To order of ×××”，如果信用证有此要求，应事先修改信用证。

（6）收货人账号（Consignee's Account Number）：此栏一般留空不填。

（7）航空货代名称及所属城市（Issuing Carrier's Agent Name and City）：此栏填写航空货代的名称及所属城市。如果货运单直接由承运人签发，此栏留空不填。

（8）航空货代的国际航协代号（Agent's IATA code）：IATA是国际航空运输协会的缩写，在实务中，此栏一般留空不填。

（9）代理人账号（Account No.）：此栏填写代理人账号，供承运人结算时使用，但在实务中，此栏一般留空不填，除非承运人要求。

（10）始发站机场和指定航线（Airport of Departure and Requested Routing）：此栏填写始发站机场名称和所要求的运输路线，但在实务中，一般仅填写始发站机场名称或代码。

（11）财务说明（Accounting information）：此栏填写运费缴付方式及其他财务说明事项，如运费预付（Freight prepaid）、运费到付（Freight collect），或托运人结算使用信用卡号码、账号以及其他必要的情况。

(12) 运输路线和目的站 (Routing & Destination): 如果是直达运输的，就在第一个“To”下方填写目的站机场代码，在 By first carrier 下方填写第一承运人代码。如果货物需经转运，分别在后面的 By 下方填写第二、第三承运人代码，在后面的 To 下方填写第二、第三个机场代码，当该城市有多个机场而不知道机场的名称时，也可填写城市代码。

(13) 货币 (Currency): 此栏填写始发站所在国的货币代码，如出口货物时填写 CNY。

(14) 运费代号 (CHGS. code): 此栏一般留空不填，仅供电子传送货运单信息时使用。

(15) 航空运费 (WT/VAL.): WT 是 weight charge 的缩写，指根据货物计费重量乘以适用的运价收取的运费；VAL 是 valuation charge，指声明价值附加费。两者必须同时预付或同时到付。如果是 CIP 或 CPT 术语的，在 PPD 栏内填写“P”或“×”，如果是 FCA 术语的，在 COLL 栏内填“C”或“×”。

(16) 其他费用 (Other): 指在始发站发生的其他费用，与贸易术语对应，在 PPD 栏内或 COLL 栏内填“C”或“×”。

(17) 供运输用声明价值 (Declared Value for Carriage): 此栏填写托运人向承运人办理货物声明价值的金额，一般按发票金额填写。托运人未办理货物声明价值，必须填写“NVD (No value declared)”，即没有声明价值。

(18) 供海关用声明价值 (Declared Value for Customs): 此栏填写托运人向海关申报的货物价值，是提供给海关征税的依据。当以出口货物报关单或商业发票征税时，本栏填写“As per invoice”。如果货物没有商业价值（如样品），此栏填写 NCV (No commercial value)。

(19) 目的站机场 (Airport of Destination): 此栏填写最后目的站机场代码。机场名称不明确时可填城市代码，如果城市名称有重复时，应加上国名代码。

(20) 航班/日期（仅供承运人使用） [Flight/Date (For carrier use only)]: 此栏一般留空不填，除非参加运输的各承运人需要。注意：此日期不能作为运输单据的日期，如果此栏有日期填写并且和下面 (46) 栏“签发日期 (Executed on)”不一致的话，以签发日期作为运输单据的日期。

(21) 保险金额 (Amount of Insurance): 如果承运人向托运人提供代办货物保险业务，此栏填写货物的保险金额；如果承运人不提供此项服务或托运人不要求投保，可填“NIL” (nothing) 或“×”。

（22）储运事项（Handling Information）：此栏填写货物在仓储和运输过程中所需要注意的事项。但必须注意，这些事项应不能超过承运人的仓储、运输能力。具体事项如下：

①对于危险物品，填写“详见随附货运单的危险品申报单”或者“危险物品，但不需要危险物品申报单”或者“仅限货机”等；

②对于危险物品中包含有非危险物品，填写危险物品的件数；

③填写货物标志、堆码以及货物包装方式等；

④填写除收货人名称地址［第（5）栏］以外的其他在目的站的被通知人的名称、地址、联系方式等；

⑤填写随附货运单的文件名称；

⑥填写需要做特殊说明的其他情况。

（23）件数（No. of Piece RCP）：此栏填写托运货物的总件数。RCP 是 rate combination point 的缩写，即运价组合点。如果使用非公布直达运价计算运费时，在件数的下方还应填写运价组合点城市的 IATA 代码。

（24）毛重（Gross Weight）：此栏填写空运货物的实际毛重，详见托运单的第（16）栏。

（25）千克/磅（kg/Lb）：此栏填写托运货物毛重的计量单位，以千克为单位时用代号 K，以磅为单位时用代 L。

（26）费率等级（Rate class）：此栏填写所采用货物运价种类的代码。

代码	运价等级（中文）	（英文）
M	最低运费	Minimum charge
N	45 千克以下普通货物标准运价	Normal rate 45
Q	45 千克以上普通货物标准运价（重量分界点运价）	Quantity rate 45
C	指定商品运价	Specific commodity rate
S	附加等级运价	Class rate surcharge
R	附减等级运价	Class rate reduction
U	集装设备基准运费或运价	Unit load device basic charge or rate
E	集装设备超基准运价	Unit load device additional rate
X	集装设备附加项	Unit device additional information
Y	集装设备折扣	Unit load device discount

（27）商品品名编号（Commodity Item No.）：此栏根据情况分别填写。

①使用指定商品运价时，填写指定商品代码；

②使用等级货物运价时，填写所适用的普通货物运价的代号，如填写“S”表示附加等级运价。

③当托运集装箱货物时，填写集装箱货物运价等级。

（28）计费重量（Chargeable Weight）：此栏填写据以计收的航空运费的货物重量。比如，某货物毛重 890 千克，体积 5.508 立方米，按照航空体积与重量的折算，计费重量就是 918 千克。此时不能填写 890 千克，因为航空公司按照 918 千克计收运费。

（29）运价/运费（Rate/Charge）：此栏填写实际计费的费率。在实务中可根据不同的贸易术语填写 Prepaid as arranged 或者 Collect as arranged。

（30）运费总额（Total）：此栏填写计收运费的总额。在实务中常填写 As arranged。

（31）货物品名与数量（包括体积或容积）[Nature and Quantity of Goods (incl. Dimensions or Volume)]：此栏填写货物的名称及数量，包括外包装尺码和体积。注意：

①填写的货物品名不得用表示类别的统称，托运危险物品时应填写其标准学术名称；作为货物运输的行李应填写其内容和数量，或随附装箱清单；

②填写每件货物的外包装尺寸或体积，用厘米和立方米表示，按长×宽×高×件数的顺序填写；

③根据承运人的要求，填写有关服务代码。

（32）航空运费（预付/到付）[Weight charges (Prepaid/Collect)]：此栏根据不同的贸易术语在对应的“预付”或“到付”栏内填写 As arranged 或者留空不填。

（33）声明价值附加费（Valuation charge）：如果托运人在上述（17）栏内填写了货物声明价值的金额，则根据不同的贸易术语在对应的“预付”或“到付”栏内填入按规定收取的声明价值附加费或者留空不填。

（34）预付税款（Tax）：此栏根据不同的贸易术语在对应的“预付”或“到付”栏内填入适用的税款，或填写 As arranged 或者留空不填。

（35）由代理人收取的其他费用（Total other Charges Due Agent）：此栏根

据不同的贸易术语在对应的“预付”或“到付”栏内填入由货代收取的其他费用的总和，或留空不填。

（36）由承运人收取的其他费用（Total other Charges Due Carrier）：此栏根据不同的贸易术语在对应的“预付”或“到付”栏内填入由承运人收取的其他费用的总和，或留空不填。

（37）预付费总额（Total prepaid）：此栏填写上述（32）至（36）栏各项预付费用之和，也可以填写 As arranged。

（38）到付费用总额（Total Collect）：此栏填写上述（32）至（36）栏各项到付费用之和，也可以填写 As arranged。

（39）货币兑换比价（Currency Conversion Rate）：此栏填写目的站机场所在国家的货币代码及兑换比率，或留空不填。

（40）用目的站货币付费（CC Charges in Dest. Currency）：此栏填写目的站机场所在国家货币到付的费用总金额，或留空不填。

（41）仅供承运人在目的站使用（For Carrier use only at Dest.）：此栏留空不填。

（42）在目的站的费用（Charges at Destination）：此栏填写最后承运人在目的站发生的费用金额（包括利息等），或留空不填。

（43）到付费用总额（Total Collect Charges）：此栏填写所有到付费用的总金额，CIP 和 CPT 贸易术语出口时此栏也可以留空不填。

（44）其他费用（Other charges）：此栏填写始发站运输中发生的其他费用，若无费用，则可以留空不填。

（45）托运人或其代理人签名（Signature of Shipper or its Agent）：此处印就一段文字，意思是保证所托运的货物并非危险品，结尾处由托运人或其代理人签署。但在实务中，此栏往往留空不填。

（46）日期（Executed on）：此栏填写出具航空货运单的日期。信用证结算方式项下，此日期不能晚于信用证规定的最晚装运日；托收或汇付结算方式项下，此日期不能晚于合同规定的最晚装运日。

（47）地点（at）：此栏填写出具航空货运单的地点，一般为始发站所在地。

（48）承运人或代理人签字（Signature of Issuing Carrier or its Agent）：此栏由承运人签署盖章，主运单由航空运输公司或航空货代签署，分运单由航空货代签署，签署后航空货运单方能生效。和海运提单的签署一样，航空运输公司签署时须加注 As carrier，航空货代签署时须加注 As agents for the carrier ×××。

第二节　铁路运单

一、国际铁路货物联运

（一）国际铁路货物联运的概念、公约与规则

我国幅员辽阔，有 15 个陆上邻国。目前与我国有铁路相连的国家主要有俄罗斯、朝鲜、蒙古、越南和哈萨克斯坦。我国内地与香港特别行政区也有铁路相连。

国际铁路货物联运是指使用一份统一的国际铁路联运票据，在跨及两个或两个以上国家铁路的货物运输中，由参加国铁路当局负责办理两个或两个以上国家铁路全程运输货物过程，由托运人支付全程运输费用的铁路货物运输组织形式。

采用国际铁路货物联运，有关当事国必须事先签订书面协定。《国际铁路货物运输公约》（以下简称“《国际货约》”）和《国际铁路货物联运协定》（以下简称“《国际货协》”）是有关国际铁路货物联运的两大约定。

《国际货约》是在 1890 年签订的《伯尔尼公约》基础上发展起来的，1961 年由奥地利、法国、比利时等国在瑞士签订，1970 年修订，1980 年再修订，修订后称《COTIF 公约》（《国际铁路运输公约》）。目前参加的国家有：瑞士、瑞典、德国、法国、英国、卢森堡、比利时、西班牙、葡萄牙、荷兰、芬兰、波兰、奥地利、匈牙利、意大利、丹麦、挪威、希腊、列支敦士登、爱尔兰、阿尔巴尼亚、保加利亚、罗马尼亚、捷克、斯洛伐克、土耳其、叙利亚、黎巴嫩、伊朗、伊拉克、突尼斯、摩洛哥等欧洲、西亚、北非 32 个国家。

《国际货协》于 1951 年由阿尔巴尼亚、苏联、匈牙利、波兰、罗马尼亚等东欧八国订立，我国于 1953 年加入。1956 年《国际货协》组织成立“铁路合作组织”，并在波兰华沙设立常驻机构，进行协调与组织工作。“铁路合作组织”于 1991 年公布了《关于统一过境运价规程的协议》，决定在国际铁

路过境运输中采用《统一过境运价规程》。《国际货协》现有22个成员国，包括中国、越南、朝鲜、蒙古、哈萨克斯坦、乌兹别克斯坦、吉尔吉斯斯坦、塔吉克斯坦、土库曼斯坦、伊朗、格鲁吉亚、阿塞拜疆、俄罗斯、白俄罗斯、乌克兰、摩尔多瓦、爱沙尼亚、拉脱维亚、立陶宛、匈牙利、保加利亚和阿尔巴尼亚。另外，波兰、捷克、斯洛伐克、匈牙利、德国虽然已退出《国际货协》，但仍采用《国际货协》的规定。因此过境这五个国家的进出口货物的过境费用特别高，且必须用自由兑换外汇。

（二）国际铁路货物联运的范围

同参加《国际货协》或未参加但采用《国际货协》国家间的货运，铁路从发送站以一份《国际货协》运输票据运送至最终到达站并交收货人。

同未参加《国际货协》国家间的货运，发货人在发送站用《国际货协》运输票据运输货物至参加《国际货协》的最后一个过境路的出口国境站，由该站站长或收、发货人委托的收转人转运至最终到达站。

对于从参加《国际货协》的国家通过过境铁路口岸，向其他国家（无论这些国家是否参加《国际货协》），或相反方向运输货物时，用《国际货协》运输票据只能办理至过境铁路口岸止，或只能从此站开始办理运输，由口岸站的收转人办理转送。

（三）国际铁路联运运单

国际铁路联运运单（International Through Railway Bill）包括《国际货约》运单和《国际货协》运单，是参加国际铁路货物联运的铁路与发货人、收货人之间缔结的运输契约。它仅具有运输合同证明和货物收据的功能，不具有物权凭证的功能，不具有流通性。因此，《国际货协》和《国际货约》均明确规定，铁路联运运单的收货人栏必须是记名的。

我们通常使用的《国际货协》运单一式五联（图11－3）。第一联运单正本联、第二联运行报单联（副本）、第三联结汇使用联（副本）、第四联货物交付联（副本）、第五联货物到达通知联（副本）。其中第一联、第五联随货同行交收货人，第二联、第四联留存到达站（目的地铁路部门），第三联交托运人送银行结汇使用。

运单正本

(给收货人)

运单号码

发送站简称

1. 发货人及其通信地址

25. 批号（检查标签）

2. 合同号码

3. 发站

4. 发货人特别声明

中铁 1

5. 收货人及其通信地址

26. 海关记录

6. 对铁路无约束力的记录

27. 车辆　28. 标记载重(吨)　29. 轴数

30. 自重　31. 换装后的货物重量

7. 通过的国境站

27	28	29	30	31

8. 到达路和到站

国际货协－运单　慢运

9.记号，标记，号码	10.包装种类	11.货物名称	50.附件第 2 号	12.件数	13.发货人确定的重量(千克)	32.铁路确定的重量(千克)

14. 共计件数(大写)

15. 共计重量(大写)

16. 发货人签字

17. 互换托盘 数量

集装箱/运送用具

18. 种类

19. 所属者及号码

20. 发货人负担下列过境铁路的费用

21. 办理种别：整车*　零担*　大吨位集装箱*

22. 由何方装车：发货人*　铁路*

*不需要的划掉

23. 发货人添附的文件

24. 货物的声明价格

45. 封印：个数　记号

46. 发站日期戳

47. 到站日期戳

48. 确定重量的方法

49. 过磅站戳记，签字

33　34　35　36　37　38　39　40　41　42　43　44

图 11－3

二、国际铁路运单的缮制

《国际货协》采用的运单分慢运和快运两种。这两种运单格式相同，区别在于快运运单带有红边而慢运运单没有。两者不得互相代用。

中朝、中越铁路间运送的货物，可仅用本国文字填写。同其他《国际货协》参加国铁路间运送时，则须附俄文译文。但我国经满洲里、绥芬河发往独联体国家的货物，可只用中文填写，不用附俄文译文。

国际铁路运单的填写要求如下。

（1）发货人及其通信地址：此栏填写发货人全称及其通信地址。由中国、朝鲜、越南发货时，可用其国家规定的代号。

（2）合同号码：此栏填写出口单位和进口单位签订的供货合同号码。

（3）发站：此栏填写运价规程中所载发站全称。

（4）发货人特别声明：此栏填写发货人的声明，如关于对运单的修改、易腐货物的运送条件等。

（5）收货人及其通信地址：此栏填写收货人全称及其通信地址，类似第1栏。如为国际货协向非国际货协发货时，此栏填写“站长”。

（6）对铁路无约束效力的记录：此栏可填对本批货物的记载，该项记载仅作为对收货人的通知，铁路不承担任何义务和责任。如发货人注明“运送用具应予返还”“此批货物属×××合同项下”等。

（7）通过的国境站：此栏填写货物应通过的发送路和过境路的出口国境站。如有可能从一个出口国境站通过邻国的几个进口国境站办理货物运送，则还应注明运送所要通过的进口国境站。

（8）到达路和到站：此栏在斜线之前注明到达路的简称，在斜线之后用印刷体字母（中文用正楷粗体字）注明运价规程上到站的全称。运往朝鲜的货物，还应注明到站的数字代号，如平壤1－030。运往非《国际货协》的货物由站长办理转发时，记载《国际货协》参加路最后过境路的出口国境站，并在该站站名后记载“由铁路继续办理转发送至……铁路……站”。

部分国家铁路使用的简称及编码如下。

铁路名称	简称	编码	铁路名称	简称	编码
俄罗斯联邦铁路	俄铁	20	蒙古国铁路	蒙铁	31

续表

铁路名称	简称	编码	铁路名称	简称	编码
乌克兰铁路	乌(克)铁	22	越南社会主义共和国铁路	越铁	32
摩尔多瓦共和国铁路	摩铁	23	中华人民共和国铁路	中铁	33
立陶宛共和国铁路	立铁	24	波兰共和国铁路	波铁	51
拉脱维亚共和国铁路	拉铁	25	保加利亚共和国铁路	保铁	52
爱沙尼亚共和国铁路	爱铁	26	阿塞拜疆共和国铁路	阿(塞)铁	57
朝鲜民主主义人民共和国铁路	朝铁	30	土库曼斯坦铁路	土铁	67

(9) 记号、标记、号码：此栏填写每件货物上的记号、标记和号码。货物如装在集装箱内，则还要填写集装箱号码。

(10) 包装种类：此栏填写货物的包装种类，如纸箱、木桶等，不能笼统地填“箱”“桶”。如用集装箱运输，注明集装箱并在下面用括弧注明装入集装箱内货物的包装种类。如果货物不需要容器或包装，并在托运时也未加容器和包装，则应填写“无包装”。

(11) 货物名称：此栏应按《国际货协》的规定填写，或按发送路或发送路和到达路现行的国内运价规程品名表的规定填写，但需注明货物的状态和特征。

(12) 件数：此栏填写货物的件数。使用敞车类货车运送不盖篷布或盖有篷布而未加封的货物，当总件数超过 100 件时，则注明“堆装”字样，不注货物件数。使用集装箱运送货物时，注明集装箱箱数。

(13) 发货人确定的重量（千克）：此栏填写货物的总重量。

(14) 共计件数（大写）：此栏用大写填写第 12 栏中所记载的件数。

(15) 共计重量（大写）：此栏用大写填写第 13 栏中所载的总重量。

(16) 发货人签字：此栏由发货人签字，证明列入运单中的所有事项正确无误。发货人也可用盖戳记处理。

(17) 互换托盘：此栏填写托盘互换方法，并分别注明平式或箱式托盘的数量。所有其他托盘均为运送用具，与这些托盘有关事项填入第 18、19 栏。

(18) 种类：此栏填写货物的包装种类，在使用集装箱装运货物时，应注明集装箱的种类和类型。如种类——大吨位，类型——20 英尺。使用运送用具时，应注明该用具的种类。

（19）所属者及号码：此栏填写集装箱或运送工具的所属者的记号和号码。运送集装箱时，应注明集装箱所属路局的记号和号码。对不属于铁路的集装箱，应在集装箱号码之后注明大写字母“P”。使用属于铁路的运送用具时，应注明运送用具所属路局的记号和号码。使用不属于铁路的运送用具时，应在号码之后注明大写字母“P”。

（20）发货人负担下列过境铁路的费用：此栏填写发货人负担的过境铁路运送费用，加注负责过境铁路名称的简称。如果发货人不负担任何一个过境铁路的运送费用，填写“无”。如中铁和波铁联运发货人负担蒙铁和俄铁的费用在数字编码栏内按照货物运送的先后顺序，由铁路填写发货人所指出的过境路的编码。如填写“无”，即过境费用由收货人支付。

（21）办理种别：此栏已印就“整车”“零担”和“大吨位集装箱”三种，根据实际情况将不需要的划掉。

（22）由何方装车：此栏已印就“发货人”和“铁路”两种，根据实际情况将不需要的划掉。

（23）发货人添附的文件：此栏填写发货人在运单上添附的所有文件的名称和份数。

（24）货物的声明价格：此栏用大写填写注明以瑞士法郎表示的货物价格。

（25）批号：由铁路填写，其中上半部为发送站和发站编码，下半部为批号。

（26）海关记录：供海关记载用栏目。

（27）~（31）栏的一般说明：用于记载使用车辆的事项，只有在运送整车货物时填写。至于各栏是由发货人填写还是由铁路车站填写，则视由何方装车而定。

（27）车辆：填写车种、车号和所属路简称。

（28）标记载重：填写车辆上记载的载重量。

（29）轴数：填写使用车辆的轴数。

（30）自重：填写车辆记载的自重。

（31）换装后的货物重量：填写货物换装后由铁路确定的重量。

（32）铁路确定的重量：填写铁路确定的重量。

（33）~（44）数字编码栏：有铁路填写，记载事项用。

(45) 封印：此栏填写车辆或集装箱上施加的封印个数和记号，由施封方填写。发货人委托铁路施封时，应注明“委托铁路施封”。

(46) 发站日期戳：由发站路局盖戳。

(47) 到站日期戳：由到站路局盖戳。

(48) 确定重量的方法：填写确定重量的方法，如“用轨道衡”“按标准重量”“按货件上标记重量”等。

(49) 过磅站戳记、签字：由过磅站盖戳签字。

(50) 附件第2号：根据《国际货协》附件第2号，托运危险物品时须在方框内画对角线，反之留空。

三、对中国香港地区的铁路运输

对中国香港的铁路运输既不同于国际联运，也不同于一般的内地铁路运输，而是一种特殊的租车方式的两段运输。它的特点是“租车方式，两票运输、三段计费、货物承运收据结汇”。

出口企业在始发站装车托运至深圳北站，铁路当局以租用车皮的方式将货车租给各出口企业。货到深圳后，中国对外贸易运输总公司深圳分公司或中国铁路对外服务总公司作为各地出口企业的代理向铁路当局租车过轨，交付租车费并办理报关手续。

过轨后，由香港中旅货运有限公司作为上述两家公司在中国香港的代理人，在罗湖车站向香港九广铁路公司办理香港段铁路运输的托运、报关，由九广铁路公司将货物运至目的站。

内地段运输时一次起票，两端收费，即发站至广州北站的运费由发站计收，广州北站至深圳北站的运费由深圳北站计收。对港运输是租车方式，另行制票运输。深圳口岸的租车费由发货人的代理人先行垫付或发货人直接支付。

对中国香港运输不是国际联运，内地使用的运单不是全程运送票据，不能作为结汇凭证，因此，采用中外运集团总公司或中国铁路对外服务总公司的货物承运收据作为结汇凭证。

1994年12月15日，中铁集装箱运输中心与香港九广铁路公司联合经营，推出了首列郑州至中国香港九龙的集装箱直达快运列车，之后又开通了武汉、成都等地至九龙的铁路集装箱直达快运列车。中铁对外服务（香港）有限公司作为中铁集团在中国香港的代理人，负责该项业务在中国香港的代理工作。

内地与中国香港九龙间的铁路集装箱货物运输具有以下两个显著的特点：

（1）在运输单据上，使用中铁集装箱运输中心印制的“中铁集装箱运输中心联运提单”取代货物运单；

（2）在运输组织上，改变了普通货物的“租车方式，两票运输”方式，采取在指定办理站之间一票直达的方式。

四、货物承运收据

货物承运收据（Cargo receipt）是货物在出口地装上火车后，由中国对外贸易运输总公司当地分公司或中国铁路对外服务总公司当地分公司签发给托运人的收据（图 11－4），它既是承运人与托运人之间的运输契约的证明，也是出口商办理银行议付结汇的凭证。

货物承运收据只签发一份。出口商结汇后，货物承运收据通过银行到达中国香港，中国香港进口商到银行付款赎单，取得单据后才能提货。

中国对外贸易运输总公司上海分公司

货物承运收据

CARGO RECEIPT

第一联 (凭提货物)

运编 No. ________

发票 No. ________

合约 No. ________

发货 日期：

装车 Date:

车号：

Train No.

标 记 Marks & Nos.	件 数 Packages	货 物 名 称 Description of Goods	附 记 Remarks

运费交付地点 Freight Payable at

全程运费在上海付讫 Shanghai

请向下列地点接洽提取货件

For delivery, Apply to:

香港中旅货运有限公司

CHINA TRAVEL SERVICE (CARGO) HONG KONG LIMITED

3/F China Travel (Cargo) Logistics Centre

1 Cheong Tung Road, Hurg Hom, Kowloon, Hong Kong

中国对外贸易运输总公司上海分公司

押汇银行签收

Bank's Endorsement

____

收货人签收

Consignee's Signature

____

图 11-4

第三节　大陆桥运输

一、大陆桥的概念

大陆桥运输（Land-Bridge Transport）是指以集装箱为媒介，大陆上的铁路或公路运输系统为中介桥梁，把大陆两端的海洋运输连接起来，构成海/陆/海的连贯运输。它具有集装箱运输和国际多式联运的优点，并且大陆桥运输可以利用成熟的海、陆运输条件，形成合理的运输路线，缩短营运时间，降低营运成本。

世界上第一条大陆桥路线是美国大陆桥。第一条欧亚大陆桥是西伯利亚大陆桥，东起符拉迪沃斯托克的纳霍德卡港，海上连接日本、韩国、中国香港和中国台湾等地，西至欧洲各地和伊朗等中、近东地区。

1992 年 9 月，第二条欧亚大陆桥正式开通。它东起江苏连云港，在新疆阿拉山口站和哈萨克斯坦德鲁日巴站接轨，西行至阿克斗卡站与土西铁路相接，进而分北、中、南三线接上欧洲铁路网，全长 10800 公里，途经莫斯科、华沙、柏林等地，将我国和西亚、东欧、西欧国家的铁路连接起来，形成了一条新的国际运输大动脉。

二、经过欧亚大陆桥的班列

为推进亚欧交通互联互通，构建丝绸之路经济带，近年来我国利用欧亚大陆桥开辟了不少通往欧洲的铁路班列。举例如下。

2012 年，武汉市政府成功开通了汉新欧国际铁路货运大通道。这条连接中国中部与中亚、俄罗斯和欧洲的国际铁路货运大通道，始发于湖北武汉吴家山铁路中心站，经新疆阿拉山口到哈萨克斯坦、俄罗斯、白俄罗斯、波兰、捷克到德国汉堡/杜伊斯堡，全程 10324 公里。

2013 年 8 月，郑新欧国际铁路货运班列开通，由河南郑州铁路集装箱中心站出发，经西安、兰州、乌鲁木齐，到达新疆阿拉山口站，进入哈萨克斯坦，再经俄罗斯、白俄罗斯、波兰，最后抵达德国汉堡。该趟列车共经过 6 个国家，线路总长达 10214 公里。

2013 年年底，渝新欧国际铁路开通，货物从重庆始发，经兰州、乌鲁木齐，到达我国新疆阿拉山口站，进入哈萨克斯坦，再转俄罗斯、白俄罗斯、波兰，至德国的杜伊斯堡，铁路全长 11179 公里。

2014 年 5 月，苏满欧国际铁路通道从江苏苏州启程，经内蒙古自治区满洲里市出境，横跨整个西伯利亚大陆桥，途经俄罗斯、白俄罗斯全境，终点到达波兰华沙，全程 11800 公里，打破了世界集装箱铁路最长运距的纪录，是性价比最高的中（国）欧（洲）间货物运输方式。

2014 年 11 月，义新欧国际铁路开通，货物从浙江义乌出发，经新疆阿拉山口站至西班牙马德里，途经哈萨克斯坦、俄罗斯、白俄罗斯、波兰、德国、法国，沿线 8 个国家，全长 13052 公里。

三、大陆桥运输的运输单据

目前我国出口俄罗斯的货物大多采用海铁联运，即从上海/广州/天津等地海运至符拉迪沃斯托克，然后转铁路运输。在这种情况下，运输单据多为国际多式联运提单，也就是本书第四章中介绍过的海运提单（图 4－3），有时也使用国际多式联运单据（图 11－5）。

当第一程运输不是海运时，国际多式联运单据不是物权凭证，不能做成“凭指示”或“凭某人指示”的抬头，只能做成记名抬头。当第一程运输是海运时，可以做成“凭指示”或“凭某人指示”的抬头，这时的国际多式联运单据是物权凭证。

如果采用纯铁路运输通过大陆桥将货物运往中亚、西亚和欧洲时，运输单据就是本章第二节中介绍的国际铁路联运运单（图 11－3）。

Shipper

B L No.

中远国际货运有限公司

COSCO INTERNATIONAL FREIGHT CO.,LTD.

Dongchang An St., Beijing China　　Tel: (010)65121188
100740 China　　Fax: (010)65120824

MULTIMODAL TRANSPORT BILL OF LADING

NOT NEGOTIABLE UNLESS CONSIGNED "TO ORDER"

RECEIVED by the MTO the Goods as specified below in apparent good order and condition unless otherwise stated, to be transported to such place as agreed, authorised or permitted herein and subject to all the terms and conditions appearing on the front and reverse of this Bill of Lading to which the Merchant agrees by accepting this Bill of Lading, any local privileges and customs notwithstanding.

The particulars given below as stated by the shipper and the weight, measure, quantity, condition, contents and value of the Goods are unknown to the MTO.

In WITNESS whereof one(1)original Bill of Lading has been signed if not otherwise stated below, the same being accomplished the other(s), if any, to be void, if required by the MTO one(1)original Bill of Lading must be surrendered duly endorsed in exchange for the Goods or delivery order.

Consignee (if 'To Order' so indicate)

Notify Party (No claim shall attach for failure to notify)

ORIGINAL

Place of Receipt	Port of Loading			
Vessel	Port of Transhipment	Place of Discharge	Place of Delivery	No. of Bills of Lading

Particulars Furnished by shipper

Marks & Numbers	No. of Pkgs. or Shipping Units	Description of Goods & Pkgs.	Gross Weight	Measurement

Total Number of Containers or other Packages or Units (in words)	Temperature Control Instructions

Freight Details, Charges etc		Excess Value Declaration
Prepaid	Collect	Shipped on Board the Vessel
		Date　　Signature
		Place and date of issue
F/Agent Name for Delivery		Signed by the MTO on behalf of the MTO

№ 00066360　　(Terms Continued on Back Hereof)　　COSFRE STANDARD FORM 9701

图 11－5

第四节　同步实训

一、示范

2020 年 3 月，诸暨外贸出口丹麦男式短袜（Men's socks）240 打双，其他有关资料如下：

合同号码：ZF20E0116　　合同日期：2020 年 1 月 16 日

每箱 12 打双，共 20 箱　　体积：55 * 45 * 40 厘米/箱

毛重：25 千克/箱　　托运日期：2020 年 2 月 17 日

所附文件：一张商业发票，一张装箱单

贸易术语：FCA SHANGHAI

启运地：浦东机场（PUDONG AIRPORT，PVG）

目的地：比伦德机场（BILLUND AIRPORT，BLL）

发货人：ZHUJI FOREIGN TRADE CORP. OF ZHEJIANG，LTD.
288 WEST SECOND RING ROAD，
ZHUJI，ZHEJIANG，CHINA

收货人：INDKOBS FORENTNGEN AF
1964 AMBA，ALBUEN 6 – 8
6000 KOLDING，DENMARK

唛头：INDKOBS
ZF20E0116
BILLUND
NO. 1—20

诸暨外贸的单证员沈宇雯根据上述相关资料填写完毕国际货物托运单（图 11 – 6）。

浙江瀚达国际货运代理有限公司
ZHEJIANG HANDA INTERNATIONAL LOGISTICS CO., LTD
国际货物托运书
SHIPPER'S LETTER OF INSTRUCTION

货运单号码：
No. of AWB:

始发站 AIRPORT OF DEPARTURE	到达站 AIRPORT OF DESTINATION	供承运人用 FOR CARRIER USE ONLY	
PUDONG AIRPORT, PVG	BILLUND AIRPORT, BLL	航班/日期 FLIGHT /DATE	航班/日期 FLIGHT/DATE
路线及到达站 ROUTING AND DESTINATION			

至 TO	第一承运人 BY 1ST CARRIER	至 TO	承运人 BY	至 TO	承运人 BY	至 TO	承运人 BY	已预留吨位 BOOKED

托运人账号 SHIPPER'S ACCOUNT NUMBER

托运人姓名及地址 SHIPPER'S NAME AND ADDRESS

ZHUJI FOREIGN TRADE CORP. OF ZHEJIANG, LTD.
288 WEST SECOND RING ROAD,
ZHUJI, ZHEJIANG, CHINA

运费 CHARGES
FREIGHT COLLECT

另请通知 ALSO NOTIFY

收货人账号 CONSIGNEE'S ACCOUNT NUMBER

收货人姓名及地址 CONSIGNEE'S NAME AND ADDRESS

INDKOBS FORENTNGEN AF
1964 AMBA, ALBUEN 6-8
6000 KOLDING, DENMARK

托运人声明的价值 SHIPPER'S DECLARED VALUE		保险金额 AMOUNT OF INSURANCE	所附文件 DOCUMENTS TO ACCOMPANY AIR WAYBILL
供运输用 FOR CARRIAGE	供海关用 FOR CUSTOMS		
NVD	AS PER INV.	NIL	ONE COMMERCIAL INVOICE AND ONE PACKING LIST

件数 NO. OF PACKAGES	实际毛重(公斤) ACTUAL G. WEIGHT (KG)	运价类别 RATE CLASS	收费重量 CHARGEABLE WEIGHT (KG)	运价/运费 RATE/ CHARGE	货物品名及数量（包括体积或尺寸） NATURE AND QUANTITY OF GOODS (INCL. DIMENSIONS OR VOLUME)
20	500.0	Q	500.0		MEN'S SOCKS 240 DOZ. PRS DIM.: (55*45*40)CM*20 VOL.: 1.980CBM

在货物不能交付收货人时，托运人指示处理方法
SHIPPER'S INSTRUCTION IN CASE OF INABILITY TO DELIVER SHIPMENT AS CONSIGNED

处理情况（包括包装方式、货物标志及唛码等）
HANDLING INFORMATION (INCL. METHOD OF PACKING, IDENTIFYING MARKS & NUMBERS, ETC.)
MARKS & NO.:
INDKOBS
ZF20E0116
BILLUND
NO. 1—20

浙江省诸暨对外贸易
有限公司托运专用章

托运人证实以上所填全部属实并愿遵守承运人的一切载运章程
THE SHIPPER CERTIFIES THAT THE PARTICULARS ON THE FACE HEREOF ARE CORRECT AND AGREES TO THE CONDITIONS OF CARRIAGE OF THE CARRIER

托运人签字 SIGNATURE OF SHIPPER	日期 DATE 2020 年 2 月 17 日	经办人 AGENT 沈宇雯

图 11－6

中国国际航空公司在浙江的代理浙江瀚达国际货运代理公司（Zhejiang Handa International Logistics Co. , Ltd）（下面简称“浙江瀚达”）单证员王静在货物出运后缮制航空货运单，先交沈宇雯审核，审核无误后送交诸暨外贸，以便其结汇。缮制好的航空货运单见图 11 –7。

其他相关资料如下：

制单费 WCA：50.00 元　　　　运单号：999 –3687 7175

航班/日期：CA935/2020 年 2 月 24 日　　　　运单签署：周源

999 — 3687 7175

999— 3687 7175

Shipper's Name and Address	Shipper's Account Number	Not negotiable **Air Waybill*** As Carrier	AIR CHINA 中国国际航空公司 BEIJING CHINA
ZHUJI FOREIGN TRADE CORP. OF ZHEJIANG, LTD. 288 WEST SECOND RING ROAD, ZHUJI, ZHEJIANG, CHINA		Copies 1, 2 and 3 of this air waybill are originals and have the same Validity.	

Consignee's Name and Address	Consignee's Account Number	
INDKOBS FORENTNGEN AF 1964 AMBA, ALBUEN 6-8 6000 KOLDING, DENMARK		It is agreed that the goods described here are accepted in apparent good order and condition (except as noted) and SUBJECT TO THE CONDITION OF CONTRACT ON THE REVERSE HEREOF. ALL GOODS MAY BE CARRIED BY ANY OTHER MEANS INCLUDING ROAD OR ANY OTHER CARRIER UNLESS SPECIFIC CONTRARY INSTRUCTIONS ARE GIVEN HEREON BY THE SHIPPER. THE SHIPPER'S ATTENTION IS DRAWN TO THE NOTICE CONCERNING CARRIER'S LIMITATION OF LIABILITY. Shipper may increase such limitation of liability by declaring a higher value for carriage and paying a supplement charge if required.

Issuing Carrier's Agent Name and City
ZHEJIANG HANDA INTERNATIONAL LOGISTICS CO., LTD.

Agent's IATA Code	Account No.	Accounting information
		FREIGHT COLLECT

Airport of Departure and Requested Routing
PUDONG AIRPORT, PVG

To	By first Carrier (Routing & Destination)	To	By	To	By	Currency	CHGS Code	WT/VAL PPD	WT/VAL COLL	Other PPD	Other COLL	Declared Value for Carriage	Declared Value for Customs
BLL	CA					CNY			C		C	NVD	AS PER INV.

Airport of Destination	Flight/Date	For Carrier use only	Flight/Date	Amount of Insurance	INSURANCE
BILLUND AIRPORT, BLL	CA935/24 FEB., 2020			NIL	If shipper requests insurance in accordance with conditions on reverse hereof indicate amount to be insured in figures in box marked "amount of insurance".

Handling Information
NIL

No of Piece RCP	Gross Weight	Kg Lb	Rate class / Commodity Item No.	Chargeable Weight	Rate / Charge	Total	Nature and Quantity of Goods (incl. Dimensions or Volume)
20	500.0	K	Q	500.0	FREIGHT COLLECT	AS ARRANGED	MEN'S SOCKS 240 DOZ. PRS DIM.: (55*45*40)CM*20 VOL.: 1.980CBM
MARK & NOS. INDKOBS ZF20E0116 BILLUND NO. 1—20							

Prepaid		Collect	
Weight charge		AS ARRANGED	Other charges WCA: 50.00
Valuation charge		AS ARRANGED	
Tax			Shipper certifies that the particulars on the face hereof are correct and that insofar as any part of the consignment contains restricted articles, such part is properly described by name and is in proper condition for carriage by air according to the Applicable Dangerous Goods Regulations.
Total other Charges Due Agent			
Total other Charges Due Carrier			Signature of Shipper or its Agent
Total prepaid		Total Collect AS ARRANGED	Zhejiang Handa International Logistics Co., Ltd 周源(章) As agent for the Carrier: AIR CHINA Executed on FEB. 24, 2020 at SHANGHAI Signature of Issuing Carrier or its Agent
Currency Conversion Rate		CC Charges in Dest. Currency	
For Carrier use only at Dest.		Charges at Destination	Total Collect Charges

999— 3687 7175

ORIGINAL 3 (FOR SHIPPER)

图 11－7

二、测试

2020 年 4 月 10 日嘉兴文桑有 600 件毛衣要通过空运给新西兰客户，单证员朱敏琪根据合同 20JW0310（见第十章图 10－4）与相关资料完成了国际货物托运单（图 11－8）的缮制，请帮助浙江瀚达的单证员王静在货物出运后，根据国际货物托运单缮制航空货运单（图 11－9）。

商品名称：LADIES SWEATER　　所附文件：商业发票、装箱单各一份

托运日期：2020 年 4 月 2 日　　贸易术语：FCA SHANGHAI

起运港：PUDONG AIRPORT，PVG　目的港：AUCKLAND AIRPORT，AKL

毛重：10 公斤/箱　　净重：8 公斤/箱

体积：48 * 40 * 40 厘米/箱　　运单日期：2020 年 4 月 10 日

航班/日期：CA933/2020 年 4 月 10 日

运单号：999－3687 7175

制单费 WCA：50.00 元　　国航代码：CA

运单签署地点：杭州

运单签署：Zhejiang Handa International Logistics Co.，Ltd，周源

唛头：

A. T. C. L.

20JW0310

AUCKLAND

NO. 1—50

浙江瀚达国际货运代理有限公司
ZHEJIANG HANDA INTERNATIONAL LOGISTICS CO., LTD
国 际 货 物 托 运 书
SHIPPER'S LETTER OF INSTRUCTION

货运单号码：
No. of AWB:

始发站 AIRPORT OF DEPARTURE	到达站 AIRPORT OF DESTINATION	供承运人用 FOR CARRIER USE ONLY	
PUDONG AIRPORT, PVG	AUCKLAND AIRPORT, AKL	航班/日期 FLIGHT /DATE	航班/日期 FLIGHT/DATE

路 线 及 到 达 站
ROUTING AND DESTINATION

至 TO	第一承运人 BY 1ST CARRIER	至 TO	承运人 BY	至 TO	承运人 BY	至 TO	承运人 BY

已 预 留 吨 位
BOOKED

托运人账号
SHIPPER'S ACCOUNT NUMBER

托运人姓名及地址
SHIPPER'S NAME AND ADDRESS
↓

ZHEJIANG JIAXING WENSANG IMP AND EXP. CO., LTD.
NO. 120 SOUTH FURUN ROAD, NANHU DISTRICT
JIAXING, CHINA

运费
CHARGES
FREIGHT COLLECT

另请通知
ALSO NOTIFY

收货人账号
CONSIGNEE'S ACCOUNT NUMBER

收货人姓名及地址
CONSIGNEE'S NAME AND ADDRESS
↓

ANTHONY TRADING CO., LTD.
20 CHARLOTTE STREET, EDEN TCE BOX 3425,
AUCKLAND, NEW ZEALAND

托运人声明的价值 SHIPPER'S DECLARED VALUE		保险金额 AMOUNT OF INSURANCE	所附文件 DOCUMENTS TO ACCOMPANY AIR WAYBILL
供运输用 FOR CARRIAGE	供海关用 FOR CUSTOMS	NIL	ONE INVOICE AND ONE PACKING LIST
NVD	AS PER INV.		

件数 NO. OF PACKAGES	实际毛重(公斤) ACTUAL G. WEIGHT (KG)	运价类别 RATE CLASS	收费重量 CHARGEABLE WEIGHT (KG)	费率 RATE/ CHARGE	货物品名及数量（包括体积或尺寸） NATURE AND QUANTITY OF GOODS (INCL. DIMENSIONS OR VOLUME)
50	500.0 K	Q	640.0		LADIES SWEATER 600PCS DIM.:(48*40*40)CM*50 VOL.: 3.840CBM

在货物不能交付收货人时，托运人指示处理方法
SHIPPER'S INSTRUCTION IN CASE OF INABILITY TO DELIVER SHIPMENT AS CONSIGNED

处理情况（包括包装方式、货物标志及唛码等）
HANDLING INFORMATION (INCL. METHOD OF PACKING, IDENTIFYING MARKS & NUMBERS, ETC.)
SHIPPING MARKS:
A. T. C. L.
20JW0310
AUCKLAND
NO. 1—50

浙江省嘉兴市文桑进出口有限公司托运专用章

托运人证实以上所填全部属实并愿遵守承运人的一切载运章程
THE SHIPPER CERTIFIES THAT THE PARTICULARS ON THE FACE HEREOF ARE CORRECT AND AGREES TO THE CONDITIONS OF CARRIAGE OF THE CARRIER

托运人签字
SIGNATURE OF SHIPPER

日期
DATE 2020 年 4 月 2 日

经手人
AGENT 朱敏琪

图 11－8

999 —　　　　　　　　　　　　　　999—

Shipper's Name and Address | Shipper's Account Number

Not negotiable
Air Waybill*
As Carrier

AIR CHINA
中国国际航空公司
BEIJING CHINA

Copies 1, 2 and 3 of this air waybill are originals and have the same Validity.

Consignee's Name and Address | Consignee's Account Number

It is agreed that the goods described here are accepted in apparent good order and condition (except as noted) and SUBJECT TO THE CONDITION OF CONTRACT ON THE REVERSE HEREOF. ALL GOODS MAY BE CARRIED BY ANY OTHER MEANS INCLUDING ROAD OR ANY OTHER CARRIER UNLESS SPECIFIC CONTRARY INSTRUCTIONS ARE GIVEN HEREON BY THE SHIPPER. THE SHIPPER'S ATTENTION IS DRAWN TO THE NOTICE CONCERNING CARRIER'S LIMITATION OF LIABILITY. Shipper may increase such limitation of liability by declaring a higher value for carriage and paying a supplement charge if required.

Issuing Carrier's Agent Name and City

Agent's IATA Code | Account No. | Accounting information

Airport of Departure and Requested Routing

To	By first Carrier	Routing & Destination	To	By	To	By	Currency	CHGS Code	WT/VAL PPD	WT/VAL COLL	Other PPD	Other COLL	Declared Value for Carriage	Declared Value for Customs

Airport of Destination | Flight/Date | For Carrier use only | Flight/Date | Amount of Insurance

INSURANCE If shipper requests insurance in accordance with conditions on reverse hereof indicate amount to be insured in figures in box marked "amount of insurance".

Handling Information

No of Piece RCP	Gross Weight	Kg Lb	Rate class / Commodity Item No.	Chargeable Weight	Rate / Charge	Total	Nature and Quantity of Goods (incl. Dimensions or Volume)

Prepaid		Collect
	Weight charge	
	Valuation charge	
	Tax	
	Total other Charges Due Agent	
	Total other Charges Due Carrier	
Total prepaid		Total Collect
Currency Conversion Rate		CC Charges in Dest. Currency
For Carrier use only at Dest.		Charges at Destination

Other charges

Shipper certifies that the particulars on the face hereof are correct and that insofar as any part of the consignment contains restricted articles, such part is properly described by name and is in proper condition for carriage by air according to the Applicable Dangerous Goods Regulations.

Signature of Shipper or its Agent

周源（章）

Executed on　　　　at　　　　Signature of Issuing Carrier or its Agent

Total Collect Charges　　　　999—

ORIGINAL 3 (FOR SHIPPER)

图 11－9

第十二章　汇票

第一节　汇票概述

一、汇票的定义与当事人

《中华人民共和国票据法》（以下简称“《票据法》”）第十九条对汇票的定义是：汇票是出票人签发的，委托付款人在见票时或者在指定的日期无条件支付确定的金额给收款人或者持票人的票据。

《英国票据法》关于汇票的定义是：汇票是由一人向另一人签发的，要求即期或定期或在可以确定的将来的时间，对特定的人或其指定人或持票人支付一定金额的无条件书面支付命令（A bill of exchange is an unconditional order in writing addressed by one person to another signed by the person giving it requiring the person to whom it is addressed to pay on demand, or at a fixed or determinable future time a sum certain in money to or to the order of a specified person, or to bearer）。

根据汇票定义，汇票的基本当事人有三个：出票人、受票人和收款人。

（一）出票人

出票人（Drawer）即签发汇票的人，也是汇票上的债务人。在进出口业务中，通常是出口商。信用证结算方式项下，开证行只接受受益人出具的汇票。

（二）受票人

受票人（Drawee）即接受汇票的人，也是汇票的付款人。远期汇票的付款人承兑汇票后，便成了汇票的主债务人。在进出口业务中，付款人通常是进口商（托收结算方式项下）或开证行指定的银行（信用证结算方式项下）。在信用证结算方式下，若信用证没有指定付款人，根据UCP600规定，开证行即是付款人。

（三）收款人

收款人（Payee）即汇票规定的可收领汇票金额的人，汇票上的唯一债权人。在进出口业务中，若信用证没有特别指定，收款人通常是出口商指定的银行。

除此之外，汇票在使用中还可能出现一些非基本当事人，如背书人（Endorser）、持票人（Holder）、保证人（Guarantor）等。

在国际结算业务中，即期付款信用证支付时不一定需要汇票，可以用发票代替，而对于议付信用证或承兑信用证，受益人议付或收款人承兑，汇票都是必需的。议付行议付后成为持票人，可向开证行索汇；可贴现承兑后的汇票，也可背书后转让汇票。

二、汇票应具备的要项

我国《票据法》第二十二条规定，汇票必须记载下列事项，未记载规定事项之一的，汇票无效。

（一）表明“汇票”字样

汇票上必须标明“汇票”，如“Exchange for”“Bill of Exchange”“Draft”等，为的是区别于本票和支票。但《英国票据法》并不要求非有此项目。

（二）无条件支付的委托

汇票采用祈使句，不用“Please”（请）等字眼，不允许出现任何限制支付的文句或附带条件，否则汇票无效。但是“出票依据”（如根据某银行某月某日开立的某号信用证出具此汇票）不是附带条件，此类汇票有效。

（三）收款人名称

收款人又称汇票抬头，在实务中有三种记载方法。

1. 限制性抬头，如“仅付给甲公司”（Pay to A Co. only）。该类汇票不能转让，在国际贸易中鲜见。

2. 指示性抬头，如“Pay to the order of A Co.”（付给甲公司或其指定人）。此类汇票经背书可以转让，国际贸易中很常见，我国出口贸易中的汇票皆采用此抬头。

3. 来人抬头，如“Pay to bearer”或“Pay to holder”。该类汇票仅凭交付即可转让，无须背书。根据《英国票据法》，汇票可以做成来人抬头，我国《票据法》与《日内瓦统一票据法》认为不可以，在我国，汇票做成“来人抬头”的无效。

（四）载明一定的货币金额

汇票需同时以确切的阿拉伯数字（Amount in figures）和文字大写（Amount in words）表明汇票价值的金额数目。根据我国《票据法》，汇票大、小写不一致的无效，但《英国票据法》与《日内瓦统一票据法》则规定以文字大写数目为准。

此外，各国票据法允许在汇票上加列利息条款，《英国票据法》允许汇票分期付款，我国《票据法》允许用其他货币支付汇票金额，如在我国可用人民币支付外币汇票。

（五）出票日期

出票日期（Date of issue）即出票人开立汇票的日期。汇票日期的作用是：

1. 决定汇票有效期；
2. 决定付款到期日；
3. 决定出票人的行为能力。

《日内瓦统一票据法》和我国《票据法》认为出票日期是汇票要项；而《英国票据法》认为，即使汇票没有出票日期，汇票依然有效。

（六）付款人姓名

付款人是汇票的基本当事人之一，出票人应详细列明付款人的姓名及地址，以便收款人或持票人向付款人提示。

（七）出票人签署

汇票须经出票人签署后才生效，未经出票人签署的汇票在法律上是无效的。出票人签章后，即承担了汇票的债务责任，汇票也成了体现债权债务关系的凭证。

除上述要项外，汇票还记载一些其他内容，如利息与利率条款、付一不付二或付二不付一、禁止转让、汇票号码、出票条款等。

《日内瓦统一票据法》把付款期限、付款地点和出票地点作为汇票的要项，对此我国《票据法》第二十三条规定：汇票上记载付款日限、付款地、出票地等事项的，应当清楚、明确。汇票上未记载付款日限的，为见票即付。汇票上未记载付款地的，付款人的营业场所、住所或经常居住地为付款地。汇票上未记载出票地的，出票人的营业场所、住所或经常居住地为出票地。

三、汇票的种类

汇票可以从不同角度进行分类：

（一）按有无附带货运单据，汇票可分为光票和跟单汇票

1. 光票（Clean draft）。

光票是不附带货运单据的汇票。光票的流通完全依靠当事人的信用，即完全看出票人、付款人或背书人的资信。在国际贸易中，对定金、佣金、保险费、运费等从属费用，可采用光票向对方收款或付款。

2. 跟单汇票（Documentary draft）。

跟单汇票是附带货运单据的汇票。跟单汇票的付款或承兑以交付单据（提单、发票、保险单）为条件，体现了货与款的对流原则，为进出口双方提供了一定的安全保障。在国际货物贸易的结算中，大多使用跟单汇票。

（二）按付款时间不同，汇票可分为即期汇票和远期汇票

1. 即期汇票（sight draft 或 demand draft）。

即期汇票是采用见票即付形式记载付款日期的汇票。当即期汇票的持票人向付款人提示时，付款人应见票即付。

2. 远期汇票（time draft 或 usance bill）。

远期汇票是采用定日付款或在一定期限后付款的形式记载付款日期的汇票，常见的远期汇票期限有：

（1）定日付款（fixed date），也称板期；

（2）见票后若干天付款（at. …days after sight），此种汇票在业务中最常见；

（3）出票后若干天付款（at. …days after date of draft）；

（4）提单日期后若干天付款（at. …days after date of B/L）。

（三）按出票人不同，汇票可分为商业汇票和银行汇票

1. 商业汇票（commercial draft）。

商业汇票是指由工商企业或个人签发的汇票，付款人可以是工商企业或个人，也可以是银行。此类汇票广泛用于各类经济交易中。

2. 银行汇票（banker's draft）。

银行汇票是指由银行签发的汇票，其付款人也是银行，通常用于资金转移（如汇款）业务。

（四）按承兑人的不同，汇票可分为商业承兑汇票和银行承兑汇票

1. 商业承兑汇票（commercial acceptance draft）。

商业承兑汇票是由工商企业或个人承兑的远期汇票，以商业信用为基础。

2. 银行承兑汇票（banker's acceptance draft）。

银行承兑汇票是由银行承兑的远期汇票，以银行信用为基础。银行承兑汇票的信用等级较高，更易于在金融市场上流通。

四、汇票的票据行为

票据行为是指票据流通过程中，依票据上规定的权利和义务所确立的法律行为。根据票据法的一般规则，每个票据行为不因其他票据行为的缺陷而受影响。

汇票的票据行为包括出票、提示、承兑、付款、背书、拒付、追索等。其中出票是主票据行为，其他票据行为都以出票所设立的票据为基础，统称为从票据行为。

（一）出票（Draw）

出票，即汇票的签发，是指出票人写成汇票经签署后交付给收款人的票据行为。它包括两个动作：一是写成汇票（Draw），即在汇票上写明有关内容，并签名；二是交付（Deliver），将汇票交付给收款人。只有经过交付，才真正建立了债权，完成了出票手续。

根据票据法的一般规则，汇票一经开立，出票人即成了主债务人，承担该汇票被承兑和/或被付款的责任。若汇票得不到承兑和/或付款，出票人应当向持票人清偿被拒付的汇票金额和利息以及可能发生的有关费用。

（二）提示（Presentation）

收款人或持票人将汇票交付款人要求其付款或承兑的行为叫作提示。付款人看到汇票叫作见票（sight）。提示分为两种：提示承兑（Presentation for acceptance）和提示付款（Presentation for payment）。如系远期汇票，持票人先提示承兑，付款人见票后办理承兑手续，承诺到期付款，汇票到期时持票人再做提示付款。如系即期汇票或承兑汇票到期，持票人提示付款，付款人（承兑人）见票即付。

（三）承兑（Acceptance）

承兑是指汇票付款人承诺在远期汇票到期日支付汇票金额的票据行为。

汇票一经承兑，承兑人（acceptor）就成了主债务人，出票人成为从债务人。承兑由“写成”和“交付”两个动作组成。

1. 写成：由付款人在汇票正面写上“已承兑”（Accepted）字样，注明承兑日期，并由承兑人签名，交还收款人或持票人。按照票据法的一般规则，仅由付款人签名而未写“已承兑”字样的，也构成承兑。

2. 交付：付款人将汇票交还给持票人（实际交付），或者付款人签发记载有承兑日期的承兑通知书给持票人（推定交付）。在实务中，推定交付的做法比较多。

承兑应该是无条件的，但实际业务中，付款人可能在承兑汇票时附加一定的保留，常见的有：

（1）完成某项条件才付款。例如，凭交付提单付款。

（2）仅对票面金额的一部分承兑和支付。例如，汇票金额 10000 美元，仅承兑 8000 美元。

（3）限定支付地点。例如，仅在我国香港地区支付。

（4）改变付款时间。例如，汇票原规定见票后 90 天付款，承兑时改见票后 180 天付款。

我国《票据法》第四十三条规定：“承兑附有条件的，视为拒绝承兑。”因此对于这种载有限制、保留及改变票据文义的限制性承兑，应视作拒绝承兑，持票人可凭以行使追索权。

（四）付款（Payment）

付款是指汇票付款人按票面金额付清款项的行为。即期汇票在持票人提示时即付；远期汇票于到期日在持票人提示付款时由承兑人付款。

在汇票的付款人向持票人做正当付款后，付款人一般均要求收款的持票人在背面签字，注上“付讫”（Paid）字样，并注销汇票，从而结束汇票上所反映的债权、债务关系。

（五）背书（Endorsement）

汇票可以通过背书或仅凭交付进行转让。所谓背书，指收款人或持票人在汇票背面或粘单上记载有关事项并签章的行为。即使不加文字说明，仅在汇票背面签字，也视为背书。背面包括两个动作：汇票的收款人（持票人）在汇票背面签名或再加上受让人（被背书人）的名称，并交付给受让人。汇票经背书后，收款的权利便转让给了受让人。汇票可以经过背书不断转让下去。对于受让人来说，所有在他以前的背书人（Endorser）以及出票人都是他的“前手”。对于出让人来说，在他出让以后的所有受让人都是他的“后手”。前手对后手负有担保汇票必然会被承兑或被付款的责任。

背书的方式如下：

1. 限制性背书，即不可转让背书，指背书人对支付给被背书人的指示带有限制性的词语。我国《票据法》第三十四条规定：背书人在汇票上记载了“不得转让”字样，其后手再背书转让的，原背书人对后手的被背书人不承担保证责任。实务中限制性背书很少使用。

2. 空白背书，也称略式背书或不记名背书。空白背书的汇票可以自由流通，无须再背书转让。出于对票据使用安全性考虑，我国《票据法》不允许持票人采用空白背书的方式转让票据权利。

3. 特别背书，又称记名背书、正式背书或完全背书。记名背书时，背书人必须记载被背书人名称并签章。我国外贸结算中最常见背书方式就是特别背书方式。

（六）拒付与追索（Dishonor and Recourse）

持票人提示汇票要求付款时遭到付款人拒绝付款，或持票人提示汇票要求付款人承兑时遭到拒绝承兑，付款人逃匿、破产、死亡等，或者付款人是虚构人物，以致付款成事实上不可能时，均称为“拒付”（Dishonor），又叫“退票”。

追索（Recourse）是指汇票被拒付后，持票人要求其前手、出票人、承兑人清偿汇票金额及有关费用的行为。我国《票据法》第七十条规定：“追索金额持票人行使追索权，可以请求被追索人支付下列金额和费用：（一）被拒绝付款的汇票金额；（二）汇票金额自到期日或提示付款日起至清偿日止，按照中国人民银行规定的利率计算的利息；（三）取得有关拒绝证明和发出通知书的费用。”持票人的这种权利称“追索权”（Right of recourse）。行使追索权要有三个条件：

1. 必须在法定期限内提示汇票；
2. 必须在法定期限内发出退票通知；
3. 外国汇票遭到退票，必须在法定期限内做成拒绝证书。

第二节　汇票的缮制

这里我们主要讲解信用证结算方式下商业汇票（图 12－1）的缮制。

凭　　　　　　　　　　　　　　　　　　　　　　　　信用证　第　　　号
Drawn under (1)　　　　　　　　　　　　　　　　**L/C No.** (2)
日期
Dated (3)　　(4)支取 Payable with interest @　　% per annum 按年息　　付款
号码　　　　　汇票金额　　　　　　中国绍兴　　年　月　日
No. (5)　　**Exchange for** (6)　　Shaoxing China　　(7)
见票　　　　　日后（本汇票之副本未付）付交
At (8)　　sight of this **FIRST** of Exchange (Second of exchange　　金额
being unpaid)　**Pay to the order of** (9)　　**the sum of**
(10)
款已收讫
Value received (11)
此致
To:
(12)　　　　　　　　　　　　　(13)

图 12－1

（1）出票依据（Drawn under）：此栏填写开证行的名称，一般应该有分行所在城市的名称，除非信用证有专门规定。例如，信用证显示 FM：Union bank of California N. A. , Los Angeles，此栏填写：Union Bank of California N. A. , Los Angeles。

（2）信用证号码（L/C No.）：此栏填写信用证号码。例如，信用证显示 20：Doc. Credit Number：T－117641；此栏填写：T－117641。

（3）开证日期（Dated）：此栏填写信用证的开证日期。为了避免混淆，月份用英文大写，年份用四位数字。例如，信用证显示 31C：Date of Issue：120210，此栏填写：10 FEB. , 2012。

（4）年息（Interest per annum）：此栏一般留空不填，仅在贴现时由银行填写。

（5）号码（No.）：此栏填写相应的发票号码。

（6）汇票小写金额（Exchange for）：此栏填写币制与金额的阿拉伯数字。一般为发票金额，灵活结算方式除外。先填写币制的三位英文字母，再填写阿拉伯数字，小数点后保留两位，第三位小数四舍五入。此栏不得涂改，涂改后汇票无效。如某发票金额 40032.00 美元，信用证要求汇票金额为发票金额的百分之百，此栏填写：USD40032.00。填写时要注意三点：

①除非信用证另有规定，汇票金额应与发票金额一致。

②如果信用证规定汇票金额为发票金额的百分之几，如 97%，那么发票金额应为 100%，汇票金额为 97%，其差额 3% 一般为应付的佣金。

③如果信用证规定部分信用证付款，部分托收，则分做两套汇票：信用证项下支款的汇票按信用证允许的金额填制，其余部分为托收项下汇票的金额，两者之和等于发票金额。

（7）出票日期和地点（Date and Place of Issue）：出票地点一般为受益人所在地，且已印好，无须填写，出票地点后面填写出票日期。出票日期也称汇票日期，该日期是一套结汇单据中日期最晚的一天，即受益人缮制完成和/或取得了全部单据，准备去银行议付或结汇的那天。在信用证结算方式项下，此日期不能晚于信用证规定的交单期和信用证的有效期。当然，这一天也不可能是银行休息日或国定节假日。如某提单日期为 2020 年 1 月 31 日，信用证有效期为 2020 年 2 月 15 日，交单期为运输单据后 15 天但又必须在信用证有效期内。此栏可以填写 2 月 1 日至 2 月 15 日之内的任何一天（除去节假日）。

（8）汇票付款期限（Tenor）：此栏填写汇票的期限，在实务中，有即期和远期两种。

①即期汇票的付款期限填法较简单，只需在横线上用“＊＊＊”“------”或“×××”表示，按惯例不能留空。

②远期汇票按照信用证的规定填入。

例 1，信用证规定：drafts at 30 days after sight。这是见票后 30 天付款的远期汇票，在此栏填写：30 days after。

例 2，信用证规定：drafts at 45 days after drafts date。这是出票后 45 天付款的远期汇票，在此栏填写：45 days after this draft date，并把已印的 sight

划掉。

例 3，信用证规定：drafts at 60 days after B/L date。这是提单日期后 60 天付款远期汇票，在此栏填写：60 days after B/L date，并把已印的 sight 划掉，还要在汇票的空白处补充写上提单日期。如果提单日期是 2020 年 3 月 31 日，则填写为：B/L date：31 Mar.，2020。

例 4，信用证规定：drafts payable at 12 Oct.，2020。这是在将来指定的日期付款的远期汇票，出票日期肯定在付款日期之前。此栏填写：12 Oct.，2020，并把已印的 sight 划掉。

（9）收款人（Payee）：又称受款人，俗称汇票抬头。在实务中，如果信用证是自由议付的，出口商可以在此填写任何银行的名称，如果信用证是限制议付的，出口商在此只能填写信用证的指定银行名称。

例 1，信用证规定：Available with HSBC（China），Shanghai Branch。这是限制在汇丰银行上海分行议付的信用证，即收款人是汇丰银行上海分行，此栏这样填写：HSBC（China），Shanghai branch；

例 2，信用证规定：Available with any bank in China。这是自由议付的信用证，不限制收款人，受益人可以在其所在地选择任何一家适合的银行作为收款人。在填写汇票时，应在此栏中填入选择好的银行名称，而不能机械地照抄“any bank”。比如选择中国银行嘉兴分行议付，此栏填写：Bank of China，Jiaxing Branch。

（10）汇票大写金额（The sum of）：此栏先填写英文 Say，再填写货币的英文名称，然后用英文填写汇票的金额，大小写应相一致，结束时加一个 only，以防加塞伪造内容。比如某笔汇票金额是 40032.00 美元，就填写：SAY U. S. DOLLARS FORTY THOUSAND AND THIRTY TWO ONLY。注意此栏不能涂改，也不许加盖校正章。涂改或加盖校正章后汇票无效。

（11）收讫备注（Value received）：此栏为汇票付款后的说明，实务中，受益人（出口商）一般不填写，留空。

（12）付款人（Drawee）：信用证结算方式项下，开证行或其指定的付款行即为付款人。倘若信用证中未指定付款人，也应填写开证行，因为按照 UCP600，开证行承担第一性的付款责任。UCP600 不允许开立以开证申请人为付款人的信用证。

例 1，来证规定：drawee：Union Bank of California N. A.，all office in

U. S. A. 。此栏填写：UNION BANK OF CALIFORNIA N. A. , ALL OFFICE IN U. S. A. 。

例 2，来证规定：drafts drawn on us。这里的“us”指的就是开证银行，应该把开证行的名称和地址填入此栏，而不能机械地搬抄“US”。

（13）出票人（Drawer）：此栏由受益人加盖出口公司的中英文章和法人代表的签署章。在转让信用证项下，允许汇票由第一受益人签发。

第三节 同步实训

一、示范

2020 年 4 月 6 日，诸暨外贸的单证员沈宇雯在缮制和审核了信用证 30 - 2020 - 021136 项下的发票、提单、装箱单、产地证、受益人证明信、熏蒸证明和保险单后，着手缮制汇票，并准备送银行议付。

（一）信用证中有关汇票缮制的内容：

FROM：SUMITOMO MITSUI BANKING CORP. , OKAYAMA, JAPAN

TO：INDUSTRIAL AND COMMERCIAL BANK OF CHINA, ZHUJI, ZHEJIANG

SEQUENCE OF TOTAL	*27	：1/1
FORM OF DOC. CREDIT	*40A	：IRREVOCABLE
DOC. CREDIT NUMBER	*20	：30 - 2020 - 021136
DATE OF ISSUE：	31C	：200122
EXPIRY	*31D	：DATE 200414 PLACE IN CHINA
APPLICANT	*50	：KOMERI CO. , LTD. 4453 - 1, IBARASONE, SHIRONE OKAYAMA JAPAN
BENEFICIARY	*59	：ZHUJI FOREIGN TRADE CORP. OF ZHEJIANG, LTD. 288 WEST SECOND RING ROAD ZHUJI, ZHEJIANG CHINA
AMOUNT	*32B	：CURRENCY USD AMOUNT 13500. 00
POS. /NEG. TOL. (%)	*39A	：05/05
AVAILABLE WITH/BY	*41D	：ANY BANK IN CHINA

BY NEGOTIATION

DRAFT AT… 41C: AT SIGHT

FOR FULL INVOICE VALUE

DRAWEE 42A: SUMITOMO MITSUI BANKING CORP

OKAYAMA

(ALL JAPAN OFFICE)

…

ADDITIONAL CON. 47A:

1. S/C NO. ZF20E0117 MUST BE SHOWN ON ALL DOCUMENTS.

…

PRESENTATION PERIOD 48: WITHIN 15 DAYS AFTER THE DATE OF SHIPMENT BUT WITHIN THE VALIDITY OF THE CREDIT

…

（二）其他相关资料：

发票编号：20EZF0318　　发票金额：USD13500. 00

提单日期：2020 年 3 月 29 日　　汇票签署：王一峰

议付银行：中国银行诸暨支行　　汇票日期：2020 年 4 月 6 日

（三）根据信用证和上述资料缮制的汇票如图 12－2。

凭 信用证 第 号

Drawn under SUMITOMO MITSUI BANKING CORP., OKAYAMA, JAPAN **L/C No.** 30-2020-021136

日期

Dated 22 JAN., 2020 支取 Payable with interest @ % per annum 按年息 付款

号码 汇票金额 中国诸暨 年 月 日

No. 20EZF0318 **Exchange for** USD13500.00 Zhuji China 06 APR., 20R0

见票 日后（本汇票之副本未付）付交中国银行诸暨支行

At ****** sight of this **SECOND** of Exchange (First of exchange 金额

being unpaid) **Pay to the order of** BANK OF CHINA, ZHUJI SUB-BRANCH **the sum of**

SAY U. S. DOLLARS THIRTEEN THOUSAND FIVE HUNDRED ONLY.

款已收讫

Value received S/C NO. ZF20E0117

此致

To:

SUMITOMO MITSUI BANKING CORP

OKAYAMA

(ALL JAPAN OFFICE)

浙江省诸暨对外贸易有限公司
ZHUJI FOREIGN TRADE CORP. OF ZHEJIANG, LTD.

王一峰 (章)

图 12－2

二、测试

2020年1月15日，嘉兴文桑出口意大利热那亚的藤篮按时出运，在提单送达后，单证员朱敏琪缮制汇票，准备将整套单据送银行结汇。请根据以下资料缮制汇票（图12－3）。

（一）信用证：

From：CASSA DI RISPARMIO DI PARMA E PIACENZA S. P. A. GENOA

To：BANK OF CHINA, ZHEJIANG BRANCH

*27：Sequence of Total：1/1

*40A：Form of Doc. Credit：IRREVOCABLE

*20：Doc. Credit Number：1972737604

31C：Date of Issue：191129

*40E：Applicable Rules：UCP LATEST VERSION

*31D：Expiry：Date 200130 Place CHINA

*50：Applicant：SAVIO TESSILI S. P. A.
VIA UDINE 105
33170 CASSANO,
ITALY

*59：Beneficiary：ZHEJIANG JIAXING WENSANG
IMP. AND EXP. CO., LTD.
NO. 120 SOUTH FURUN ROAD
NANHU DISTRICT, JIANXING
CHINA

*32B：Amount：Currency USD Amount 16000.00

*41D：Available with/by：WITH ANY BANK IN CHINA
BY NEGOTIATION

42C：Draft at …：AT 30 DAYS AFTER SIGHT
FOR FULL INVOICE VALUE

42D：Drawee：CRPPIT2P227
*CASSA DI RISPARMIO DI PARMA E
*PIACENZA S. P. A.
*MILANO
*(SEDE MILANO－VIA ARMORARI 4)

…

47A：ADDITIONAL CONDITIONS：

1. THE NUMBEROF THIS CREDIT 1972737604 AND ORDER NO. 39972 MUST BE QUOTED ON ALL DOCUMENTS.

…

48：PRESENTATION PERIOD：NOT LATER THAN 15 DAYS AFTER THE DATE OF ISSUANCE OF THE SHIPPING DOCUMENTS BUT WITHIN THE VALIDITY OF THE CREDIT

…

（二）其他相关资料

发票号码：WSE200103　　　　汇票签署：张平

发票金额：16000.00 美元　　　　提单日期：2020 年 1 月 15 日

议付银行：中国银行嘉兴分行　　　　议付日期：2020 年 1 月 20 日

凭　　　　　　信用证　第　　号

Drawn under ______________________ **L/C No.** __________

日期

Dated __________ 支取 Payable with interest @ ______ % per annum 按年息 ______ 付款

号码　　　　汇票金额　　　　中国 嘉兴　　年　　月　　日

No. __________ **Exchange for** __________ Jiaxing China

见票　　　　日后（本汇票之副本未付）付交中国银行嘉兴分行

At __________ sight of this **FIRST** of Exchange (Second of exchange　　金额

being unpaid) **Pay to the order of** __________ **the sum of**

款已收讫

Value received

此致

To:

____

____

____

图 12 –3

第十三章　非信用证结算方式与单据

在国际结算业务中，信用证、托收和汇付三种方式各有利弊。信用证结算方式属于银行信用，具有银行的保证作用，初次交易的买卖双方对此青睐。可是，信用证操作手续复杂，费用较高，技术性强，稍有不慎就会造成失误。托收和汇付结算方式属于商业信用，银行只提供服务不提供信用，从理论上来说，卖方承担的风险比信用证结算方式要大。

但是托收和汇付结算方式手续简单，费用较低，尤其是贸易金额不大的时候（比如小于 20000 美元），越来越多的买卖双方在贸易往来多次之后，会考虑采用汇付或者托收结算方法。有时为降低收汇风险，也会采取电汇（前 T/T）和托收（D/P）、前 T/T 和后 T/T 相结合的结算方式。

第一节　汇付结算方式与托收结算方式

一、汇付结算方式

（一）汇付的定义与当事人

汇付也称汇款，是指款项汇出国银行接受付款人的委托后，通过结算工具的传递和资金汇出国银行的协作，将款项交给国外收款人，以完成款项的接受及债权债务的清偿。在汇付结算方式中，结算工具（委托通知、票据）传递的方向与资金流动的方向相同，故属于顺汇（to remit）性质。

汇付结算方式的当事人（parties）一般有四个：

1. 汇付人（Remitter），是委托银行汇出款项的当事人，也称付款人，在实务中通常是贸易的债务人，如进口商、买方等，也可以是卖方（支付佣金时）。

2. 汇出银行（Remitting bank），是接受汇款人的委托，代其汇出款项的银行，在实务中通常是进口地银行。

3. 汇入银行（Receiving bank），是指接受汇出行的委托，向收款人解付汇款的银行，故也称解付行。在实务中通常是出口地银行。

4. 收款人或受益人（Payee or Beneficiary），是接受汇付人汇出款项的当事人。在实务中收款人通常是贸易中的债权人，如出口商、卖方、船公司、中间商。

有时汇付中还会有其他当事人出现，如转汇行、汇票托收行等。

（二）汇付的种类

汇付有电汇（T/T）、信汇（M/T）和票汇（D/D）三种。信汇采用的结算工具是信汇委托书（M/T advice），它由汇出行出具后通过航空邮寄给汇入行，汇入行据此向收款人解付汇款，因此汇兑速度慢。在注重规避风险、讲究经济效益及投资回报的今天，信汇基本上不被采用。

票汇是以银行即期汇票作为结算工具的一种汇付方式。汇出行应汇付人的要求，开立以汇入行作为付款人的即期汇票并交给汇款人，由汇付人自行交至收款人，收款人向付款行提示汇票，获得汇付资金的解付。因为即期银行汇票的流通性质，收款人可将其背书转让。但从另一角度看，加大了银行对持票人身份的确认难度，增加了业务风险。因此票汇在实务中的使用也不多。

电汇（Telegraphic Transfer，T/T）是汇出行应汇付人的申请，通过电讯手段将款项汇交汇入行，并委托其向收款人解付款项的汇付方式。随着电讯手段、信息技术在银行业务领域中的广泛使用，电汇所使用的电讯工具也日益多样化，如 SWIFT 已成为银行受理国际电汇业务的主要通信手段。另外，通过网上银行实现资金在国际间的转移和汇兑也成为现实。

电汇结算方式流程如图 13－1。

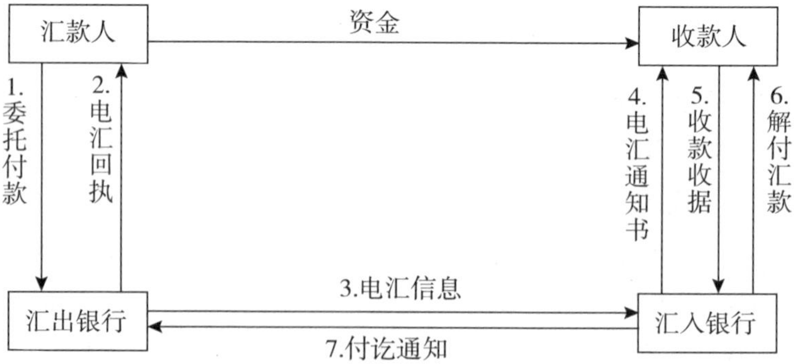

图 13－1

（三）后 T/T 的风险

后 T/T 又称货到付款或赊销。一般是指买卖双方签署合同后，出口商先发货，进口商收到货物后再付款的结算方式。英文称为“Open account transaction”。

现在的国际贸易处于买方市场，出口商为了能将货物卖出去，支付条件一降再降，采用后 T/T 结算的比比皆是。后 T/T 是一种有利于进口商而不利于出口商的结算方式，主要表现的形式在于资金的占用和风险的承担这两个方面。货款的收回在进口商收到货物的一段时间之后，进口商无偿，或只承担较低的利息即可占用出口商的资金，而出口商从开始生产时就要垫付资金，并要承担进口商可能不付款、不按时付款或不付足货款的风险。假若进口商收到货物后，认为货物的质量不符合合同规定的要求，或者收到货物后，市场行情发生了变化，进口商可以拖延付款，或者少付，甚至不付货款，风险则完全由出口商承担。

所以如果进口商不预付定金，或者进口商信誉不好，后 T/T 的风险是很大的。

二、托收结算方式

（一）托收的定义与当事人

根据国际商会第 522 出版物《托收统一规则》（Uniform Rules for Collection，URC522），托收（collection）意指由接到委托指示的银行，处理金融单据和/或商业单据，以求获得付款及或承兑，或凭付款及或承兑交单，或按其他条件交单。

上述所提的“金融单据（Financial documents）”是指汇票、本票、支票或其他用于取得付款的类似凭证；“商业单据（Commercial documents）”是指发票、运输单据、物权单据或其他类似单据，或除金融单据以外的任何其他单据。

托收结算方式分光票托收和跟单托收两种。光票托收（clean collection）是指金融单据不附带商业单据的托收，跟单托收（Documentary collection）是指金融单据附带商业单据或只用商业单据不用金融单据的托收。在国际货物贸易结算中，大多采用跟单托收方式。

采用托收结算方式时，结算工具的传递方向与资金流动方向相反，故称之为“逆汇法”（Honor of draft / Reverse remittance）。

托收结算方式的当事人一般有四个：

1. 委托人（Principal），也称出票人（Drawer），是开立汇票（或不开汇票）、委托银行向国外付款人收取货款的人。在跟单托收业务中通常是卖方。

2. 托收行（Remitting bank），又称寄单行，是接受委托人的委托，再转托付款人所在地的银行向付款人收取款项的银行。在跟单托收业务中通常是出口方银行（Exporter's bank）。

3. 代收行（Collecting bank），是接受托收行的委托，代其向付款人收取款项的银行。在跟单托收业务中通常是进口地银行（Importer's bank）。

4. 付款人（Drawee），是被提示付款或承兑的当事人。在跟单托收业务中通常为进口商。

此外，国际商会 URC522 还增加了一个当事人：提示行（Presenting bank），即向付款人提示汇票和单据的银行。当托收行委托的代收行与付款人没有账户关系时，代收行可以委托与付款人有往来账户关系的银行作为提示行。

托收结算方式流程如图 13－2。

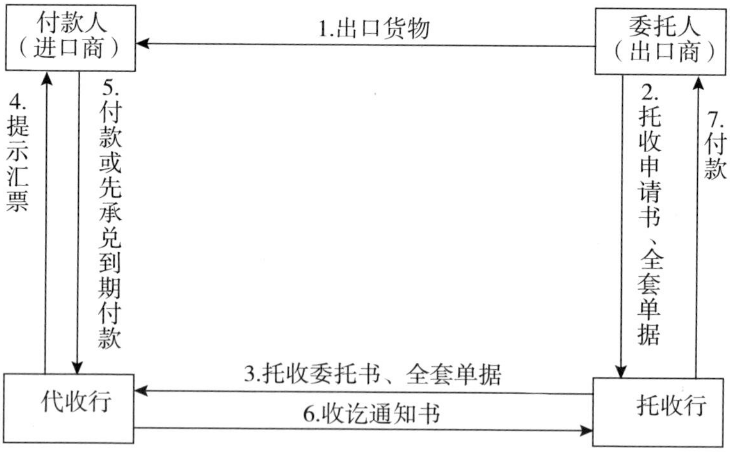

图 13－2

（二）跟单托收的种类

跟单托收按其货运单据与货款交付是否同时进行分为两种：

1. 付款交单（Documents against payment），简称 D/P，是指卖方的交单必

须以进口商的付款为条件。

托收行收到单据，审核无误后，寄给进口国的代收行，代收行收到单据后即通知进口商前来付款赎单，代收行必须在进口商付清票款后，才能将货运单据交给进口商。如果进口商拒绝付款，就不能从银行取得货运单据提货。

北欧有些国家有远期付款交单（D/P after sight）的做法，就是进口商承兑汇票后，并不取走单据，而是在汇票到期日付清票款后才从银行取得单据。这样做是因为单据到达进口国时货物并未到达，等货物到时正好汇票付款期也到，此时付款取单提货，可减少资金积压。

但是世界上很多国家没有 D/P 远期的做法，有些国家（比如巴西）将 D/P 远期等同于 D/A，使出口商平添了几分风险。URC522 特别指出："托收不应含有凭付款交付商业单据指示的远期汇票"。据此，国际商会不赞成并劝阻远期付款交单的做法。我国出口商在做 D/P 远期时务必慎之又慎。

2. 承兑交单（Documents against acceptance），简称 D/A，是指卖方的交单必须以进口商的承兑为条件。

托收行收到单据，审核无误后，寄给进口国的代收行，代收行收到单据后即通知进口商前来承兑，进口商签署"承兑通知书"，保证在到期日付款，代收行在进口商承兑后，将货运单据交给进口商。如果进口商拒绝承兑，就不能从银行取得货运单据提货。

承兑交单给予进口商未付款先提货的便利，但对出口商来说，已失去了对货物的控制权，仅依靠一张商业承兑汇票。若进口商提货后在汇票到期日不付款，出口商将遭受货、款两空的损失。所以出口商做 D/A 的风险要比做 D/P 大。

（三）托收结算方式的性质与特点

托收是建立在商业信用基础上的一种结算方式，其基本特征是"收妥付汇、实收实付"。如果进口商拒付，出口商自行承担损失，与银行无关。委托人（出口商）与银行的关系是委托与受托的关系，但是银行并不向委托人提供资信担保，对款项能否收妥不负任何责任。

URC522 规定了若干银行免责事项，如货物不能直接发给银行，提单不能做成银行为收货人、银行对货物的下落和状况不负责任等，所以委托人不能要求或企望银行超越其责任范围来承担额外的责任。

由于缺乏第三方的资信担保，托收当事人之间的利益、风险不平衡，采用托收结算方式时，出口商是最大的风险承担者，进口商是最大的利益获得者。

三、出口商可采取的防范措施

后 T/T 与托收都是有利于进口商而不利于出口商的结算方式，但因手续简单，费用较低，已成为非价格竞争的一种手段。对于我国出口商来说，如果希望建立新客户，开拓新市场，采用后 T/T 与托收的结算方式，也不失为一种好方法。

为了顺利出口、安全收汇，出口商在采用后 T/T 与托收结算货款前，可采取下列措施以降低风险：

（一）安排出口信用保险；

（二）了解进口商的资信、经营作风及外贸习惯做法；

（三）了解产品在进口国的市场销售状况；

（四）了解产品在国际市场上的行市行情；

（五）了解进口国的海关与检验检疫部门的习惯做法；

（六）了解进口国外汇管理政策；

（七）要求进口商预付部分货款；

（八）尽量采用 CIF 或 CIP 术语，提单做成“空白抬头、空白背书”，以控制提单的方法来达到控制货物的目的；

（九）在进口商不愿意支付定金的情况下，尽可能做 D/P 即期，少做 D/A 远期和后 T/T；

（十）最好在进口国有代理，万一发生意外，也能在进口国办理货物的转卖、转运甚至退回国内等手续。

第二节　汇付、托收项下的海运提单与汇票

在信用证结算方式下，缮制单据的依据主要是信用证，而在汇付或托收结算方式下，缮制单据的依据是合同或买方的订单。其中商业发票、装箱单、保险单、产地证的缮制方法与信用证结算方式下差别不大，主要是海运提单与汇票的填写略有区别。

一、汇付、托收项下海运提单的填写

一般来说，买卖合同上都有对海运提单的规定要求，因此，填写时严格按照合同的规定，主要区别是“抬头”（Consignee）一栏的填写。

在汇付或托收结算方式下，提单抬头做成“空白抬头、空白背书”或“凭托运人指示、空白背书”对出口商有利，也就是在提单的收货人栏内填写“To order”或者“To order of shipper”，并做成空白背书。

但这只是 CIF 或 CFR 合同时采取的方法，如果在 FOB 合同项下，由买方安排运输，进口商为了使自己提货方便，往往要求将提单做成记名抬头，即在收货人栏目内直接填写收货人的名称与地址。此种做法对进口商有利而对出口商不利。因为国际市场风云莫测，万一进口商不想收货，出口商想转卖不行，想运回也不行，处于极其被动的地位。

另外，根据 URC522 的规定，除非事先征得银行同意，货物不能直接运交银行，也不应以银行或其指定人为收货人，否则，即使货物已发运至银行或者以银行或其指定人为收货人，银行也无提货的责任，货物的风险和责任由委托人负担。对于托收项下的货物，即使托收指示书做了规定，银行亦无义务采取任何行动。

二、托收项下的汇票填写

在汇付结算方式下，出口商不用填写汇票。但在托收结算方式下，汇票是必备的单据之一。托收汇票的填制与信用证汇票填写有所不同，填写的内容要少一些。有的银行不区分托收汇票与信用证汇票，有的银行则采用不同汇票。

如果采用信用证项下的汇票作为托收汇票使用，信用证号码与开证日期两项内容留空，而在“出票依据”（drawn under）填写“托收”（Collection）字样，并加注“Documents against payment”，或“Documents against acceptance”，用以说明是付款交单还是承兑交单。

托收汇票见图 13－3，共 9 项内容。其中栏目（2）、（3）、（5）、（7）、（9）可以参照第十二章第二节（汇票的缮制），这里重要讲解栏目（1）、（4）、（6）、（8）。

（1）出票依据（Draw under）：此栏填写 For Collection，Documents against Payment，或者 For Collection，Documents against Acceptance，说明是付款交单

还是承兑交付。

（4）出票日期（date of issue）：此栏填写出口商委托银行代为收款的日期，即交单到托收银行的日期，一般在运输单据日期后的若干天内，最晚不能晚于运输单据日期后的第21天。

（6）收款人（payee）：此栏填写托收银行名称，一般在出口商所在地。

（8）付款人（drawee）：此栏填写买卖合同中的进口商的名称与地址。

凭
Drawn under (1)

号码 汇票金额 中国杭州 年 月 日
No. (2) **Exchange for** (3) Hangzhou China (4)

见票 日后（本汇票之副本未付）付交
at (5) sight of this **FIRST** of Exchange (Second of exchange

being unpaid) **Pay to the order of** (6) 金额 **the sum of**

(7)

款已收讫
Value received

此致
To:
(8)

(9)

图 13－3

第三节　混合结算方式项下的单据

随着我国对外贸易的进一步扩大，买卖双方采用的结算方式也日趋灵活，常见到的是采用多种结算方法的混合支付。相对于过去只用单一结算方式，如汇付、托收、信用证等，结算工作又向前迈进了一大步。

而今，在沿海许多地方，混合结算方式已经成为外贸结算的主流。当贸易合同采用混合结算方式时，对于企业的单证人员来说，如何合理地制作相关单据就成了关键。因为制作的单据，包括发票、汇票、检验检疫申请单、报关单等，不仅涉及出口货物的金额、数量、包装、商品描述等各种事项，还牵涉海关、银行、税务等多个单位。一系列的操作，如报关、结汇、退税等，都要真实准确地反映交易全貌并能使人一目了然，所以我们在单据制作中一定要把握好分寸，不可粗枝大叶。

一、前 T/T 与后 T/T 混合支付的发票处理

前 T/T 与后 T/T 混合的结算方式是建立在买卖双方相互信任基础上的。对于出口商来说，收到 30%~40% 的货款后再开工，风险已经得到了一定程度的控制；对于进口商来说，还有 60%~70% 的货款尚未支付，如果在贸易进程中遭遇争议，仍有回旋余地。

买卖合同中前 T/T 与后 T/T 相结合的结算方式的表述是这样的：30% of the invoice value ××× to be paid by T/T as soon as this contract has been signed and the balance 70% of the invoice value ××× to be paid by T/T at the time of original B/L faxed to the buyer。中文意思就是：30% 的发票金额×××在签订合同后立即电汇汇入，余款×××在买方收到正本提单的传真件后电汇汇入。

例如，诸暨外贸出口阿联酋花牌扑克（Flower brand Playing card）500 罗（500GROSS），货号 777，每罗单价 15.20 CFR 迪拜，支付方式：40% of invoice value USD3040.00 to be paid by T/T as soon as this contract has been signed and the balance 60% of invoice value USD4560.00 to be paid by T/T at the time of original B/L faxed to the buyer（40% 的发票金额 3040 美元在签订合同后立即电汇汇入，余款 60% 发票金额 4560 美元在买方收到正本提单的传真件后电汇汇入）。缮制后的商业发票如图 13-4。

二、T/T 与托收混合支付的发票处理

合同上关于 T/T 与托收相结合的方式的表述是这样的：30% of invoice value ××× to be paid before shipment by T/T, the balance of 70% invoice value ××× will be paid on collection (by document against payment at sight)。此话翻译成中文就是：30% 的发票金额×××在装船前用电汇支付，剩余的 70% 发票金额×××采用托收（付款交单）结算方式。在制作这份发票时，须在发票上显示出此交易的总金额，并说明其中的 30% 已经事先付清，剩余的 70% 货款采用托收结算方式。

<table>
<tr><td>Issuer:
ZHUJI FOREIGN TRADE CORP. OF
ZHEJIANG, LTD.
288 WEST SECOND RING ROAD,
ZHUJI, ZHEJIANG, CHINA</td><td colspan="2" rowspan="2">商业发票
COMMERCIAL INVOICE</td></tr>
<tr><td rowspan="2">To:
ABDULLAH SALEM AND CO.,
P. O. BOX 3472,
DUBAI
U. A. E.</td></tr>
<tr><td>No.
19EZF1114</td><td>Date
14 NOV., 2019</td></tr>
<tr><td rowspan="2">Transport details
FROM SHANGHAI TO DUBAI
BY VESSEL</td><td>S/C No.
ZF19E0930</td><td>S/C date
30 SEP., 2019</td></tr>
<tr><td colspan="2">Country of Origin
CHINA</td></tr>
</table>

Marks and Numbers	Description of goods	Quantity	Unit Price	Amount
	FLOWER BRAND PLAYING CARD		CFR DUBAI	
GARGERN ZF19E0930 DUBAI NO.1—125	ART. NO. 777	500GROSS	USD15.20 PER GROSS	USD7600.00

SAY U. S. DOLLARS SEVEN THOUSAND SIX HUNDRED ONLY.
TOTAL PACKED IN 125 CARTONS.
TOTAL GROSS WEIGHT: 3500.00 KGS.

REMARK: IN THE AMOUNT OF USD7600.00, 40PCT OF THEM USD3040.00 HAVE BEEN PAID ON 07 OCT. 2019 AND 60PCT OF THEM USD4560.00 WILL BE PAID BY T/T AT THE TIME OF ORIGINAL B/L FAXED TO THE BUYER.

浙江省诸暨对外贸易有限公司
ZHUJI FOREIGN TRADE CORP. OF ZHEJIANG, LTD.

王一峰（章）

图 13-4

例如，诸暨外贸出口澳大利亚男式衬衣短裤套装（Men's shirts and Pants）810 套，货号 601，每套单价 18.00 美元 CIF 悉尼，总金额 14580.00 美元，支付方式：about 30% of value USD4580.00 paid by T/T in advance, the balance of USD10000.00 will be paid on collection by documents against payment at sight（大约 30% 的货款 4580.00 美元采用前 T/T 结算，余款 10000.00 美元采用即期付款交单结算）。缮制后的商业发票如图 13 - 5。

注意：该发票对应的汇票金额是 10000 美元。虽然总金额为 USD14580.00，但因进口商事先已 T/T 汇入 USD4580.00，所以，托收时向进口商收取的金额只有 USD10000.00。不过，投保时还是要按 USD14580.00 投的，保险金额应该是 USD16038.00。

三、信用证和托收混合支付的发票处理

买卖双方在洽谈时，一方要求采用托收结算办法，另一方却提出使用信用证结算办法。当双方相持不下的时候，为了促成合同成立，可以采用折中的办法处理，即一部分金额采用信用证结算，另一部分金额采用托收结算。此混合结算方法有利于贸易合同的最终达成，对于买卖双方来说是一种双赢举措。

例如，浙江省诸暨对外贸易有限公司出口尼日利亚铜挂锁（Brass Padlocks）3000 打，货号：AK - 704，每打单价 15.00 美元 CIF 拉各斯，支付方式：In the amount of USD45000.00, 40% of value USD18000.00 to be paid by D/P at sight and the balance of 60% USD27000.00 to be paid by L/C. Remark: Before the buyer pay the D/P amount of USD18000.00, the bank should not give the B/L to the Buyer（40% 的货款 18000.00 美元付款交单，60% 的货款 27000.00 美元信用证结算。在进口商未支付托收的 40% 货款前，银行不能将提单交予进口商）。

在缮制这类商业发票时，应分别列出信用证项下的收汇金额和托收项下的收汇金额，然后，将信用证项下的金额与托收项下的金额制作两份汇票递交银行，采取分别收汇的办法。商业发票缮制如图 13 - 6。

Issuer: ZHUJI FOREIGN TRADE CORP. OF ZHEJIANG, LTD. 288 WEST SECOND RING ROAD, ZHUJI, ZHEJIANG, CHINA	商业发票 **COMMERCIAL INVOICE**	
To: HOMEMARK PTY LTD. 101 BURSWOOD HIGHWAY SYDNEY N. S. W. AUSTRALIA	No. 20EZF0203	Date 03 FEB., 2020
Transport details FROM SHANGHAI TO SYDNEY BY VESSEL	S/C No. ZF20E0105	S/C date 05 JAN., 2020
	Country of Origin CHINA	

Marks and Numbers	Description of goods	Quantity	Unit Price	Amount
HOMEMARK ZF20E0105 SYDNEY NO.1—45	MEN'S SHIRTS AND PANTS ART. NO. 621	810SETS	CIF SYDNEY USD18.00/SET	USD14580.00

SAY U. S. DOLLARS FOURTEEN THOUSAND FIVE HUNDRED AND EIGHTY ONLY.
TOTAL PACKED IN 45 CARTONS.
TOTAL GROSS WEIGHT: 900.00 KGS.

REMARK: IN THE AMOUNT OF USD14580.00, USD4580.00 HAVE BEEN PAID BY T/T, THEN THE IMPORTER HAVE TO PAY THE BALANCE OF USD10000.00 BY DOCUMENTS AGAINST PAYMENT AT SIGHT.

浙江省诸暨对外贸易有限公司
ZHUJI FOREIGN TRADE CORP. OF ZHEJIANG, LTD.

王一峰（章）

图 13－5

Issuer:	商业发票 COMMERCIAL INVOICE	
ZHUJI FOREIGN TRADE CORP. OF ZHEJIANG, LTD. 288 WEST SECOND RING ROAD, ZHUJI, ZHEJIANG, CHINA		
To: WALLACE KIMBERLY AND CO., 40 MAZURKA ROAD LAGOS FEDERAL REPUBLIC OF NIGERIA	**No.** 19EZF1219	**Date** 19 DEC., 2019
Transport details FROM SHANGHAI TO LAGOS BY VESSEL	**L/C No.** 19-LC-510	**S/C No** ZF19E1019
	Country of Origin CHINA	

Marks and Numbers	Description of goods	Quantity	Unit Price	Amount
	BRASS PADLOCKS			CIF LAGOS
W. K. CO. ZF19E1019 LAGOS NO.1—150	ART. NO. AK-704	3000DOZ	USD15.00/DOZ	USD45000.00

SAY U. S. DOLLARS FORTY FIVE THOUSAND ONLY.
TOTAL PACKED IN 150 CARTONS.
TOTAL GROSS WEIGHT: 3750.00 KGS.

REMARK: IN THE AMOUNT OF USD45000.00, 40PCT OF THE VALUE USD18000.00 IS PAID BY D/P AT SIGHT AND THE BALANCE OF USD27000.00 IS PAID UNDER THIS CREDIT NO. 19-LC-510.

浙江省诸暨对外贸易有限公司
ZHUJI FOREIGN TRADE CORP. OF ZHEJIANG, LTD.

王一峰（章）

图 13－6

然后，我们缮制两份汇票：一份用于信用证结算的金额 USD27000.00，另一份用于托收结算的金额 USD18000.00。整套单据（包括提单）跟随托收的汇票，信用证采用光票结算。这样的制作方法，一般为各国银行和贸易商所接受，做法清晰易懂，简单明了。对于后手的工作，诸如银行、海关、税务局等单位，也有助于他们了解贸易的全貌，免去了许多重复的解释工作。

要注意的是，CIF 贸易术语项下的出口由我国出口商办理保险，上述两份发票在保险时要按照全额 45000.00 美元投保，不能只按照 27000.00 美元投保，否则万一货物发生灭失，索赔理赔会有很大麻烦。

第四节　同步实训

一、示范

诸暨外贸出口丹麦 INDKOBS FORENTNGEN AF 公司 4000 件男式针织套头衫（数量可以有 5% 的增减），支付方式：30% 的发票金额采用前 T/T，70% 的发票金额采用即期付款交单（D/P at sight）。

（一）合同（图 13－7）。

浙江省诸暨对外贸易有限公司
ZHUJI FOREIGN TRADE CORP. OF ZHEJIANG, LTD.

浙江省诸暨市西二环路 288 号

288 West Second Ring Road, Zhuji, Zhejiang, China

售货确认书
SALES CONFIRMATION

To:

INDKOBS FORENTNGEN AF
1964 AMBA, ALBUEN 6-8
6000 KOLDING
DENMARK

No.: ZF19E1122

Date: 22 NOV., 2019

This sales contract is made between the sellers and buyers whereby the seller agree to sell and the buyers agree to buy the under-mentioned goods according to the terms and conditions stipulated below:

Description of Goods	Quantity	Unit Price	Amount
MEN'S KNITTED PULLOVER ART. NO. 5706 80 PCT COTTON 20 PCT NYLON	4000PCS	CIF AARHUS USD12.50	USD50000.00
5 PCT MORE OR LESS BOTH IN QUANTITY AND AMOUNT ALLOWED			

Total amount in words SAY U. S. DOLLARS FIFTY THOUSAND ONLY.

Packing 12 PCS IN ONE CARTON, TOTAL PACKED IN ONE 20' FCL.

Delivery SEA FREIGHT, FROM NINGBO TO AARHUS, PARTIAL SHIPMENTS NOT ALLOWED BUT TRANSSHIPMENT ALLOWED.

Shipping Mark AS PER SELLER'S OPTION.

Time of Shipment ON OR BEFORE 15 JAN., 2020

Terms of Payment 30 PERCENT OF THE AMOUNT USD15000.00 PAID BY T/T BEFORE SHIPMENT AND THE BALANCE USD35000.00 PAID BY DOCUMENTS AGAINST PAYMENT AT SIGHT. IF THE AMOUNT OF USD15000.00 NOT ARRIVED IN CHINA BEFORE 31 DEC. 2019, THE SELLER WILL NOT TAKE THE RESPONSIBILITY FOR THE DELAY OF THE SHIPMENT.

Insurance FOR 110 PCT OF THE INVOICE VALUE COVERING ALL RISKS AS PER CIC OF PICC DATED 01/01/2010 INCLUDING W/W CLAUSE

Documents required

1. SIGNED COMMERCIAL INVOICE IN TRIPLICATE
2. FULL SET CLEAN ON BOARD BILL OF LADING MADE OUT TO ORDER OF SHIPPER BLANK ENDORSED MARKED FREIGHT PREPAID NOTIFY THE BUYER
3. DETAILED PACKING ASSORTED LIST IN TRIPLICATE
4. CERTIFICATE OF ORIGIN IN DUPLICATE
5. INSURANCE POLICY IN DUPLICATE

The Seller	The Buyer
Zhuji Foreign Trade Corp. Of Zhejiang, Ltd.	INDKOBS FORENTNGEN AF
王一峰	Ludolf Hilhorst
签署	Signature

图 13－7

INDKOBS FORENTNGEN AF 公司于 2019 年 12 月 24 日将 30% 的货款 15000.00 美元打入诸暨外贸在中国银行诸暨支行的账户，单证员沈宇雯按照合同缮制和审核各种单证。货物于 2020 年 1 月 14 日出运，1 月 17 日沈宇雯将整套单据交中国银行诸暨支行（Bank of China, Zhuji Sub - branch）进行托收。

（二）其他相关资料：

实际出货 3984 件，332 箱

发票号码：20EZF0104　　　　发票日期：2020 年 1 月 4 日

提单号码：PCES20206930　　　　提单日期：2020 年 1 月 14 日

船名航次：HARMONY V.002W　　　　1 * 20' FCL, CY/CY

集装箱箱号：KKFU7643630　　　　集装箱封号：B060620

产地证号码：C203156398410001　　　　税则号：6103320000

毛重：10.00 千克/箱　　　　净重：8.00 千克/箱

体积：48 * 36 * 40 厘米/箱　　　　汇票日期：1 月 17 日

单色混码包装，每箱男式套头衫的尺码搭配如下：

尺寸	46	48	50	52	54	56	
数量	1	2	3	3	2	1	=12 件

其中，箱号 1—84 为白色（WHITE），共计 1008 件；

箱号 85—164 为黑色（BLACK），共计 960 件；

箱号 165—248 为棕色（BROWN），共计 1008 件；

箱号 249—332 为海军蓝（N. BLUE），共计 1008 件。

唛头：

INDKOBS

ZF19E1122

AARHUS

NO. 1—332

（三）缮制完毕的部分单证如下：发票（图 13－8）、提单（图 13－9）、装箱单（图 13－10）、汇票（图 13－11）。

<table>
<tr><td rowspan="2">Issuer:
ZHUJI FOREIGN TRADE CORP. OF
ZHEJIANG, LTD.
288 WEST SECOND RING ROAD,
ZHUJI, ZHEJIANG, CHINA</td><td colspan="2" rowspan="2">商业发票
COMMERCIAL INVOICE</td></tr>
<tr></tr>
<tr><td rowspan="2">To:
INDKOBS FORENTNGEN AF
1964 AMBA, ALBUEN 6-8
6000 KOLDING
DENMARK</td><td>No.
20EZF0104</td><td>Date
04 JAN., 2020</td></tr>
<tr></tr>
<tr><td rowspan="2">Transport details
FROM NINGBO TO AARHUS
BY VESSEL</td><td>S/C No.
ZF19E1122</td><td>S/C date
22 NOV., 2019</td></tr>
<tr><td colspan="2">Country of Origin
CHINA</td></tr>
</table>

Marks and Numbers	Description of goods	Quantity	Unit Price	Amount
	MEN'S KNITTED PULLOVER		CIF AARHUS	
INDKOBS	ART. NO. 5706	3984PCS	USD12.50/PC	USD49800.00
ZF19E1122	80 PCT COTTON 20 PCT NYLON			
AARHUS				
NO. 1—332				

SAY U. S. DOLLARS FORTY NINE THOUSAND EIGHT HUNDRED ONLY.
TOTAL PACKED IN 332 CARTONS.
TOTAL GROSS WEIGHT: 3320.00 KGS.

REMARK: IN THE AMOUNT OF USD49800.00, USD15000.00 HAVE BEEN PAID BY T/T ON 24 DEC. 2019, AND THE BALANCE USD34800.00 WILL BE PAID BY D/P AT SIGHT.

浙江省诸暨对外贸易有限公司
ZHUJI FOREIGN TRADE CORP. OF ZHEJIANG, LTD.

王一峰（章）

图 13－8

COMBINED TRANSPORT BILL OF LADING

Shipper ZHUJI FOREIGN TRADE CORP. OF ZHEJIANG, LTD.	B/L NO. PCES20206930 NEGOTIABLE COMBINED TRANSPORT BILL OF LADING
consignee TO ORDER OF SHIPPER	
Notify address INDKOBS FORENTNGEN AF 1964 AMBA, ALBUEN 6-8 6000 KOLDING, DENMARK	*Prime Cargo*

Pre-carriage by	**Place of Receipt**	**Prime Cargo (Shanghai) Limited**	
Ocean Vessel HARMONY V. 002W	**Port of Loading** NINGBO	**Port of Discharge** AARHUS	**Place of Delivery**

Marks and numbers	Number and kind of Packages	Description of Goods	Gross Weight	Measurement
INDKOBS ZF19E1122 AARHUS NO. 1—332	332CTNS	MEN'S KNITTED PULLOVER	3320.00KGS	22.948CBM

SAY THREE HUNDRED AND THIRTY TWO CARTONS ONLY.

1*20'FCL, CY/CY
KKFU7643630 / B060620

FREIGHT PREPAID

SHIPPED ON BOARD DATE: 14 JAN., 2020
BY PCL NB 章

according to the declaration of the consignor

The goods and instruction are accepted and dealt with subject to the Standard Condition printed overleaf.
Taken in charge in apparent good order and condition, unless otherwise noted herein, at the place of receipt for transport and delivery as mentioned above.
One of these Combined Transport Bill of Lading must be surrendered duly endorsed in exchange for the goods. In Witness whereof the Original Combined Transport Bill of Lading all of this tenor and date have been signed in the number sated below. One of which being accomplished the others to be void.

Freight Amount	Freight Payable at	Place and date of issue; Stamp and Signature NINGBO 14 JAN., 2020
Cargo Insurance through the undersigned □not covered □covered according to attached policy	Number of Original B/L(s) THREE(3)	**PRIME CARGO LIMITED NINGBO BRANCH** 章天航
For delivery of goods please apply to: PRIME CARGO A/S KOLDING OFFICE PROFILVEJ 4 DK-6000 KOLDING DENMARK TEL: 76-321888 FAX: 76-321889		As agent for the Carrier: Prime Cargo (Shanghai) Limited

图 13 –9

详细装箱搭配单

DETAILED PACKING ASSORTED LIST

Exporter:

ZHUJI FOREIGN TRADE CORP. OF
ZHEJIANG, LTD.
288 WEST SECOND RING ROAD,
ZHUJI, ZHEJIANG, CHINA

No: 20EZF0104

Date: 04 JAN., 2020

S/C No.: ZF19E1122

Importer:

INDKOBS FORENTNGEN AF
1964 AMBA ALBUEN 6-8
6000 KOLDING
DENMARK

Transport Details:

FROM NINGBO TO AARHUS
BY VESSEL

Description of goods

MEN'S KNITTED PULLOVER

C/No.	Nos & Kind of pkgs	Colour., Packing, Quantity etc.		Gross Weight	Net Weight	Measurement
	CTNS	COLOUR	@12/	@10.00/	@8.00/	@(48*36*40)cms
1—84	84	WHITE	1008PCS	840.00kgs	672.00kgs	5.806cbm
85—164	80	BLACK	960PCS	800.00Kgs	640.00kgs	5.530cbm
165—248	84	BROWN	1008PCS	840.00kgs	672.00kgs	5.806cbm
249—332	84	N. BLUE	1008PCS	840.00kgs	672.00kgs	5.806cbm
	332CTNS		3984PCS	3320.00KGS	2656.00KGS	22.948CBM

SIZE AND QUANTITY ASSORTMENT PER CARTON:

SIZE	46	48	50	52	54	56	
QUANTITY	1	2	3	3	2	1	=12PCS

Marks and Nos.

INDKOBS
ZF19E1122
AARHUS
NO. 1—332

SAY THREE HUNDRED AND THIRTY TWO CARTONS ONLY.

浙江省诸暨对外贸易有限公司
ZHUJI FOREIGN TRADE CORP. OF ZHEJIANG, LTD.

王一峰（章）

图 13－10

凭 信用证 第 号

Drawn under FOR COLLECTION, DOCUMENTS AGAINST PAYMENT L/C No. ______

日期

Dated ______ 支取 Payable with interest @ % per annum 按年息 付款

号码 汇票金额 中国诸暨 年 月 日

No. 20EZF0104 **Exchange for** USD34800.00 Zhuji China 17 JAN., 2020

见票 日后（本汇票之副本未付）付交中国银行诸暨支行

At ****** sight of this **FIRST** of Exchange (Second of exchange 金额

being unpaid) **Pay to the order of** BANK OF CHINA, ZHUJI SUB-BRANCH **the sum of**

SAY U. S. DOLLARS THIRTY FOUR THOUSAND EIGHT HUNDRED ONLY.

款已收讫

Value received

此致

To:

INDKOBS FORENTNGEN AF

1964 AMBA ALBUEN 6-8

6000 KOLDING, DENMARK

浙江省诸暨对外贸易有限公司

ZHUJI FOREIGN TRADE CORP. OF ZHEJIANG, LTD.

王一峰

图 13－11

二、测试

请根据合同（图 10－4，本书第十章）及相关资料缮制商业发票（图 13－12）和装箱单（图 13－13）。

其他相关资料：

发票号码：WSE200402　　发票日期：2020 年 4 月 2 日

毛重：10 公斤/箱　　净重：8 公斤/箱

体积：48 * 40 * 40 厘米/箱　　1092 美元已于 3 月 30 日付讫

单色混码包装，颜色与件号：

1—20，20 箱，海蓝（N. BLUE），240 件

21—40，20 箱，宝蓝（R. BLUE），240 件

41—50，10 箱，白色（WHITE），120 件

尺码搭配：	34	36	38	40	42	44	
	1	2	3	2	1	1	= 12PCS

唛头：

A. T. C. L.

20JW0310

AUCKLAND

NO. 1—50

<table>
<tr><td colspan="2">Issuer:</td><td colspan="2" rowspan="2">商业发票
COMMERCIAL INVOICE</td></tr>
<tr><td colspan="2" rowspan="2">To:</td></tr>
<tr><td>No.</td><td>Date</td></tr>
<tr><td colspan="2" rowspan="2">Transport details</td><td>S/C No.</td><td>S/C date</td></tr>
<tr><td colspan="2">Country of Origin</td></tr>
</table>

Marks and Numbers	Description of goods	Quantity	Unit Price	Amount

图 13－12

详细装箱单

DETAILED PACKING LIST

Exporter:

No: __________

Date: __________

S/C No.: __________

Transport Details:

Importer:

Description of goods

C/No.	Nos & Kind of pkgs	Colour	Quantity	Net Weight	Gross Weight	Measurement

Size and quantity assortment per carton:

Shipping marks:

图 13－13

第十四章　审核单证

结汇单证缮制结束后、送交议付银行议付（付款/承兑）前，出口商必须对单证进行审核，力求做到“单证一致、单单一致”。因为在信用证结算方式的交易中，信用证取代合同而成为主要的审核单据的依据，开证行付款的前提是各种单证必须完全符合信用证的规定，因此，审单环节在出口环节中是必不可少的，同时也是出口商安全收汇的保障。

第一节　审单的方法和原则

常见的审单方法有下列几种。

一是纵横审核。审核人左手拿信用证，右手拿单据，自上而下逐字逐句地与信用证的有关条款核对，叫“纵向审单”。再以审核正确的商业发票为依据，与其他单据逐一核对，特别注意共同项目（如货名、唛头、件数、重量、体积等）是否一致，这叫“横向审单”。

二是先数字后文字审核。审核人先将各种单据所涉及的数字，如价格、数量、毛重、净重等进行全面审核，取得一致，再采用纵横审核法对其他单据进行文字上的审核。

三是速审。审核人查看信用证是否有效，单据是否已经逾期，信用证与汇票的金额是否一致，各单据上显示的数量、体积等是否一致，各种单据的种类与份数是否齐全。

四是总审。审核所有单据的当事人的名称与地址是否一致、货物描述是否一致、唛头是否一致、更正处是否有效，如发票上的更正处要加盖受益人的更正章，提单上的更正处要加盖签发人的更正章并要求签发人校签。

第二节　审核单证的要点

一、审核商业发票的要点

商业发票是外贸单证的中心单据，必须严格按照信用证的要求缮制。出口商能否安全及时收汇，很大程度上取决于商业发票缮制的正确与否。同理，开证行想要拒付，也要看发票上是否有与信用证不相符合的地方。审核发票的要点如下。

（一）发票的中部或右上方必须有“INVOICE”或“COMMERCIAL INVOICE”的字样。

（二）按照UCP600的规定，发票的抬头必须是信用证的开证申请人，除非信用证有特别的规定。在托收和汇付项下，发票的抬头是合同中的买方。

（三）按照UCP600的规定，发票的出具人必须是信用证的受益人。在托收和汇付项下，发票的出具人是合同中的卖方。

（四）信用证中的商品描述，包括规格、货号、贸易术语等，必须符合信用证或合同的要求，信用证中规定的须在发票上显示的内容必须显示出来。

（五）发票中的数量、单价和金额必须符合信用证或合同的要求，必须是确切的阿拉伯数字，不能有“大约（ABOUT）”或类似的字样。除非信用证有特别的规定，发票金额不能大于信用证金额。发票金额也不能大于合同金额。

（六）如果信用证或合同是不允许分批装运的，商品又是以打、个、件、双、套、台等数量单位计量计价的，应当一次性出运完毕。但如果商品是以长度、重量、面积、体积和容积单位计量计价的，可以在不超过信用证金额的情况下伸缩5%的数量。

（七）如果信用证或合同允许分批装运，事实上也分批出运了，一般情况下，数量和金额应当大致成比例，不可以数量出运了80%而金额只支取了20%。

（八）按照UCP600的规定，商业发票可以不签署，但必须显示出具者。如果信用证有“SIGNED COMMERCIAL INVOICE”的字样，则此发票必须签字；若信用证中有“MANUALLY SIGNED INVOICE”的字样，则必须要有出具者的手签。若发票中有了证明句，则不管表明的是“SIGNED INVOICE”还是“INVOICE”字样，发票都必须签署。在托收和汇付项下，发票必须由卖方签署。

（九）所提交发票的份数必须符合信用证的要求。比如，信用证要求“SIGNED INVOICE IN THREE COPIES”，出口商必须提交三份商业发票。这三份发票可以一份正本两份副本，也可以两份正本一份副本，或者三份都是正本，但是绝不能提交三份副本。

（十）发票表面美观大方，清楚易认，造句流畅，语法规范，在品名、金额、唛头、数量等关键地方不能出现涂改。

二、审核包装单据的要点

包装单据是发票的补充，通过对商品的包装件数、规格、唛头、重量等项目的填制，阐明商品的包装情况，便于买方对进口商品包装及数量、重量等的了解和掌握，也便于货物到达目的港时进口国海关检查和核对货物。

审核包装单据的要点如下。

（一）单据名称必须完全符合信用证的规定，无论信用证或合同要求的包装单据是什么名称，都必须按其规定照制。

（二）包装单据一般不显示货物的单价和总值，因为进口商在转移这些单据给实际买家时大多不愿泄露其购买的实际成本。

（三）如果信用证将两种包装单据的名称用“和（AND）”连接，并显示在同一要求中。例如，“PACKING LIST AND WEIGHT MEMO IN TWO COPIES”，受益人只要提交一种单据即可，单据的名称为“PACKING LIST AND WEIGHT MEMO”。如果信用证中要求提交：“PACKING LIST IN TRIPLICATE”和“WEIGHT MEMO IN TRIPLICATE”，受益人则需要提交两种单据，分别是“PACKING LIST”和“WEIGHT MEMO”。

（四）除非信用证另有说明，否则包装单据可以不签署。在托收和汇付项下，包装单据一般都由卖方签署。

（五）装箱单着重表现货物的包装情况，内容包括从最小包装到最大包装所有使用的包装材料与包装方式。

三、审核海运提单的要点

运输单据是托运人委托装运或交付货物后，由承运人或其代理人签发的，证明收到货物并证明货物已经装船、已经发运或已经由承运人接受监管的单据。在实务中，常见的运输单据有海运提单、租船提单、航空货运单、国际多式联运单据、快递收据等，本章主要讲解海运提单的审核要点。

（一）按照UCP600的规定，银行接受任何人作为托运人的海运提单。

（二）按照UCP600的规定，提单，无论名称如何，须表明承运人名称并由下列人员签署和证实。

1. 承运人或其具名代理人。

2. 船长或其具名代理人。

3. 承运人、船长或代理人的任何签字必须表明其承运人、船长或代理人的身份。

4. 代理人的任何签字必须表明其代表承运人还是代理船长签署。

（三）如果不是租船提单，提单上的装货港和卸货港应填写具体地名，不应生搬硬套信用证上的地名。比如，信用证上的装货港是QINGDAO / YANTAI，卸货港是ANTWERP / HAMBURG，出具的提单应显示真实的装货港和卸货港的名称QINGDAO和ANTWERP。

（四）清洁提单并不需要在提单上有“CLEAN”一词，只要提单表面没有“货物或包装有缺陷”的条款或批注，即为清洁提单。按照UCP600的规定，银行只接受清洁提单。

（五）如果是使用集装箱出口的货物，又是使用CIF、CFR和FOB这三种贸易术语成交的，提单上一定要有“已装船”批注，即“ON BOARD”字样和发运（装运）日期。这时候提单的出具日期不能视作发运（装运）日期，“ON BOARD”边上显示的日期才是发运（装运）日期。

（六）如果提单的船名航次栏目里的船名有“预计（INTENDED）”字样，“已装船”批注中一定要加注船名，即使这船名与船名航次栏目里的船名是一样的也要加注。

（七）无论信用证有无明确规定，提单上必须明确显示“运费预付（FREIGHT PREPAID）”或“运费到付（FREIGHT COLLECT）”的字样，它必须与发票上的贸易术语相吻合。

（八）提单上允许出现“托运人装载、计数和封签（SHIPPER'S LOAD COUNT AND SEALED）”“内容据托运人报称（CONTENTS SAID BY THE SHIPPER）”等字样，也可以出现具体的运费或运费以外的金额。

（九）按照 UCP600 的规定，提单可以只提交一份正本。无论提单是一份正本还是多份正本，提单中必须表明全套正本的份数。

（十）按照 UCP600 的规定，即使信用证规定禁止转运，银行仍可接受注明将要或可能发生转运的提单，只要其表明货物由集装箱（Container）、拖车（Trailer）或子母船（LASH barge）运输即可。

一般情况下，提单不是由受益人（卖方）缮制的，而是由承运人根据出口商的托运单缮制的，所以对于出口商来说，审核提单的工作是必不可少的。

在实务中，承运人在货物进港（收妥）后，便会按照托运单缮制提单，并传真给出口商请求确认。出口商发现问题，在提单传真上做批示，回传给承运人请求更正。如果出口商不及时确认提单，承运人就默认提单正确，并在货物上船后签发提单并寄交出口商。等出口商收到提单（或单据交银行议付、托收）后才发现问题，便只能将全套提单退回承运人处请求更正，此时出口商要支付更正费用。所以，出口商在填写托运单时一定要正确，并认真、及时地确认提单。

四、审核保险单的要点

保险单是保险公司出具的，所以出口商在收到保险单后，应仔细审核保险单上的内容，以求与信用证或合同的规定一致。如果保险单有问题，出口商可以要求保险公司更改。

审核保险单的要点如下。

（一）保险单由保险公司签发而不是其代理人签发，并由保险公司负责人签名。

（二）保险单的名称、险别及加成应该与信用证的规定一致，如果信用证未明示加成及险别，按照惯例应该为发票金额的 110% 及最低险别。

（三）除非信用证另有规定，保险单的被保险人为信用证的受益人，并由受益人做空白背书，以利转让。但是，银行也接受被保险人为开证申请人的保险单。

（四）保险单的签发日期不能晚于运输单据上显示的发运（装运）日期。

（五）保险单上显示的货物名称、包装件数、启运港（地）、目的港（地）、运输工具、航程必须与发票、装箱单、运输单据等显示的一致。

（六）保险单金额的大小写应该一致，投保币制应与发票和汇票的币制一致，除非信用证另有规定。

（七）一般情况下，保险单上不显示保险费，只显示“AS ARRANGED”。如果信用证要求显示保险费，也可以照实显示，且必须与其他单据（如有）中显示的一致。

（八）保险单上必须显示理赔代理人的名称与地址，通常为保险公司在目的港（地）的代理人。

（九）理赔地点应当是目的港（地），除非信用证另有规定。

（十）一般情况下，保险单一式两份，两份都必须提交给银行结汇。

在过去，正确的保险单到了出口商手里，又因为检验检疫、运输等问题发生货物短装、晚装，出口商要求更改保单，保险公司便出具“保险批单”用来补充说明保单的内容。现在如果保单上有问题，保险公司可以根据出口商的要求重新缮制一份保单，并将旧保单收回。

五、审核产地证的要点

审核产地证的要点如下。

（一）产地证的名称一定要符合信用证。如果信用证或合同要求出具 Form A，就不能出具 Form B 或 Form E。当信用证或合同要求出具 CERTIFICATE OF ORIGIN 时，可根据进口国的不同酌情出具 C/O 或者 Form A。

（二）产地证的收货人栏目不能填写中间商。比如，新加坡客商开立的信用证，货物直接运往英国，则产地证的收货人不能填写新加坡客户的名称，而必须填写英国的最终买家。

（三）产地证第 7 栏的包装种类及货物描述栏目，填写结束后，必须加上结束符号“* * *”。

（四）产地证中的发票日期、申请日期和签发日期必须符合逻辑。其中发票日期最早，申请日期居中，签发日期最晚，也可以三个日期相同，但不能晚于运输单据上的货物发运（装运）日期。

（五）产地证的出具者一定要符合信用证的要求。在我国，“商会”即中国国际贸易促进委员会，“有关当局”可以是中国国际贸易促进委员会，也可以是海关。

根据 UCP600 的规定，银行接受提单日期以后签发产地证。但是各进口国要求不同，有的进口国能够接受提单日期早于产地证签发日期的原产地证明书，有的进口国则不接受。所以对于出口商来说，最好在货物装运之前（提单日期前）签发产地证。

如果货物已出口，出证机构签发证书的日期迟于装运日期，Form A 第 4 栏、C/O 第 5 栏应显示“ISSUED RETROSPECTIVELY”字样，中文意思是“后发”。因此，签发“后发”产地证之前，一定要与进口商沟通，了解该进口国海关是否接受“后发”证书。

六、审核汇票的要点

汇票从本质上来说是票据而不是单据，但在信用证结算方式下，汇票作为可以支取信用证金额的凭证，是全套结汇单证的组成部分。因此，汇票的审核既要符合信用证和 UCP600 的规定，也要符合《票据法》的规定。

审核汇票的要点如下：

（一）根据 UCP600 的规定，汇票的出票人是信用证的受益人，托收项下汇票的出具人是合同中的卖方。在实务中，通常是在汇票的右下方加盖出口企业的公司章和法人代表的签署章。按照《票据法》的规定，汇票不签署则无效。

（二）根据 UCP600 的规定，汇票的受票人（付款人）是开证行或者开证行指定的付款银行。一般情况下，信用证会明示汇票付款人。如果信用证没有明示，则以开证行作为汇票的付款人。托收项下汇票的受票人是合同中的买方。

（三）在实务中，汇票的抬头（收款人）为议付银行或交单银行，应严格按照信用证的要求填制。如果信用证未作规定或可以自由议付（AVAILABLE WITH ANY BANK），汇票的收款人也一定要写明一家具体的银行，而不能机械地搬抄“ANY BANK”。托收项下汇票的抬头填写托收银行。

（四）信用证项下，汇票的出票条款有开证银行、信用证号码和开证日期三项内容，必须填写完整。

（五）除非另有规定，汇票金额应与发票金额一致。

（六）汇票金额不能超过信用证或合同的总金额，大小写应当一致。

（七）汇票日期（出票日期）是全套结汇单证中日期最晚的一个，但不能晚于信用证的交单期和截止日（有效期）。在托收项下，汇票日期不能晚于运输单据日期后的第 21 天。

（八）汇票的期限必须明确，如果是即期汇票，应当填写“＊＊＊”，而不能留空。虽然根据我国《票据法》，没有明示汇票期限的即为即期汇票，但是根据国际惯例和国外的一些票据法，没有列明付款期限的汇票为无效汇票。

（九）如果信用证规定在开证行所在地到期，则出口商必须提前 7 至 10 天交单，留出一定的邮程时间。

（十）信用证中规定的所有单据上显示的内容（ALL DOCUMENTS SHOW…）也必须显示在汇票上。

第三节 同步实训

一、示范

2019 年夏天，诸暨外贸通过阿里巴巴平台结识荷兰进口商 RALLYE 贸易公司，经过报价、寄样、磋商，签订了 20000 条印花婴儿毛巾（斗篷毛巾两用）的合同。2020 年 2 月 29 日，荷兰客商的信用证开到中国。

（一）信用证（见图 14－1）。

APPLICATION HEADER 0 720 0925 200228 BEASCNSHASUB 4231 323489 200228 1625N

＊BANK OF EAST ASIA LIMITED
＊SHANGHAI
（PUXI SUBBRANCH）

USER HEADER	SERVICE CODE	103：
	BANK PRIORITY	113：
	MSG USER REF	108：
	INFO FROM CI	115：

SEQUENCE OF TOTAL	＊27	：1/1
FORM OF DOC. CREDIT	＊40A	：IRREVOCABLE
DOC. CREDIT NUMBER	＊20	：HRC202680
DATE OF ISSUE	31C	：200228
APPLICABLE RULES	40E	：UCP LATEST VERSION

EXPIRY	*31D:	DATE 200515 PLACE CHINA
ISSUING BANK	52D:	THE ROYAL BANK OF SCOTLAND N. V. ROTTERDAM
APPLICANT	*50 :	RALLYE TRADE INC. , 433 CHABANEL OUEST, SUITE 1000, ROTTERDAM THE NETHERLANDS
BENEFICIARY	*59 :	ZHUJI FOREIGN TRADE CORP. OF ZHEJIANG, LTD. 288 WEST SECOND RING ROAD ZHUJI, ZHEJIANG CHINA
AMOUNT	*32B:	CURRENCY USD AMOUNT 57000. 00
POS. / NEG. TOL.	39A:	05/05
AVAILABLE WITH/BY	*41A:	BEASCNSH *BANK OF EAST ASIA LIMITED *SHANGHAI (PUXI SUBBRANCH) BY NEGOTIATION
DRAFTS AT...	42C:	AT SIGHT FOR FULL INVOICE VALUE
DRAWEE	42A:	THE ROYAL BANK OF SCOTLAND N. V. ROTTERDAM (ALL OFFICES IN THE NETHERLANDS)
PARTIAL SHIPMENTS	43P:	ALLOWED
TRANSSHIPMENT	43T:	PROHIBITED
PORT OF LOADING/AIRPORT OF DEPARTURE	44E:	SHANGHAI
PORT OF DISCHARGE/AIRPORT OF DESTINATION	44F:	ROTTERDAM
DESCRIPT OF GOODS	45A:	

BABY HOODED PRINTED NAPPED TOWEL

ART. NO. 320, SIZE 75CM × 75CM, 100PCT ACRYLIC

CIF ROTTERDAM

ALL DETAILS AS PER PURCHASE ORDER NO. 30 - CA - 2020

DOCUMENTS REQUIRED 46A:

+ SIGNED COMMERCIAL INVOICE IN TRIPLICATE SHOWING SEPARATELY

THE FREIGHT CHARGES INSURANCE PREMIUM AND F. O. B. VALUE

+ FULL SET OF CLEAN ON BOARD OCEAN BILLS OF LADING SHOWING APPLICANT AS SHIPPER MADE OUT TO ORDER OF THE ROYAL BANK OF SCOTLAND N. V. ROTTERDAM, MARKED FREIGHT PREPAID NOTIFY APPLICANT
+ SIGNED PACKING LIST IN TRIPLICATE
+ CERTIFICATE OF ORIGIN IN DUPLICATE
+ MARINE INSURANCE POLICY IN DUPLICATE FOR 110PCT OF INVOICE VALUE BLANK ENDORSED COVERING ALL RISKS AND WAR RISK AS PER CIC OF PICC DATED 01/01/2010 W/W CLAUSE INCLUDED
+ BENEFICIARY'S CERTIFICATE CERTIFYING THAT ONE SET OF N/N DOCUMENTS HAS BEEN SENT TO APPLICANT WITHIN 24 HOURS AFTER SHIPMENT

ADDITIONAL CONDITIONS *47A

1. ALL SHIPPING DOCUMENTS SHOWING P/O NO. 30 - CA - 2020
2. ALLOWING 5 PCT MORE OR LESS BOTH IN QUANTITY AND AMOUNT
3. A HANDING FEE OF USD120. 00 OR EQUIVALENT WILL BE DEDUCTED IF DISCREPANCY DOCUMENTS PRESENTED WHICH WILL BE FOR THE ACCOUNT OF THE BENEFICIARY

CONFIRMATION INSTRUCTIONS *49: WITHOUT

DETAILS OF CHARGE 71:

ALL BANKING CHARGES OUTSIDE THE ISSUING BANK ARE FOR THE ACCOUNT OF THE BENEFICIARY

SEND. TO REC. INFO. 72:

ALL DOCUMENTS MUST BE PRESENTED TO THE ROYAL BANK OF SCOTLAND N. V. WEENA 455 P. O. BOX 1230, 3000 BE ROTTERDAM, THE NETHERLANDS IN ONE COVER AND QUOTING OUT REF. NO. ON THE COVERING SCHEDULE

图 14－1

（二）其他相关资料：

实际出口 19980 条，单价 2.85 美元/条，36 条/箱，总计 555 箱。

件号 1—185，浅蓝色（L. BLUE），185 箱；

186—370，粉红色（PINK），185 箱；

371—555，鹅黄色（L. YELLOW），185 箱；

发票号码：20EZF0420　　发票日期：2020 年 4 月 20 日
合同号码：ZF20E0120　　合同日期：2020 年 1 月 20 日
税则号：61113000.90　　毛重：25 公斤/箱
净重：22 公斤/箱　　体积：40 * 38 * 35 厘米/箱
船名航次：EVEREST V.036　　装船日期：2020 年 5 月 1 日
提单号码：SELC20A050026
集装箱箱/封号：PILU1939037/9005102
集装箱装箱交接：1 * 20'FCL，CY/CY
海运费：USD1500.00
产地证号码：20C203314Y0702/00105　　序列号：CCPIT 3404000105191
保险单号码：PIZS20120935012　　保险费：USD125.00
提单签署：SINOTRANS EAST LOGISTICS CO. 顾家琪
目的港（地）货损检验及理赔代理：
SAFER INSURANCE COMPANY
345 HARBOUR ROAD, ROTTERDAM, THE NETHERLANDS
TEL：31 – 10 – 68241093
唛头：RALLYE
30 – CA – 2020
ROTTERDAM
C/NO. 1—555

单证员沈宇雯根据信用证和相关资料缮制完毕了发票（图 14 – 2）、装箱单（图 14 – 3）、受益人证明（14 – 4）和汇票（图 14 – 5），并及时取得了产地证（图 14 – 6）、提单（图 14 – 7）和保险单（图 14 – 8）。

Issuer: ZHUJI FOREIGN TRADE CORP. OF ZHEJIANG, LTD. 288 WEST SECOND RING ROAD, ZHUJI, ZHEJIANG, CHINA	商业发票 **COMMERCIAL INVOICE**	
To: RALLYE TRADE INC., 433 CHABANEL, OUEST, SUITE 1000, ROTTERDAM THE NETHERLANDS	No. 20EZF0420	Date 20 APR., 2020
Transport Details FROM SHANGHAI TO ROTTERDAM BY SEA	L/C No. HRC202680	L/C date 28 FEB., 2020
	S/C No. ZF20E0120	S/C date 20 JAN., 2020

Marks and Numbers	Description of goods	Quantity	Unit Price	Amount
	BABY HOODED PRINTED		CIF ROTTERDAM	
RALLYE	NAPPED TOWEL			
30-CA-2020	ART. NO. 320	19980PCS	USD2.85/PC	USD56943.00
ROTTERDAM	SIZE: 75CM×75CM			
C/NO. 1—555	100PCT ACRYLIC			

SAY U. S. DOLLARS FIFTY SIX THOUSAND NINE HUNDRED AND FORTY THREE ONLY.
ALL DETAILS AS PER PURCHASE ORDER NO. 30-CA-2020.
TOTAL PACKED IN 555 CARTONS.
GROSS WEIGHT: 13875.00KGS.
FREIGHT CHARGES: USD1500.00
INSURANCE PREMIUM: USD125.00

浙江省诸暨对外贸易有限公司
ZHUJI FOREIGN TRADE CORP. OF ZHEJIANG,LTD.

王一峰(章)

图 14－2

Issuer: ZHUJI FOREIGN TRADE CORP. OF ZHEJIANG, LTD. 288 WEST SECOND RING ROAD, ZHUJI, ZHEJIANG, CHINA	装箱单 **PACKING LIST**	
To: RALLYE TRADE INC., 433 CHABANEL, OUEST, SUITE 1000, ROTTERDAM THE NETHERLANDS	No. 20EZF0420	Date 20 APR., 2020
Transport Details FROM SHANGHAI TO ROTTERDAM BY SEA	Description of Goods BAYBY HOODED PRINTED NAPPED TOWEL	

C/No.	No. & kind of Package	Packing, Quantity, Specifications etc.		G. Weight	N. Weight	Measurement
			@36	@25.00	@22.00	@(40×38×35)Cms
1—185	185ctns	L.BLUE	6660Pcs	4625.00Kgs	4070.00Kgs	9.842Cbm
185—370	185ctns	PINK	6660Pcs	4625.00Kgs	4070.00Kgs	9.842Cbm
370—555	185ctns	L. YELLOW	6660Pcs	4625.00Kgs	4070.00Kgs	9.842Cbm
	555CTNS		19980PCS	13875.00KGS	12210.00KGS	29.526CBM

SAY FIVE HUNDRED AND FIFTY FIVE CARTONS ONLY.

PURCHASE ORDER NO. 30-CA-2020

Shipping marks:
RALLYE
30-CA-2020
ROTTERDAM
C/NO. 1—555

浙江省诸暨对外贸易有限公司
ZHUJI FOREIGN TRADE CORP. OF ZHEJIANG,LTD.

王一峰(章)

图 14 – 3

浙江省诸暨对外贸易有限公司

ZHUJI FOREIGN TRADE CORP. OF ZHEJIANG, LTD.

浙江省诸暨市西二环路 **288** 号

288 West Second Ring Road, Zhuji, Zhejiang, China

受益人证明信

BENEFICIARY'S CERTIFICATE

No.: 20EZF0420

Date: 02 MAY, 2020

TO WHOM IT MAY CONCERN:

WE HEREBY CERTIFY THAT ONE SET OF N/N DOCUMENTS HAS BEEN SENT TO RALLYE TRADE INC.WITHIN 24 HOURS AFTER SHIPMENT.

P/O NO. 30-CA-2020

浙江省诸暨对外贸易有限公司
ZHUJI FOREIGN TRADE CORP. OF ZHEJIANG, LTD.

王一峰（章）

图 14 –4

凭　　　　　　　　　　　　　　　　　　　　　　　　　　　　　信用证　第　　　号

Drawn under THE ROYAL BANK OF SCOTLAND N.V. ROTTERDAM **L/C No.** HRC202680

日期

Dated 28 FEB., 2020 支取 Payable with interest @ % per annum 按年息 付款

号码　　　　　　汇票金额　　　　　　中国诸暨　年　月　日

No. 20EZF0420 **Exchange for** USD56943.00 Ningbo China 06 MAY., 2020

见票　　　　日后（本汇票之副本未付）付交中国银行诸暨支行

At ****** sight of this **FIRST** of Exchange (Second of exchange 金额

being unpaid) **Pay to the order of** BANK OF CHINA ZHUJI SUB-BRANCH **the sum of**

SAY U. S. DOLLARS FIFTY SIX THOUSAND NINE HUNDRED AND FORTY THREE ONLY.

款已收讫

Value received

此致

To:

THE ROAL BANK OF SCOTLAND N.V.

ROTTERDAM

(ALL OFFICES IN THE NETHERLANDS)

浙江省诸暨对外贸易有限公司

ZHUJI FOREIGN TRADE CORP. OF ZHEJIANG,LTD.

王一峰（章）

图 14 – 5

1. Exporter: ZHUJI FOREIGN TRADE CORP. OF ZHEJIANG, LTD. 288 WEST SECOND RING ROAD, ZHUJI, ZHEJIANG, CHINA	**Serial No.** CCPIT 3404000105191 **Certificate No.** 20C203314Y0702/00105 **CERTIFICATE OF ORIGIN** **OF** **THE PEOPLE'S REPUBLIC OF CHINA**
2. Consignee: RALLYE TRADE INC., 433 CHABANEL, OUEST, SUITE 1000, ROTTERDAM THE NETHERLANDS	
3. Means of transport and route FROM SHANGHAI TO ROTTERDAM BY SEA	**5. For certifying authority use only**
4. Country / region of destination THE NETHERLANDS	

6. Marks & Nos.	7. Number and kind of packages; Description of goods	8. H. S. Code	9. Quantity	10. Numbers and Date of Invoice
RALLYE 30-CA-2020 ROTTERDAM C/NO. 1—555	FIVE HUNDRED AND FIFTY FIVE (555) CARTONS OF BABY HOODED PRINTED NAPPED TOWEL PURCHASE ORDER NO. 30-CA-2020 ***********************	61113000.90	19980PCS	20EZF0420 24 APR.,2020

11. Declaration by the exporter The undersigned hereby declares that the above details and statements correct, that all the goods were produced in China and that they comply with the Rules of Origin of the people's Republic of China 浙江省诸暨对外贸易有限公司 ZHUJI FOREIGN TRADE CORP. OF ZHEJIANG, LTD. 沈宇雯(手签) ZHUJI CHINA 27 APR., 2020 Place and date, signature, and stamp of authorized signatory	**12. Certification** It is hereby that the declaration by the exporter is correct. 中国国际贸易促进委员会 单据证明专用章（绍） CHINA COUNCIL FOR PROMOTION OF INTERNATIONAL TRADE (SHAOXING) 袁媛(手签) ZHUJI CHINA 28 APR., 2020 Place and date, signature, and stamp of certifying authority

图 14－6

B/L No. SELC20A050026

天域(中国)国际货运有限公司

ALPHA MASTER TRANSPORTATION (CHINA) LTD

Port-to-Port or Combined Transport

BILL OF LADING

ORIGINAL

Shipper
ZHUJI FOREIGN TRADE CORP. OF ZHEJIANG, LTD.

288 WEST SECOND RING ROAD, ZHUJI, ZHEJIANG, CHINA

Consignee
TO ORDER OF THE ROYAL BANK OF SCOTLAND N. V.

Notify party
RALLYE TRADE INC.,
433 CHABANEL, OUEST,
SUITE 1000, ROTTERDAM
THE NETHERLANDS

*Pre-carriage by	*Place of Receipt
Ocean Vessel Voy. No. EVEREST V.036	**Port of loading** SHANGHAI
Port of Discharge ROTTERDAM	*Place of delivery

RECEIVED in external apparent good order and condition except as otherwise noted. The total number of packages or units stuffed in the container. The description of the goods and the weights shown in this Bill of Loading are furnished by the Merchants, and which the carrier has no reasonable means of checking and is not a part of this Bill of Lading contract. The carrier has issued the number of Bill of Lading stated below, all of this tenor and date. One of the original Bill of Lading must be surrendered and endorsed or signed against the delivery of the shipment and whereupon any other original Bill of Lading shall be void. SEE clause 4 on the back of this B/L

*Applicable Only When Used as a Combined Transport Bill of Lading

Marks & Nos. Container / Seal No.	No. of Containers or Packages	Description of Goods (if Dangerous Goods, See clause 20)	Gross Weight Kgs	Measurement
RALLYE 30-CA-2020 ROTTERDAM C/NO. 1-555	555CARTONS	BABY HOODED PRINTED NAPPED TOWEL PURCHASE ORDER NO. 30-CA-2020	13875.00KGS	29.526CBM
1*20FCL, CY/CY CN.: PILU1939037 SN.: 9005102				

Description of Contents for Shipper's Use Only (Not Part of This B/L Contract)

Total No. of Container and / or Packages (in words)	SAY FIVE HUNDRED AND FIFTY FIVE CARTONS ONLY

Freight & Charges	Revenue Tons	Rate	Per	Prepaid	Collect
FREIGHT PREPAID					

Ex rate	Prepaid at	Payable at	**Place and date of Issue** SHANGHAI 01 MAY 2020
	Total prepaid	**No. of Original B(s)/L** THREE	**Signed for the Carrier** SINOTRANS EAST LOGISTICS CO.

LADEN ON BOARD THE VESSEL

DATE 01 MAY 2020 BY S.E.L.C 顾(章)

As agent for the Carrier:
ALPHA MASTER TRANSPORTATION (CHINA) LTD.
顾家琪(章)

图 14-7

PICC 中国人民财产保险股份有限公司
PICC Property and Casualty Company Limited

总公司设于北京　　一九四九年创立
Head Office Beijing　　Established in 1949

货 物 运 输 保 险 单
CARGO TRANSPORTATION INSURANCE POLICY

发票号码 **Invoice No.** 20EZF0420　　保单号次 **Policy No.** PIZS20120935012

被保险人 **Insured:** ZHUJI FOREIGN TRADE CORP. OF ZHEJIANG, LTD.

中保财产保险有限公司（以下简称本公司）根据被保险人的要求，及其所缴付约定的保险费，按照本保险单承担险别和背面所载条款与下列特别条款承保下列货物运输保险，特签发本保险单。

This policy of Insurance witnesses that The People Insurance (Property) Company of China, Ltd. (hereinafter called the Company) at the request of the Insured and in consideration of the agreed premium paid by the Insured, undertakes to insure the under mentioned goods in transportation subject to the conditions of this Policy as per the Clauses printed overleaf and other special clauses attached hereon.

标记 **Marks & No.**	包装及数量 **Quantity**	保险货物项目 **Description of goods**	保险金额 **Amount Insured**
AS PER INV. NO. 20EZF0420	555CTNS	BABY HOODED PRINTED NAPPED TOWEL	USD62637.00

总保险金额:
Total Amount Insured SAY U. S. DOLLARS SIXTY TWO THOUSAND SIX HUNDRED AND THIRTY SEVEN ONLY.

保险费 **Premium** **As arranged**　　启运日期 **Date of commencement** AS PER B/L　　装载运输工具 **Per conveyance** SS. EVEREST V.36

自 **From** SHANGHAI　　经 **Via** ______　　至 **To** ROTTERDAM

承保险别 **Conditions:**

COVERING ALL RISKS AND WAR RISK AS PER CIC OF PICC DATED 01/01/2010 W/W CLAUSE INCLUDED.

PURCHASE ORDER NO. 30-CA-2020

所保货物，如发生本保险单项下可能引起索赔的损失或损坏，应立即通知本公司下述代理人查勘。如有索赔，应向本公司提交保险单正本（本保险单共有 2 份正本）及有关文件。如一份正本已用于索赔，其余正本则自动失效。

In the event of damage which may result in a claim under this Policy, immediate notice be given to the Company Agent as mentioned hereunder. Claims, if any, one of the Original Policy which has been issued in **TWO** Original(s) together with the relevant documents shall be surrendered to the Company, if one of the Original Policy has been accomplished, the others to be void.

Survey agent at the destination:

SAFER INSURANCE COMPANY
345 HARBOUR ROAD, ROTTERDAM, THE NETHERLANDS
TEL: 31-10-68241093

赔款偿付地点
Claim payable at ROTTERDAM

出单日期
Issuing date 30 APR., 2020

地址：中国浙江绍兴大禹路 256 号
Address: 256 Dayu Road, Shaoxing, Zhejiang, China

中国人民财产保险股份有限公司绍兴分公司
PICC Property & Casualty Company Ltd, Shaoxing Branch

江笑葵

Authorized Signature

图 14－8

5 月 6 日上午，在单证送交银行结汇之前，她再一次仔细审核了一遍所有单证，发现问题如下：

（1）发票上少 FOB 金额；

（2）装箱单件号栏目第二行第三行错，应该是 186 – 370 和 371 – 555；

（3）汇票抬头错，因为该信用证是限制议付的，汇票抬头应该写东亚银行上海分行浦西支行；

（4）产地证第 10 栏中的发票日期错，应该是 4 月 20 日；

（5）保险金额错，根据惯例采用“进一法”，保险金额应该是 USD62638.00，大写金额也应该一并改正。

于是沈宇雯将错误的地方改正，于 5 月 7 日将全套单据用特快专递寄送东亚银行上海分行银行浦西支行结汇。

二、测试

嘉兴文桑通过阿里巴巴平台结识韩国进口商 MJ INDUSTRIAL 公司，向其出售烧烤用竹签。单证员朱敏琪根据合同（图 14 – 9）及相关资料缮制商业发票（图 14 – 10）、装箱单（图 14 – 11）、产地证（图 14 – 12）和提单（图 14 – 13）。

其他相关资料：

发票号码：WSE200602　　发票日期：2020 年 6 月 2 日

提单号：SSLC201082701　　提单日期：2020 年 6 月 15 日

毛重：22 公斤/箱　　净重：20 公斤/箱

体积：48 * 38 * 20 厘米/箱　　集装箱交接：20’ LCL，CFS/CFS

箱/封号：APLU2033040/3091950　　船名航次：VICTORY V. 601E

税则号：442190　　产地证号码：K203303410990005

产地标准：WP　　产地证日期：2020 年 6 月 8 日

件号 1—20，20 箱，规格：12MM × 360MM

件号 21—40，20 箱，规格：15MM × 360MM

唛头：

MJ KOREA
BAMBOO STICKS
BUSAN
C/NO. 1—40

在单据齐备寄送客户之前，朱敏琪根据合同再一次审核单证，发现四种单据里都有错误。于是做了修改，改正后再寄送客户。

请指出四种单据，商业发票（图 14－10）、装箱单（图 14－11）、产地证（图 14－12）和提单（图 14－13）中的错误。

浙江省嘉兴市文桑进出口有限公司

ZHEJIANG JIAXING WENSANG IMP. AND EXP. CO., LTD.

中国嘉兴南湖区富润南路 120 号

NO. 120 SOUTH FURUN ROAD, NANHU DISTRICT, JIAXING, CHINA

销售确认书

SALES CONFIRMATION

To:

MJ INDUSTRIAL CO., LTD.
270-31 OSUN-DONG
GWANGSAN-GU
GWANGJU, KOREA

S/C No.: 20JW0417
Date: 17 APR., 2020

Dear Sirs:

We hereby confirm having sold to you the following goods on terms and conditions as specified below:

Description of Goods and Packing	Quantity	Unit Price	Total Amount
BAMBOO STICKS		FOB SHANGHAI	
SIZE:			
12MM × 360MM	10000PCS	USD0.171/PC	USD1710.00
15MM × 360MM	10000PCS	USD0.197/PC	USD1970.00
	20000PCS		USD3680.00

大写总值：

Total Amount in words: SAY U. S. DOLLARS THREE THOUSAND SIX HUNDRED AND EIGHTY ONLY.

装运港：

Loading port: SHANGHAI

目的港：

Destination: BUSAN

装运期限：

Time of Shipment: ON OR BEFORE 15 JUN., 2020

分批 / 转运：

Partial / Transshipment: PARTIAL SHIPMENTS AND TRANSSHIPMENT NOT ALLOWED

包装：

Packing: 500 PCS IN AN EXPORT CARTON

付款条件：

Terms of Payment: BY T/T. USD1000.00 SHOULD BE PAID BEFORE 15 MAY 2020 AND THE BALANCE USD2680.00 SHOULD BE PAID BEFORE 20 JUN. 2020

单证要求：

Documents required:
1. MANUALLY SIGNED COMMERCIAL INVOICE IN TRIPLICATE
2. SIGNED DETAILED PACKING LIST IN TRIPLICATE
3. FULL SET BILLS OF LADING CONSIGNED TO MJ INDUSTRIAL CO., LTD. MARKED FREIGHT COLLECT NOTTIFY THE BUYER
4. CERTIFICATE OF CHINESE ORIGIN IN DUPLICATE
5. INSPECTION CERTIFICATE IN DUPLICATE ISSUED BY MR. LEE

The Seller:
浙江省嘉兴市文桑进出口有限公司
张平

The Buyer:
MJ INDUSTRIAL CO., LTD.
李英浩

图 14 – 9

浙江省嘉兴市文桑进出口有限公司
ZHEJIANG JIAXING WENSANG IMP. AND EXP. CO., LTD.

中国嘉兴南湖区富润南路 120 号

NO. 120 SOUTH FURUN ROAD, NANHU DISTRICT, JIAXING, CHINA

商业发票
COMMERCIAL INVOICE

To:

MJ INDUSTRIAL CO., LTD.
270-31 OSUN-DONG
GWANGSAN-GU
GWANGJU, KOREA

Invoice No.:	WSE200602
Invoice Date:	02 JUN., 2020
S/C No.:	20JW0417
S/C Date:	17 APR., 2020

Marks and Numbers	Description of goods	Quantity	Unit Price	Amount
	BAMBOO STICKS		FOB SHANGHAI	
MJ KOREA BAMBOO STICKS BUSAN C/NO. 1—40	SIZE: 12MM × 360MM	10000PCS	USD0.171/PC	USD1710.00
	15MM × 360MM	10000PCS	USD0.197/PC	USD1970.00
	TOTAL:	20000PCS		USD3680.00

SAY U. S. DOLLARS THREE THOUSAND SIX HUNDRED AND EIGHTY ONLY.
PACKING: 500 PCS IN AN EXPORT CARTON.
TOTAL PACKED IN 40 CARTONS.
GROSS WEIGHT: 880.00 KGS.

浙江省嘉兴市文桑进出口有限公司
ZHEJIANG JIAXING WENSANG I/E CO., LTD.

张平（章）

图 14－10

浙江省嘉兴市文桑进出口有限公司
ZHEJIANG JIAXING WENSANG IMP. AND EXP. CO., LTD.

中国嘉兴南湖区富润南路 120 号

NO. 120 SOUTH FURUN ROAD, NANHU DISTRIC JIAXING, CHINA

装箱单
PACKING LIST

To:

MJ INDUSTRIAL CO., LTD.

270-31 OSUN-DONG

GWANGSAN-GU

GWANGJU, KOREA

No.: WSE2000602

Date: 02 JUN., 2020

S/C No.: 20JW0417

Shipment from: SHANGHAI **To:** BUSAN **By Vessel**

C/No.	No. & kind of pkgs	Description of goods, Packing, Quantity, etc.		G. Weight	N. Weight	Measurement
		BAMBOO STICKS				
		SIZE	@500	@20	@22	@(48*38*20)cms
1—20	20Ctns	12MM × 360MM	10000Pcs	400.00Kgs	440Kgs	0.7296Cbm
21—40	20Ctns	15MM × 360MM	10000Pcs	400.00Kgs	440Kgs	0.7296Cbm
	40CTNS		20000PCS	800.00KGS	880.00KGS	1.459CBM

SAY FORTY CARTONS ONLY.

Shipping marks

MJ KOREA

BAMBOO STICKS

BUSAN

C/NO. 1—40

浙江省嘉兴市文桑进出口有限公司
ZHEJIANG JIAXING WENSANG I/E CO., LTD.

张平 (章)

图 14－11

1. Exporter's name, address, country: ZHEJIANG JIAXING WENSANG IMP. AND EXP. CO., LTD., NO. 120 SOUTH FURUN ROAD, NANHU DISTRICT, JIAXING, CHINA	Certificate No. K203303410990005 **CERTIFICATE OF ORIGIN** **Form for China-Korea FTA**
2. Producer's name and address, if known: AVAILABLE UPON REQUEST	
3. Consignee's name, address, country: MJ INDUSTRIAL CO., LTD. 270-31 OSUN-DONG, GWANGSAN-GU, GWANGJU, KOREA	Issued in **THE PEOPLE'S REPUBLIC OF CHINA** (see Overleaf Instruction)
4. Means of transport and route (as far as known) Departure Date 15 JUN., 2020 Vessel/Flight/ Train/Vehicle No. VICTORY V.601E Port of loading SHANGHAI Port of discharge BUSAN	5. Remarks **************************** Verification: www.chinaorigin.gov.cn

6. Item number (Max 20)	7. Marks and number on packages	8. Number and kind of packages, description of goods	9. HS code (Six-digit code)	10. Origin criterion	11. Gross weight, quantity (Quantity Unit) or other measures (liters, m^3, etc.)	12. Number and date of invoice
1	MJ KOREA BAMBOO STICKS BUSAN C/NO. 1—40	FORTY (40) CARTONS OF BAMBOO STICKS	442190	P	20000PCS	WSE200602 02 JUN.,2020

13. Declaration by the export: The undersigned hereby declares that the above details and statement are correct, that all the goods were produced in CHINA (Country) and that they comply with the origin requirements specified in the FTA for goods exported to KOREA (Importing Country) 浙江省嘉兴市文桑进出口有限公司 ZHEJIANG JIAXING WENSANG I/E CO., LTD. 朱敏琪(手签) JIAXING CHINA 08 JUN., 2020 Place and date, signature of authorized signatory	14. Certification On the basis of control carried out, it is hereby certified that the Information herein is correct and that the goods described comply with the origin requirements specified in the China-Korea FTA. 中华人民共和国××海关（章） 张才理(手签) JIAXING CHINA 08 JUN., 2020 Place and date, signature and stamp of authorized body

图 14－12

中远集装箱运输有限公司 COSCO CONTAINER LINES	ORIGINAL Port-to-Port or Combined Transport Bill of Lading	TLX: 33057 COSCO CN FAX: +86 (021) 65458984

Shipper insert Name, Address and Phone / Fax ZHEJAING JIAXING WENSANG IMP. AND EXP. CO., LTD.	Booking No.
	Bill of Lading No. SSLC201082701
	Export Reference
Consignee Insert Name, Address and Phone / Fax CONSIGNED TO MJ INDUSTRIAL CO., LTD.	Forwarding Agent and Reference
	Point and Country of Origin
Notify Party Insert Name, Address and Phone MJ INDUSTRIAL CO., LTD. 270-31 OSUN-DONG, GWANGSAN-GU, GWANGJU, KOREA	Also Notify Party-routing & Instructions

*Pre-carriage by	*Place of Receipt		
Ocean Vessel Voy. No. VICTORY V.601E	Port of loading SHANGHAI	SERVICE Contract No.	Commodity Code
Port of Discharge BUSAN	*Place of delivery	Type of movement	

Marks & Nos. Container / Seal No.	No. of Containers or Packages	Description of Goods (if Dangerous Goods, See clause 20)	Gross Weight	Measurement
MJ KOREA BAMBOO STICKS BUSAN C/NO. 1—40	40CTNS	BAMBOO STICKS	880.00KGS	1.459CBM
20'LCL, CFS/CFS CN.:APLU2033040 SN.: 3091950				

Declared Cargo Value USD	Description of Contents for Shipper's Use Only (Not Part of This B/L Contract)
Total No. of Container and / or Packages (in words)	SAY FORTY CARTONS ONLY.

Freight & Charges	Revenue Tons	Rate	Per	Amount	Prepaid	Collect	Freight & Charges Payable at / by
FREIGHT PREPAID							

RECEIVED in external apparent good order and condition except as otherwise noted. The total number of packages or units stuffed in the container. The description of the goods and the weights shown in this Bill of Loading are furnished by the Merchants, and which the carrier has no reasonable means of checking and is not a part of this Bill of Lading contract. The carrier has issued THREE original Bills of Lading all of this tenor and date. One of the original Bill of Lading must be surrendered and endorsed or signed against the delivery of the shipment and whereupon any other original Bill of Lading shall be void. SEE clause 4 on the back of this B/L	DATED LADEN ON BOARD Signed By: COSCO CONTAINER LINES 穆海

Date of Issue	Place of Issue	Signed for the Carrier
15 JUN., 2020	SHANGHAI	COSCO CONTAINER LINES 穆海

图 14－13

第二部分

进口业务单证制作

第十五章　进口许可证

在买卖合同签订以后，买方需要根据合同的规定履行自己的义务。

本书第二部分以进口业务流程为实例，以 CIF 条件成交、信用证结算业务为背景，主要介绍自动进口许可证申请、开证申请书填制、进口报关以及进口付汇所涉及的单证的操作。

第一节　进口许可证的概念与类别

一、进口许可证的概念

我国对进口商品的贸易管制可以分为两类：一类是禁止进口管理，即凡列入国家公布的禁止进口货物目录，以及其他法律、法规明令禁止或停止进口的货物、技术，任何对外贸易经营者不得经营进口；另一类是限制进口管理，即对有数量限制的限制进口货物，实行配额管理，其他限制进口货物实行许可证管理。

进口许可证（Import License）指由国家对外经贸行政管理部门代表国家统一签发的、批准某项商品进口的具有法律效力的证明文件，也是海关查验放行进口货物和银行办理付汇的依据。

凡列入进口许可证管理的商品，除国家另有规定外，各类进口企业都应该在货物进口前按规定向指定的发证机构申领进口许可证，海关凭进口许可证接受申报与验放。因此，在对外成交、签订合同前，进口单位或受委托代理进口的单位必须按规定向主管部门和审批部门履行报批手续，并凭批件向发证机关申领进口许可证。

二、进口许可证的类别

从许可证管理的范围来看，我国的许可证件管理主要包括限制进口货物、自由进口货物、濒危物种进口、可利用废物进口、进口药品、进口音像制品、黄金及其制品等管理。

从进口许可证与配额的关系来看，进口许可证可分为两种：

一是有定额的进口许可证，即国家有关机构先规定有关商品的配额，然后在配额的限度内，根据进口商的申请，发放有关商品一定数量的进口许可证；

二是无定额的进口许可证，即进口许可证不与进口配额相结合。

从进口商品的许可程度上来看，进口许可证又可分为两种：

一是公开一般许可证，又称自动进口许可证，即一经申请一般都能获得的许可证，其特点是对进口国别或地区没有限制，适用于一些需求广泛、不需要进行严格限制和不限制货物来源的商品。本书主要介绍自动进口许可证。

二是特别许可证，又称非自动进口许可证，即需经主管部门个别审批才能获得的许可证，特点是对进口国别或地区有限制，主要适用于特殊商品、配额商品以及某些禁止进口的商品。

2019 年进口许可证管理的货物有 14 大类 117 个商品编码（税则号），包括消耗臭氧层物质、化工设备、金属冶炼设备、工程机械、起重运输设备、造纸设备、电力电气设备、食品加工及包装设备、农业机械、印刷机械、纺织机械、船舶、矽鼓和 X 射线管。除了消耗臭氧层物质外，其他 13 类所列商品均为旧机电产品。

第二节　自动进口许可证

一、自动进口许可证的概念

自动进口许可证（Automatic import license）是指免费批准申请的进口许可证。这种许可证一般不限制有关产品的进口，而主要是为国家统计进口贸易提供数据。

自动进口许可证管理是我国货物自动进口许可证管理制度中的主体管理部分，也是国家基于对这类货物的统计和监督需要而实行的一种在任何情况下对进口申请一律予以批准，具有自动登记性质的许可管理。

《中华人民共和国货物进出口管理条例》规定，对进口属于自动进口许可证管理的货物，国家均应当给予许可；进口属于自动进口许可管理的货物，进口经营者应当在办理海关报关手续前，向国务院外经贸主管部门或者国务院有关经济管理部门提出申请，有关部门应当在收到申请后立即发放自动进口许可证证明。货物进口清关时，进口经营者凭国务院外经贸主管部门或者国务院有关经济管理部门发放的自动进口许可证，向海关办理报关验放手续。

2019 年自动进口许可证管理的货物有 44 大类 557 个商品编码（税则号），包括食品、烟草、矿产、石油、化肥、烟草机械、纺织机械、工程机械、医疗设备、广电设备、移动通信设备、车辆、飞机、船舶等。

二、自动进口许可证的办理流程

在 G2B 办公的今天，自动进口许可证办理流程见图 15－1、图 15－2、图 15－3，中华人民共和国自动进口许可证申请表见图 15－4（机电类）和图 15－5（非机电类）。

（一）自动进口许可证（机电类）办理流程图

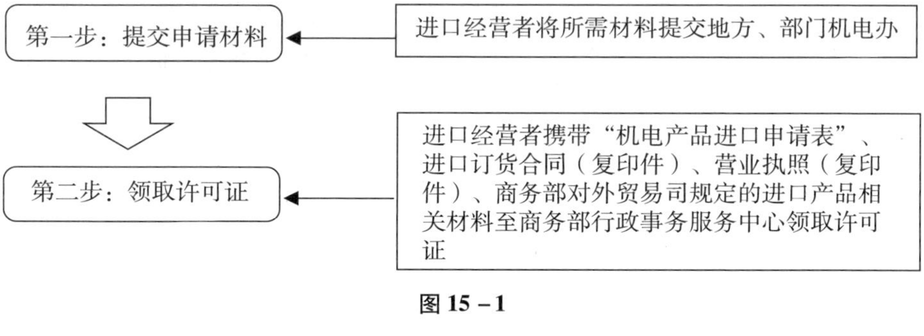

图 15－1

（二）自动进口许可证（非机电类）办理流程

1. 网上申请方式：

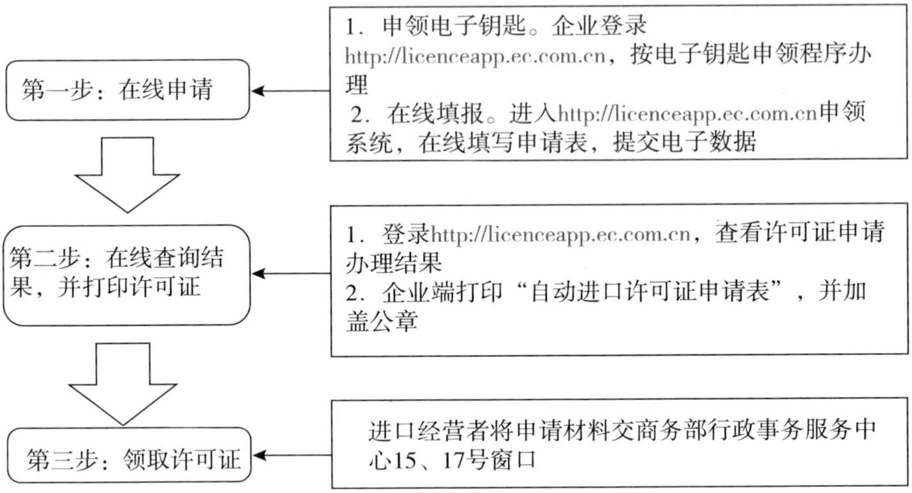

图 15－2

2. 书面申请方式：

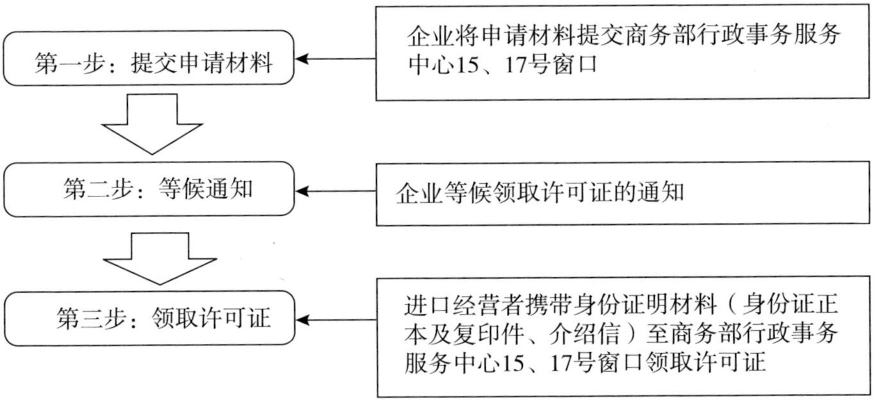

图 15－3

中华人民共和国自动进口许可证申请表（机电类）

1．进口商：　　代码：	3．自动进口许可证申请表号： 自动进口许可证号：
2．进口用户：	4．自动进口许可证有效截止日期： 年　月　日
5．贸易方式：	8．贸易国(地区)：
6．外汇来源：	9．原产地国(地区)：
7．报关口岸：	10．商品用途：
11．商品名称：　　商品编码：　　设备状态：	

12．规格、等级	13．单位	14．数量	15．单价(币别)	16．总值(币别)	17．总值折美元
18．总　计：					

19．备注： 联 系 人： 联系电话： 申请日期：	20．发证机关审核意见：

图 15－4

中华人民共和国自动进口许可证申请表（非机电类）

1. 进口商：　　代码：			3. 自动进口许可证申请表号： 自动进口许可证号：		
2. 进口用户：			4. 自动进口许可证有效截止日期： 年　月　日		
5. 贸易方式：			8. 贸易国(地区)：		
6. 外汇来源：			9. 原产地国(地区)：		
7. 报关口岸：			10. 商品用途：		
11. 商品名称：　　商品编码：　　商品状态：					
12. 规格、型号	13. 单位	14. 数量	15. 单价(币别)	16. 总值(币别)	17. 总值折美元
18. 总　计：					
19. 备注： 联 系 人： 联系电话： 申请日期：			20. 发证机关审核意见：		

图 15－5

第三节　自动进口许可证申请表的填写

以中华人民共和国自动进口许可证申请表（机电类）（图 15 –4）为例。填制栏目共有 20 栏，内容如下。

第 1 栏，进口商（及代码）：此栏中的进口商代码是指进口企业资格证书的 13 位编码，此项为非必填项；进口商名称指进口用户委托的进口商代理名称，如果属用户自行进口，输入进口用户名称。

第 2 栏，进口用户：输入进口用户的名称。

第 3 栏，自动进口许可证号：由发证机关编排。书面申请时留空不填，网上申请时自动生成。

第 4 栏，自动进口许可证有效截止日期：自动进口许可证的有效期为 6 个月，一般情况下自动进口许可证仅限公历年度内有效。

第 5 栏，贸易方式：可以分为一般贸易、来料加工、进料对口、进料深加工、合资合作设备、外资设备物品、货样广告品及无代价抵偿。根据实际情况选择填写。

第 6 栏，外汇来源：按实际填写，如“银行购汇”“自筹”“其他”等。

第 7 栏，报关口岸：按实际的报关口岸填写。

第 8 栏，贸易国（地区）：填写贸易国（地区）的名称。

第 9 栏，原产地国（地区）：填写实际原产地国（地区）的名称。

第 10 栏，商品用途：包括自用、生产配套件、仿制样机或合作制造、直接销售等。

第 11 栏，商品名称、商品编码、设备状态：商品名称应按商务部公布的《进口许可证管理货物目录》填写，商品编码填写实际进口商品的 10 位编码，设备状态按设备的时间情况填写。

第 12 栏，规格、等级：规格只能填写同一编码商品不同规格型号的 4 种，多于 4 种型号应另行填写许可证申请表。

第 13 栏，单位：指计量单位。各商品使用的计量单位由商务部统一规定，不得任意变动。合同中使用的计量单位与规定的计量单位不一致时，应换算成统一计量单位。非限制进口商品，此栏以“套”为计量单位。

第 14 栏，数量：应按商务部规定的计量单位填写数量，允许保留一位小数。

第 15 栏，单价（币别）：应填写成交时用的价格或估计价格并与计量单位一致。

第 16 栏，总值（币别）：根据数量和单价的乘积填写。

第 17 栏，总值折美元：如果成交币别不是美元，要填写折成美元后的数字。

第 18 栏，总计：根据内容进行汇总。

第 19 栏，备注：此栏填写联系人的姓名和联系电话及申请日期。

第 20 栏，发证机关审核意见：由发证机构填写。

第四节　同步实训

一、示范

浙江省轻工业品进出口公司（以下简称“浙江轻工”）受绍兴越秀织造有限公司（以下简称“绍兴越秀”）的委托，向意大利 MERAVIGLIOSO 公司购买自动络筒机一台。根据有关法律法规的规定，自动络筒机的监管条件是 O 和 M，也就是需要自动进口许可证（机电产品）和进口商品检验。

2019 年 5 月 7 日，浙江轻工的单证员邱建华根据合同 ZLP19J0423（部分）（图 15－6）和相关资料向商务部提交自动进口许可证申请表（机电类）（图 15－7），申请自动进口许可证。

其他相关资料：

商品编码：8445401000　　设备状态：新

进口用户：绍兴越秀织造有限公司　　报关口岸：上海外港海关

商品用途：企业自用　　进口数量：1 台

单价：120800 欧元　　总值折美元：130301.14 美元

规格等级：60 锭　　进口商代码：3301904049726

预计到港日期：2019 年 8 月 20 日　　申请日期：2019 年 5 月 7 日

联系人：邱建华　　联系电话：0571－88791718

浙江省轻工业品进出口公司

ZHEJIANG LIGHT INDUSTRIAL PRODUCTS I/E CORP.

中国杭州保俶路 190 号

No 190 Baochu road, Hangzhou China

购货确认书

PURCHASE CONFIRMATION

Seller:

MERAVIGLIOSO INDUSTRIAL S. P. A.
TORNO 33, 29028 PORDENONE
ITALY

S/C No.: ZLP19J0423
Date: APR. 23, 2019
Signed at: HANGZHOU

The undersigned Sellers and Buyers have agreed to close the following transaction according to the terms and conditions stipulated below:

Name of commodity and specifications	Quantity	Unit Price	Amount
AUTOMATIC WINDER		CIF SHANGHAI	
MOD POLAR M WITH 60 SPINNERS	1SET	EUR120800.00	EUR120800.00

…

Terms of Payment: BY IRREVOCABLE L/C DRAFTS AT SIGHT DRAWN ON THE ISSUING BANK AND REMAIN VALID FOR NEGOTIATION IN ITALY UNTIL 15 DAYS AFTER THE DATE OF SHIPMENT. THE CREDIT SHOULD REACH THE SELLER BEFORE 15 MAY 2019.

Documents required:
1. SIGNED COMMERCIAL INVOICE IN TRIPLICATE
2. PACKING LIST IN DUPLICATE INDICATING QUANTITY, GROSS AND NET WEIGHTS OF EACH PACKAGE.
3. FULL SET CLEAN ON BOARD OCEAN BILL OF LADING MADE OUT TO ORDER BLANK ENDORSED MARKED FREIGHT PREPAID NOTIFY THE BUYER
4. CERTIFICATE OF QUALITY AND QUANTITY ISSUED BY THE MANUFACTURER.
5. INSURANCE POLICY IN DUPLICATE ENDORSED IN BLANK COVERING ALL RISKS WAR RISK AS PER CIC OF PICC DATED 01/01/2009
6. NON-WOOD MATERIAL PACKING CERTIFICATE IS REQUIRED.

…

…

图 15 –6

中华人民共和国自动进口许可证申请表（机电类）

1. 进口商：　　代码：3301904049726 浙江省轻工业品进出口公司	3. 自动进口许可证申请表号： 自动进口许可证号：
2. 进口用户： 绍兴越秀织造有限公司	4. 申请自动进口许可证有效截止日期： 年　月　日
5. 贸易方式： 一般贸易	8. 贸易国(地区)： 意大利
6. 外汇来源： 银行购汇	9. 原产地国(地区)： 意大利
7. 报关口岸： 上海外港海关	10. 商品用途： 企业自用

11. 商品名称：	商品编码：	设备状态：
自动络筒机	8445401000	新

12. 规格、等级	13. 单位	14. 数量	15. 单价(欧元)	16. 总值(欧元)	17. 总值折美元
60锭	台	1	120800.00	120800.00	130301.14
18. 总　计：	台	1		120800.00	130301.14

19. 备注： 联 系 人：邱建华 联系电话：88791718 申请日期：2019年5月7日	20. 签证机关审核意见：

图15－7

二、测试

中国斯蒂科国际贸易上海有限公司（以下简称“上海斯蒂科”）代理上海永发冷冻食品有限公司从日本进口3000公斤冷冻整鸡，用于加工罐头。请根据有关资料填写自动进口许可证申请表（非机电类）（图15－8）。

其他相关资料：

商品编码：0207.1200.00

报关口岸：上海吴淞海关

进口商代码：3200623132914

贸易方式：一般贸易

外汇来源：银行购汇

商品用途：企业自用

商品单价：20.00美元

总值：60000.00美元

联系人：何晓萍

联系电话：021－56720958

商品状态：良好

申请日期：2019年7月15日

中华人民共和国自动进口许可证申请表（非机电类）

<table>
<tr><td colspan="3">1. 进口商：　　　　代码：</td><td colspan="3">3. 自动进口许可证申请表号：

自动进口许可证号：</td></tr>
<tr><td colspan="3">2. 进口用户：</td><td colspan="3">4. 自动进口许可证有效截止日期：
年　月　日</td></tr>
<tr><td colspan="3">5. 贸易方式：</td><td colspan="3">8. 贸易国(地区)：</td></tr>
<tr><td colspan="3">6. 外汇来源：</td><td colspan="3">9. 原产地国(地区)：</td></tr>
<tr><td colspan="3">7. 报关口岸：</td><td colspan="3">10. 商品用途：</td></tr>
<tr><td colspan="6">11. 商品名称：　　　　商品编码：　　　　商品状态：</td></tr>
<tr><td>12. 规格、型号</td><td>13. 单位</td><td>14. 数量</td><td>15. 单价(币别)</td><td>16. 总值(币别)</td><td>17. 总值折美元</td></tr>
<tr><td></td><td></td><td></td><td></td><td></td><td></td></tr>
<tr><td></td><td></td><td></td><td></td><td></td><td></td></tr>
<tr><td></td><td></td><td></td><td></td><td></td><td></td></tr>
<tr><td></td><td></td><td></td><td></td><td></td><td></td></tr>
<tr><td>18. 总　计：</td><td></td><td></td><td></td><td></td><td></td></tr>
<tr><td colspan="3">19. 备注：

联 系 人：

联系电话：

申请日期：</td><td colspan="3">20. 发证机关审核意见：</td></tr>
</table>

图 15-8

第十六章　开立信用证

第一节　申请开立信用证

买卖双方签订合同后，按时开立信用证是买方履行合同的关键步骤。作为进口商的买方在签订合同、办理好必要的进口批件后，接下来的工作就是向当地银行申请开立信用证，填写开证申请书。

一、开立信用证的具体手续

当进出口双方在贸易合同中确立以信用证方式结算后，进口商即可按买卖合同的规定，向当地银行申请开立信用证，填写开证申请书（Application for irrevocable documentary credit）。这样，进口商就成了开证申请人。银行按照开证申请书开立信用证后，在法律上就与进口商构成了权利与义务的关系，两者之间的契约就是开证申请书。

申请开立信用证的具体手续如下。

（一）递交有关合同的副本及附件

进口商在向银行申请开证时，要向银行递交进口合同的副本以及所需附件，如进口许可证。

（二）填写开证申请书

进口商根据银行规定的开证申请书格式，填写一式三份，一份留业务部门，一份留财务部门，一份交银行。填写开证申请书，必须按合同条款的具体规定，写明对信用证的各项要求，内容要明确、完整，无词意不清的记载。开证申请书是银行开立信用证的依据，也是进口商凭以审查收到的货运单据并据以向开证行付款赎单的依据。

（三）缴纳保证金

按照国际贸易习惯做法，除非开证行对开证申请人有授信额度，进口商向银行申请开立信用证，应向银行缴付一定比例的保证金，其金额一般为信用证金额的百分之几十到百分之一百，根据进口商的资信情况而定。在我国的进口业务中，开证行根据不同企业和交易的情况，要求开证申请人缴付一定比例的人民币保证金，然后开证。

（四）支付开证费用

进口商在申请开立信用证时必须支付开证费。按照国际惯例，开证费为信用证金额的1‰，最高为100美元，最低为25美元。

二、开立信用证的注意事项

（一）开证时间。如果合同规定了开证日期，就必须在规定的期限内开立信用证；如果合同有装运期的起止日期，那么，必须让出口商在准备开始装运前就收到信用证；如果合同只规定最后装运期，那么，进口商应在合理的时间内开证，一般掌握在合同规定的交货期前半个月或一个月开到出口商所在地。总之，要让卖方在收到信用证后能在合同规定的装运期内装运货物。

（二）申请开证前，要落实进口批准手续（如进口许可证）及外汇来源。

（三）开证时要注意证同一致，必须以对外签订的正本合同为依据，合同中规定要在信用证上明确的条款都必须列明，不能用“参阅第×号合同”或“第×号合同项下的货物”等条款，也不能将有关合同作为信用证附件附在信用证后，因信用证是一个独立的文件，不依附于任何买卖合同。

（四）如果合同规定为远期付款时，要明确汇票期限，价格条款必须与相应的单据要求及费用负担的表述方法等相吻合。如CIF价格条件下，开证申请书应表明要求卖方提交“运费预付”的提单，要求卖方提交保险单据，表明保险内容、保险范围及投保金额。

（五）银行凭单付款，不管货物质量如何，也不受买卖合同的约束，所以为使货物质量符合合同规定，进口商可在合同中以及相应的信用证中要求出口商提供商品检验机构出具的装船前检验证书，明确规定货物的规格品质，指定检验机构。这样，交单时如发现检验结果与证内规定不一致，可拒付货款。

（六）信用证内容必须明确无误，应明确规定各类单据的出单人（商业发票、保险单和运输单据除外），明确规定各单据应表述的内容。

（七）在信用证支付方式下，只要单据表面与信用证条款相符合，开证行就必须按规定付款。所有进口商对卖方的要求，都应按合同有关规定转化成有关单据，具体规定在信用证中。如果信用证申请书中含有某些条件而未列明应提交与之相应的单据，银行将认为未列此条件，对此不予理睬。

（八）国外通知行由开证行指定，一般情况下进口商指定的通知行只能做参考。如果出口商在订立合同时坚持指定通知行，进口商可在开证申请书上注明，供开证行在选择通知行时参考。

（九）在信用证中明示不允许分批装运、转运，不接受第三者装运单据等条款，否则将被认为允许分批、允许转运、接受第三者装运单据。

（十）对我方开出的信用证，如出口商要求其他银行保兑或由通知行保兑，我方原则上不能同意。因此在订立买卖合同时应说明出口商免除保兑的要求，以免开证时被动。

（十一）我国银行一般不开立可转让信用证，因为对第二受益人的资信难以了解，特别是对于跨行跨地区的国家的转让更难掌握。但是在特殊情况下，如大额合同项下开证要求多家出口商交货，照顾实际需要，可与银行协商开出可转让信用证。

（十二）我国银行一般不开立有电报索偿条款（T/T reimbursement clause）的信用证。

三、开证申请书的内容

开证申请书包括正面和反面两部分内容。正面内容基本上是信用证的内容，包括：

申请日期、到期日期与地点、买卖合同号码、申请人名称、受益人名称、信用证传递方式、申请开证的金额、银行兑付方式、汇票期限、货物描述、贸易术语、单据要求、运输要求、装运期、交单期、特殊要求、银行费用要求、保证付款的承诺等。

反面内容是开证申请人对开证行的声明，用以明确双方责任。主要有：

（一）申请人同意按照 UCP600 办理信用证项下一切事宜，并承担由此产生的一切责任；

（二）申请人委托银行开立信用证，并保证按时支付货款、手续费、利息及一切费用；

（三）申请人收到单据后，保证在 3 个工作日内复查审核，并在规定时间内通知银行接受与否；

（四）申请人声明该信用证及其项下业务往来函电及单据如因邮、电或其他方式传递过程中发生遗失、延误、错漏等，银行概不负责；

（五）申请人声明如果信用证需要修改，应由申请人及时通知银行，并及时核对信用证副本或修改书副本是否与原开证申请书相符；

（六）申请人声明，如果申请书字迹不清或词意含糊而引起的后果由开证行申请人负责。

国际商会第516号出版物为开证申请人和开证银行制定了申请书的标准格式，并开始推广使用。但迄今为止，各银行尚未完全采用该标准格式。

开证申请书正面内容见图16－1。

APPLICATION FOR ISSUING LETTER OF CREDIT

To:(1) Date:(2)

Please issue on our behalf and / or our account the following IRREVOCABLE LETTER OF CREDIT

by □SWIFT/ □Airmail(3) L/C No. (4)

Beneficiary: (full name and detailed address)(5) Advising Bank:(6)

Applicant: (full name and detailed address)(7) Date of Expiry:(8)

Place of Expiry:

Amount: (both in figure and words)(9)

Dear Sirs,

We hereby issue our IRREVOCABLE LETTER OF CREDIT in your favour for account of the above applicant available with □any bank /□ ____________ (10) by □negotiation /□payment /□acceptance /□deferred payment(11) against your draft(s) □at sight /□ _______________ (12) drawn on□us /□ _______________ (13) for ____% of invoice value(14) marked as drawn under this L/C accompanied by following documents marked with ×(15)

A1□Signed commercial invoice in ________ copies indicating Contract No.

A2□Full set 3/3 clean on board ocean Bills of Lading □made out to order and endorsed in blank / □made out ________ / notifying □applicant /□ ________________________ marked freight □collect /□prepaid

A3□Air Waybill consigned to □applicant /□us marked air freight □collect /□prepaid

A4□Memorandum, issued by China Travel Service (Cargo) Hong Kong Ltd

A5 □Forwarding Agent's cargo receipt

A6□Insurance policy or certificate in ______copies endorsed in blank for ____% of the invoice value showing claims payable at ____________in the currency of the drafts, covering □Ocean marine transportation /□Air transportation /□Overland transportation all risks and war risk including W/W clause.

A7□Packing list /Weight memo in ______copies indicating quantity / gross and net weight of each package

A8□Quality certificate in ______copies issued by □ Manufacturer /□Public recognized surveyor / □______

A9□Copy of your telex advising applicant within ______hours after shipment indicating contract No., L/C No., description of goods, quantity, invoice value, vessel's name /air flight No., packages, loading port and shipping date.

AA□Copy of applicant's /ZHONGZU's or its agent's shipping instruction indicating vessels' name, contract No., approximate shipments date.

AB□Your letter certifying that one extra copy of each documents called for herein has been □ disposed of according to relative contract stipulations /□ ________________________________.

AC□Other documents, if any:

B: Evidencing shipment of:(16)

Packing:(17)

Price term: □CIF / □CFR/ □FOB/ □Other(18)

C. Special instruction: (if any marked with ×)(19)

C1 □Both quantity and amount more or less ______% are allowed.

C2 □All banking charges except □L/C opening and / or acceptance charges □outside the issuing bank are for beneficiaries' account.

C3 □Short form / blank back B/L is not acceptable.

C4□All documents must be forwarded in ______________.

C5□Other instructions, if any:

D. Documents should be presented within ______days from the date of shipment, but in any event within the validity of this L/C. (20)

E. Shipment from ________________ to ________________ not later than ______________. (21)

Transshipment is□allowed /□not allowed, partial shipments are □allowed /□not allowed, on deck shipment is □allowed /□not allowed, third party transport documents are□allowed /□not allowed.

Stamped and signed by:

Account No. :   with ____________________________(name of bank)

Telephone No. :

图 16 -1

第二节　开证申请书的填写

填写开证申请书要比填写各类出口单证容易得多，进口企业只要在申请书对应的空格里填上自己的名称、地址和客户（出口商）的名称、地址，在所要求的条件或方式前的□内打叉（×），或在所需要的单据前的□内打叉（×），并在申请书的末尾盖章、签署，写上账号、电话号码即可。

上述格式的开证申请书（图 16 -1）有六大部分，逐一讲解如下。

第一部分：信用证本身的说明、信用证关系人、金额及开证行兑付金额的方式，包括开证银行、开证日期、开证方式、受益人、申请人、信用证金额、汇票期限、开证行的兑付方式、到期日期、到期地点以及信用证号码和通知行（这两点不需要申请人填写）。

（1）开证行（To）：此处填写开证银行的名称，如中国银行浙江省分行（To: Bank of China, Zhejiang Branch）。

（2）开证日期（Date）：此处填写开证日期。

（3）开立信用证的方式（by □SWIFT / □Airmail）：如果在 SWIFT 前的□内打×，就是使用 SWIFT M700 或 M701 开证，如果在 Airmail 前的□内打×，就是使用信开方式，即开证行将信用证航空邮寄给通知行。

（4）信用证号码（L/C No）：此处由开证行填写。

（5）受益人（Beneficiary）：此处填写受益人，也就是买卖合同中的卖方的全称及详细地址。

（6）通知行（Advising Bank）：此处由开证行填写。

（7）开证申请人（Applicant）：此处填写开证申请人，也就是买卖合同中的买方的全称及详细地址。

（8）到期日期和到期地点（Date of Expiry，Place of Expiry）：此处填写信用证的有效期及到期地点。

（9）信用证金额（Amount）：此处填写合同规定的总值，分别用数字和文字两种形式表示，并且表明币制。如果允许有一定比例的上下浮动，要在此明确表示出来。

（10）对议付的要求（available with □any bank /□________________）：如果是自由议付的信用证，在 any bank 前的□内打 ×，如果是限制议付的信用证，在 any bank/后的□内打 ×，并写上议付银行的名称。

（11）开证行兑付方式（by□negotiation /□payment /□acceptance /□deferred payment）：如果是议付信用证，在 negotiation 前的□内打 ×；如果是即期付款信用证，在 payment 前的□内打 ×；如果是承兑信用证，在 acceptance 前的□内打 ×；如果是延期付款信用证，在 deferred payment 前的□内打 ×。

（12）汇票期限［your draft（s）□at sight /□________________________］：如果是即期付款或议付信用证，在 at sight 前的□内打 ×，如果是承兑或延期付款信用证，在 at sight /后的□内打 ×，并填上远期的天数或种类（见票后若干天、出票后若干天等）。

（13）汇票付款人（drawn on□us /□____________________）：如果由开证行作为付款人，在 us 前的□内打 ×，如果由指定银行作为付款人，在 us /后的□内打 ×，并填上指定银行的名称地址。

（14）汇票金额与发票金额的比例（for ______% of invoice value）：此处根据合同规定填写信用证项下应支付的汇票金额占发票金额的百分比。如果合同规定所有货款都用信用证支付，填写 100%；如果合同规定该笔货款由信用证和托收两种方式各付 50%，填写 50%；如果是含佣金的合同，汇票金额是发票金额的 97%，另 3% 发票金额为佣金由开证行支付给中间商，填写 97%。

第二部分：单据要求。

（15）单据要求（accompanied by following documents marked with ×）：这部分用字母 A 表示，单据名称从 A1 到 A9 共 9 种，还有 AA、AB 和 AC 共 3 种。其中 AC 是“其他单据（Other documents，if any）”，对前面 11 条中没有

提及的单据，可将单据名称填写在该处。填制单据时应注意以下内容。

其一，按照买卖合同的规定，在所需要的单据前的□内打×。

其二，在打×的单据条款后填上具体要求，如一式几份、运费是到付还是预付、保什么险等。如果开证申请书印就的要求不够完整，可在该条款后面填写清楚。

其三，开证申请人必须根据买卖合同的规定填写单据，不能随意提出超出合同规定的要求，也不能降低或减少合同规定的要求。

第三部分：货物描述、包装和贸易术语。

这部分用字母 B 表示。

（16）货物描述（Evidencing shipment of）：此处必须按照合同的规定填写，包括商品名称、规格、单价、数量等。所有内容都必须与合同内容相一致。

（17）包装（Packing）：此处可以不填写，但是如果填写了，则必须填写具体明确。

（18）贸易术语（Price term）：此处比较简单，根据买卖合同在正确的术语前的□内打×，但要注意与上述 A 部分的单据要求逻辑上统一。比如：CIF 术语一定要有保险单要求，提单上的运费支付一定是预付（freight prepaid）。

第四部分：特别要求。

（19）特别要求［Special instruction：（if any marked with ×）］：这部分用字母 C 表示，该开证申请书已印就 5 种单据，如有需要，可在对应的条款前的□内打×，或在条款后添加补充内容。其中 C5 是“其他单据（Other instructions, if any）”，对上述 4 条中没有提及的单据，可将单据名称填写在该处。

第五部分：交单期。

（20）交单期，即 D：这部分很简单，根据买卖合同的要求，在 within 与 days 中间的下划线内填入阿拉伯数字即可。一般情况下，交单期是 15 天，填“15”即可。如果留空不填，按照 UCP600 的规定，是运输单据所载日期后的第 21 天，但必须在信用证的有效期内。

第六部分：装运要求。

（21）装运要求，即 E：这部分的内容有 7 项，包括装货港、卸货港、最晚装运日、分批与转运的要求、货物能否装甲板的要求、能否接受第三者作为托运人的要求。进口商可根据买卖合同的要求，在 from 后面填写装货港，在 to 后面填写卸货港，在 not later than 后面填写最晚装运日。至于后面的四种装运要求，可根据买卖合同的规定，在 allowed 或 not allowed 前面的□内打×。比如，partial shipments are ☒allowed /□not allowed，意思是允许分批，third party transport documents are□allowed /☒not allowed，是指不接受第三者为托运人的运输单据。

最后，进口商须在开证申请书末尾签署（Stamped and signed by），填上账号、开证行名称和电话号码。

第三节 同步实训

一、示范

浙江轻工受绍兴越秀的委托，从意大利 MERAVIGLIOSO 公司进口自动络筒机一台。2019 年 5 月 14 日，单证员邱建华根据本书第十五章图 15 -6 的合同 ZLP19J043（部分）和下列相关资料填写开证申请书。

其他有关资料：

装货港：蒂利亚斯特（TRIESTE）　卸货港：上海（SHANGHAI）

不允许分批，不允许转运　最晚装运日：2019 年 7 月 10 日

所有单据显示合同号码　不接受第三者为托运人的运输单据

不接受简式提单　SWIFT 开证

开证行：中国银行浙江省分行　账号：3301523908671181

法人代表：陈乐谦　电话：88791718

邱建华填写完毕的开证申请书见图 16 -2。

APPLICATION FOR ISSUING LETTER OF CREDIT

To: BANK OF CHINA, ZHEJIANG BRANCH Date: 14 MAY 2019

Please issue on our behalf and / or our account the following IRREVOCABLE LETTER OF CREDIT

by ☒SWIFT/ ☐Airmail L/C No.

Beneficiary: (full name and detailed address) Advising Bank:

MERAVIGLIOSO INDUSTRIAL S. P. A.

TORNO 33, 29028 PORDENONE

ITALY

Applicant: (full name and detailed address) Date of Expiry: 25 JUL. 2019

ZHEJIANG LIGHT INDUSTRIAL Place of Expiry: IN ITALY

PRODUCTS I/E CORP.

NO. 190 BAOCHU ROAD

HANGZHOU CHINA

Amount: (both in figure and words)

EUR120,800.00

SAY EURO ONE HUNDRED AND TWENTY THOUSAND AND EIGHT HUNDRED ONLY.

Dear Sirs,

We hereby issue our IRREVOCABLE LETTER OF CREDIT in your favour for account of the above applicant available with ☒any bank /☐______________by ☒negotiation /☐payment /☐acceptance /☐deferred payment against your draft(s) ☒at sight /☐__________________drawn on☒us /☐__________________ for 100 % of invoice value marked as drawn under this L/C accompanied by following documents marked with ×

A1 ☒Signed commercial invoice in 3 copies indicating Contract No. ZLP19J0423.

A2 ☒Full set 3/3 clean on board ocean Bills of Lading ☒made out to order and endorsed in blank / ☐ made out _______/ notifying ☒ applicant /☐______________________ marked freight ☐collect /☒prepaid

A3 ☐Air Waybill consigned to ☐applicant /☐us marked air freight ☐collect /☐prepaid

A4 ☐Memorandum, issued by China Travel Service (Cargo) Hong Kong Ltd

A5 ☐Forwarding Agent's cargo receipt

A6 ☒Insurance policy or certificate in 2 copies endorsed in blank for 110 % of the invoice value showing claims payable at CHINA in the currency of the drafts, covering ☒Ocean marine transportation /☐Air transportation /☐Overland transportation all risks and war risk including W/W clause AS PER CIC OF PICC DATED 01/01/2010

A7 ☒Packing list in 2 copies indicating quantity / gross and net weight of each package

A8 ☐Quality certificate in _______copies issued by ☐ Manufacturer /☐Public recognized surveyor / ☐______

A9 ☒Copy of your telex advising applicant within 48 hours after shipment indicating contract No., L/C No., description of goods, quantity, invoice value, vessel's name /air light No., packages, loading port and shipping date.

AA ☐Copy of applicant's /ZHONGZU's or its agent's shipping instruction indicating vessels' name, contract No., approximate shipments date.

AB ☐Your letter certifying that one extra copy of each documents called for herein has been ☐ disposed of according to relative contract stipulations /☐________________________________.

AC ☒Other documents, if any:

1. Certificate of Quality and Quantity issued by the manufacturer.
2. Non-wood material packing certificate is required.

B: Evidencing shipment of:

AUTOMATIC WINDER

MOD POLAR M WITH 60 SPINNERS

1 SET, UNIT PRICE EUR120800.00

Packing:

Price term: ☒CIF / ☐CFR/ ☐FOB/ ☐Other

C. Special instruction: (if any marked with ×)

C1 ☐Both quantity and amount more or less ______% are allowed.

C2 ☒All banking charges except ☐L/C opening and / or acceptance charges ☒outside the issuing bank are for beneficiaries' account.

C3 ☒Short form / blank back B/L is not acceptable.

C4 ☐All documents must be forwarded in ____________ .

C5 ☒Other instructions, if any:

ALL DOCUMENTS SHOWING THE CONTRACT NO. ZLP19J0423

D. Documents should be presented within 15 days from the date of shipment, but in any event within the validity of this L/C.

E. Shipment from TRIESTE to SHANGHAI not later than 10 JUL. 2019 .

Transshipment is ☐allowed /☒not allowed, partial shipments are ☐allowed /☒not allowed, on deck shipment is ☐allowed /☒not allowed, third party transport documents are☐allowed /☒not allowed.

Stamped and signed by: 浙江省轻工业品进出口公司（章）陈乐谦（章）

Account No.: 3301523908671181 with Bank of China Zhejiang Branch (name of bank)

Telephone No.: 88791718

图 16－2

二、测试

上海斯蒂科代理上海海螺服装公司（以下简称“海螺服装”）从澳大利亚进口羊毛（Australian Greasy Wool）15 公吨。2019 年 2 月 28 日，单证员何晓萍需根据下列相关资料填写开证申请书（图 16－3）。请帮助何晓萍进行填写。

进口商：CHINA SDIC INTERNATIONAL TRADE SHANGHAI CO.，LTD.
FLOOR 17，NO. 2 CHANGJIANG ROAD
SHANGHAI，21008，P. R. CHINA

出口商：WESTCOAST WOOLS PTY LTD.
143 BARRINGTON STREET

BIBRA LAKE WA 6163 AUSTRALIA

贸易术语：CIF SHANGHAI　　数量：15 公吨

SWIFT 开证　　开证行：中国银行上海分行

法人代表：何寿林　　账号：3218993507074423

电话：68025488　　合同号：WW2019S0224

最晚装运日：2019 年 5 月 16 日　　装货港：SYDNEY

单价：10700.00 元/公吨　　即期议付信用证

有效期：2019 年 5 月 31 日　　到期地点：澳大利亚

交单期：运输单据所载日期后的 15 天，但必须在信用证有效期内

规格要求：Good colour, prems 50% lambs 50%, 18.5 Mic max Ave., 19.9 Mic max Aol, VM 2% max Ave, VM 5.5% max Aol, 46 HM, 62% min Ave Yld.

单证要求：发票 5 份，显示合同号码与信用证号码；
重量单 3 份；
产地证 2 份；
清洁已装船提单 1 套做成凭指示抬头，空白背书，通知开证申请人；
保险单 2 份加一成，空白背书，投保一切险与战争险；
官方检验证 1 份。

允许分批，不允许转运，不接受第三者为托运人的运输单据，不接受简式提单，数量与金额允许 5% 的增减，装运后 48 小时内发送装运通知。

APPLICATION FOR ISSUING LETTER OF CREDIT

To:　　Date:

Please issue on our behalf and / or our account the following IRREVOCABLE LETTER OF CREDIT

by □SWIFT/ □Airmail　　L/C No.

Beneficiary: (full name and detailed address)　　Advising Bank:

Applicant: (full name and detailed address)　　Date of Expiry:

Place of Expiry:

Amount: (both in figure and words)

Dear Sirs,

We hereby issue our IRREVOCABLE LETTER OF CREDIT in your favour for account of the above applicant available with □any bank /□____________by □negotiation /□payment /□acceptance /□deferred payment against your draft(s) □at sight /□__________________drawn on□us /□__________________for ____% of invoice value marked as drawn under this L/C accompanied by following documents marked with ×

A1 □Signed commercial invoice in ____copies indicating Contract No.

A2□Full set 3/3 clean on board ocean Bills of Lading □made out to order and endorsed in blank / notifying □applicant /□______________________marked freight □collect /□prepaid

A3□Air Waybill consigned to □applicant /□us marked air freight □collect /□prepaid

A4□Memorandum, issued by China Travel Service (Cargo) Hong Kong Ltd

A5 □Forwarding Agent's cargo receipt

A6□Insurance policy or certificate in ____copies endorsed in blank for ____% of the invoice value showing claims payable at ____________in the currency of the drafts, covering □Ocean marine transportation /□Air transportation /□Overland transportation all risks and war risk including W/W clause.

A7□Weight memo in ____copies indicating quantity / gross and net weight.

A8 □Quality certificate in ____copies issued by □ Manufacturer /□Public recognized surveyor / □________

A9□Copy of your telex advising applicant within ____ hours after shipment indicating contract No., L/C No., description of goods, quantity, invoice value, vessel's name /air light No., packages, loading port and shipping date.

AA□Copy of applicant's /ZHONGZU's or its agent's shipping instruction indicating vessels' name, contract No., approximate shipments date.

AB□Your letter certifying that one extra copy of each documents called for herein has been □ disposed of according to relative contract stipulations /□________________________________.

AC□Other documents, if any:

B: Evidencing shipment of:

Packing:

Price term: □CIF / □CFR/ □FOB/ □Other

C. Special instruction: (if any marked with ×)

C1□Both quantity and amount more or less ______% are allowed.

C2□All banking charges except □L/C opening and / or acceptance charges □outside the issuing bank are for beneficiaries' account.

C3□Short form / blank back B/L is not acceptable.

C4□All documents must be forwarded in ____________.

C5□Other instructions, if any:

D. Documents should be presented within ______days from the date of shipment, but in any event within the validity of this L/C.

E. Shipment from ________________ to ____________not later than ____________________.

Transshipment is□allowed /□not allowed, partial shipments are □allowed /□not allowed, on deck shipment is □allowed /□not allowed, third party transport documents are□allowed /□not allowed.

Stamped and signed by:

Account No. : with ________________________

Telephone No. :

图 16-3

第十七章　入境货物报关

第一节　关检合一

2018 年 3 月，中共中央印发了《深化党和国家机构改革方案》，将出入境检验检疫管理职能和队伍划入海关。2018 年 4 月，海关总署发布《海关总署公告 2018 年第 28 号（关于企业报关报检资质合并有关事项的公告）》，表示要对企业报关报检资质进行优化整合。其中，企业报关报检资质合并范围包括：将检验检疫自理报检企业备案与海关进出口货物收发货人备案，合并为海关进出口货物收发货人备案；将检验检疫代理报检企业备案与海关报关企业（包括海关特殊监管区域双重身份企业）注册登记或者报关企业分支机构备案，合并为海关报关企业注册登记和报关企业分支机构备案；将检验检疫报检人员备案与海关报关人员备案，合并为报关人员备案。

2018 年 5 月，海关总署发布《关于全面取消〈入/出境货物通关单〉有关事项的公告》（海关总署公告 2018 年第 50 号）。该公告指出，将全面取消"入/出境货物通关单"。其中，涉及法定检验检疫要求的进口商品申报时，在报关单随附单证栏中不再填写原通关单代码和编号。企业可以通过"单一窗口"（包括通过"互联网 + 海关"接入"单一窗口"）报关报检合一界面向海关一次申报。如需使用"单一窗口"单独报关、报检界面或者报关报检企业客户端申报的，企业应当在报关单随附单证栏中填写报检电子回执上的检验检疫编号，并填写代码"A"。而涉及法定检验检疫要求的出口商品申报时，企业不需在报关单随附单证栏中填写原通关单代码和编号，应当填写报检电子回执上的企业报检电子底账数据号，并填写代码"B"。

2018 年 6 月，海关总署发布《关于修订〈中华人民共和国海关进出口货物报关单填制规范〉的公告》（海关总署公告 2018 年第 60 号），对《中华人民共和国海关进出口货物报关单填制规范》（海关总署公告 2017 年第 13 号）

进行了修订。

在通关作业方面，通过“单一窗口”实现报关报检一次申报，对进出口货物实施一次查验，凭海关放行指令一次放行。检验检疫作业的全面融入，优化了作业流程，减少了非必要的作业环节和手续。

在快件和跨境电商监管方面，原有的关检 9 项监管环节，优化整合为申报、动植物检疫、查验、放行 4 个环节，作业现场、设施设备统一整合使用。

在国门安全管控方面，海关将在原有安全准入（出）、税收征管风险防控基础上，增加卫生检疫、动植物检疫、商品检验、进出口食品安全监管等职责，通过建立信息集聚、优化高效、协调统一的风险防控体系，推行全链条式管理，强化智能监管、精准监管，将更好地贯彻总体国家安全观。

进口货物的报关与检验由原来两支队伍融为一支队伍，两套印章减为一套印章，两个窗口合为一个窗口，两次执法并为一次执法。“一单两报、一口对外、一次办理”，优化了通关作业流程，大大缩短通关时间，降低企业通关成本，提高通关效率。

第二节　进口货物报关

一、进口货物的报关程序

（一）进口申报

进口申报，指进口货物的收货人或者其委托的代理人在进口货物时，在海关规定的期限内，以书面或者电子数据交换（EDI）方式向海关报告其进口货物的情况，申请海关审查放行，并对所报告内容的真实准确性承担法律责任的行为。

运载进口货物的运输工具申报进境之日起 14 天内（期限的最后一天是星期六、星期天或法定节假日可顺延至周末或法定节假日之后的第一个工作日），进口货物的收货人或其代理人必须向运输工具进境地海关申报，并提供进口货物报关单及随附单证。逾期不申报的，海关将征收滞报金，超过三个月未申报的，货物由海关提取依法变卖处理。

（二）配合查验

查验是指海关在接受报关单位的申报后，依法为确定进境货物的性质、原产地、货物状况、数量和价值是否与货物申报单上已填报的详细内容相符，对货物进行实际检查的行政执法行为。

海关查验进口货物时，进口货物的收货人或其代理人必须在场，并按照海关的要求负责搬移货物、开拆和重封货物的包装等。如果进口货物收货人或其代理人没有在规定时间内到场，海关也有径行查验的权力。

（三）缴纳税费

进口货物的收货人或其代理人将进口货物报关单及随附单证提交给货物进境地海关后，海关对报关单进行审核，对需要查验的货物进行查验；然后核对计算机系统，计算税费，开具缴款书和收费票据。

进口货物的收货人或其代理人应当在税款书和收费票据开具之日起 15 日内，持缴款书和收费票据向指定银行办理税费交付手续，也可以通过网络进行电子支付税费。一俟收到银行缴款成功的信息，收货人即可报请海关办理货物放行手续。自缴款书开具之日起 15 天内，进口货物的收货人不缴纳税款的，从第 16 天开始，海关征收滞纳金。缴款期限届满日遇星期六、星期天或法定节假日的，可顺延至周末或法定节假日之后的第一个工作日。

（四）提取货物

进口货物的收货人或其代理人，在办理了进口申报、配合查验、缴纳税费等手续，海关决定放行后，凭海关加盖放行章的出口装货凭证，或凭海关通过计算机发送的放行通知书提取进口货物。

二、进口货物报关单的填报

进口货物报关单（图 17－1）有 52 项内容，其中有 38 个栏目的内容与出口货物报关单相同，内容不同的栏目有 9 栏，分别是（3）境内收货人、（4）境外发货人、（5）消费使用单位、（6）进境关别、（7）进口日期、（18）启运国、（19）经停港、（20）入境口岸和（40）境内目的地。

2018 年新版进口货物报关单还多了 2 个栏目：（51）货物存放地点和（52）启运港，此栏目为检验检疫而设。

另外，（8）申报日期、（21）运费、（22）保费、（29）随附单证及编号和（38）原产国（地区）这 5 个栏目的名称与出口货物报关单中对应的名称一样，但填写时有相异之处。

这里详细介绍这 16 个栏目的填写，其余栏目的填写可参见本书第七章第三节。

第（3）栏，境内收货人：一般贸易项下，此栏填报信用证中的开证申请人或买卖合同中的买方。

第（4）栏，境外发货人：一般贸易项下，此栏填报信用证中的受益人或买卖合同中的卖方。

第（5）栏，消费使用单位：此栏填报已知进口货物在境内的最终消费、使用单位，如自行从境外进口货物的单位，委托有外贸进出口经营权的企业进口货物的单位等。加工贸易报关单的收货单位应与加工贸易手册中的货主单位一致，减免税报关单的收货单位应与减免税证明的申请单位一致。

第（6）栏，进境关别：此栏填报货物实际入境的口岸海关的中文名称加4位数字代码。例如，外港海关2225。

海关是由海关总署垂直管理的国家机关，下设直属海关、隶属海关、各通关办事点。海关关口的分布和检验检疫的关口分布有一定的差异，检验检疫更多关注的是入境口岸，因为货物是在入境口岸［下述第（20）栏］进行检疫的。比如北京的企业向北京海关申请报关，但实际上货物的入境口岸是在天津口岸，此时就会形成差异，该批货物的进境关别（也称申报口岸）是北京海关，但入境口岸是天津海关，这就是入境口岸和进境关别的不同。

第（7）栏，进口日期：此栏填报运载申报的进口货物的运输工具的进境日期，无实际进境的，填报申请办理货物进口手续的日期。此栏为8位数字，顺序为年（4位）、月（2位）、日（2位）。例如，20200304。

第（8）栏，申报日期：此栏填报海关接受境内收货人或其代理人申报办理货物进口手续的日期。除特殊规定外，进口货物的申报日期不得早于进口日期。前面已经讲到，根据我国的法律法规，进口货物的收货人或其代理人应当自运输工具申报进境之日起14天内，向货物的进境地海关申报。超过14天未申报的，海关将征收滞报金。

第（18）栏，启运国（地区）：启运国（地区）是指在未与任何中间国发生任何商业性交易或其他改变货物法律地位的活动情况下，把货物发出并运往最终目的国（地区）的国家或地区。如果货物在运抵最终目的国（地区）之前，在第三国发生中转，并且发生某种商业性交易或活动，则应把第三国作为启运国（地区）。

第（19）栏，经停港：经停港也称中转港，是指进口货物在运抵我国关境前的最后一个境外装货港。如果未经转运，经停港就是提单上的装货港；如果经过转运，经停港则填写最后一个中转港。

第（20）栏，入境口岸：此栏填报进口货物运抵我国的第一个关境的中文名称及 6 位数字代码。例如，外高桥 310701。

第（26）栏，运费：此栏填报进口货物从始发地至目的地的国际货物运输所需要的各种费用。如果进口成交方式为 FOB 的，则应在本栏填报运费。

第（27）栏，保费：此栏填报进口货物的全部国际货运保险的保险费用。如果进口成交方式为 FOB 和 CFR 的，则应在本栏填报保险费。

进口报关单上成交方式、运费、保险费之间的逻辑关系：

成交方式	运　费	保　费
CIF	不填	不填
CFR	不填	填
FOB	填	填

第（29）栏，随附单证及编号：进口货物报关单的随附单证栏目比起出口货物报关单的此栏目，填报的内容要多得多，复杂得多。自动进口许可证、关税配额、法定检验商品的电子底账、原产地证的证据文件等，都填报在此栏，当然和出口货物报关单一样，代理报关委托书、PDF 格式发票、合同、提/运单等作为随附单证 2 也在此栏填报。

第（38）栏，原产国（地区）：此栏是指进口货物的生产、开采或加工制造的国家或地区。对经过几个国家或地区加工制造的进口货物，以最后一个对货物进行经济上可以视为实质加工的国家或地区作为该货物的原产国（地区）。例如，南京某进出口公司与马来西亚某公司签约进口 1000 台索尼彩电，其显像管为日本生产，音响与塑料部件为泰国生产，在马来西亚组装成彩电，则原产国应填报马来西亚。

第（40）栏，境内目的地：此栏填报已知的进口货物在国内的消费、使用地或最终运抵地点。

第（51）栏，货物存放地点：此栏是检验检疫非常重视的填报要求，货物在进口到中国之后，必须把存放地点明确告知海关，以便于海关进行监管。比如浙江企业从日本进口罗汉松必须要在封闭的苗圃中种植至少 180 天，之后由海关做进一步的检查，在树木没有生出害虫情况之下，海关才允许树木通关。活体动物也同理，进口之后一定要在一个指定的地点饲养一段时间。

这也是 2018 年版的进口货物报关单增加这一栏目的原因。

第（52）栏，启运港：此栏填报进口货物的始发港。如果货物没有经过中转，启运港与经停港相同，也就是提单上的装货港，反之则不同。举例如下。

例 1. 中国广州进口商从美国新奥尔良进口小麦，没有中间商，贸易国（地区）是美国，启运国（地区）是美国，启运港是新奥尔良，经停港是新奥尔良，原产国（地区）是美国。

例 2. 中国广州进口商从美国新奥尔良进口小麦，通过中国香港中间商，但货物直达，贸易国（地区）是中国香港，启运国（地区）是美国，启运港是新奥尔良，经停港是新奥尔良，原产国（地区）是美国。

例 3. 中国广州进口商从美国新奥尔良进口小麦，通过中国香港中间商，货物在中国香港中转，贸易国（地区）是中国香港，启运国（地区）是中国香港，启运港是中国香港，经停港是中国香港，原产国（地区）是美国。

中华人民共和国海关进口货物报关单

预录入编号：(1)　　海关编号：(2)　　页码/页数：

境内收货人 (3)	进境关别 (6)	进口日期 (7)	申报日期 (8)	备案号 (9)
境外发货人 (4)	运输方式 (10)	运输工具名称及航次号 (11)	提运单号 (12)	货物存放地点(51)
消费使用单位 (5)	监管方式 (13)	征免性质 (14)	许可证号 (15)	启运港(52)
合同协议号 (16)	贸易国（地区） (17)	启运国(地区) (18)	经停港 (19)	入境口岸 (20)
包装种类 (21)	件数(22)　毛重（千克）(23)	净重（千克）(24)　成交方式 (25)	运费 (26)　保费 (27)	杂费 (28)
随附单证及编号 (29)				
标记唛码及备注 (30)				

项号	商品编号	商品名称及规格型号	数量及单位	单价/总价/币制	原产国（地区）	最终目的国（地区）	境内目的地	征免
(31)	(32)	(33)	(34)	(35) (36) (37)	(38)	(39)	(40)	(41)

特殊关系确认：(42)　　价格影响确认：(43)　　支付特许权使用费确认：(44)　　自报自缴：(45)

报关人员 (46)　报关人员证号 (47)　电话 (48) 兹申明对以上内容承担如实申报、依法纳税之法律责任 申报单位 (49)　申报单位（签章）	海关批注及签章 (50)

图 17–1

第三节　同步实训

一、示范

浙江轻工代理绍兴越秀向意大利 MERAVIGLIOSO 公司购买的自动络筒机，2019 年 8 月 20 日到达上海（外高桥关 2218）。

公司单证员邱建华填写了代理报关委托书（图 17－2），委托上海德威国际货运代理有限公司代理报关。

其他相关资料：

境外发货人：MERAVIGLIOSO INDUSTRIAL S. P. A.

消费使用单位：绍兴越秀织造有限公司（95306020100091329Y）

申报日期：2019 年 8 月 27 日　　船名航次：EVER ULTRA V. 205

成交方式：CIF　　启运国：意大利 ITA

入境口岸：外高桥 310701　　进境关别：外港海关 2225

启运港：蒂利亚斯特 ITA301　　经停港：蒂利亚斯特 ITA301

集装箱号标箱数及号码：2；KKFU7643630　　原产国：意大利 ITA

境内目的地：（35002）绍兴袍江工业区

毛重：7090 公斤　　净重：6514 公斤

件数：12　　包装种类：塑料托盘

货物存放地点：外港二区堆场　　合同号码：ZLP19J0423

法定第一单位：台　　法定第二单位：千克

随附单证 1：电子底账/222503119124398076；自动进口许可证/190821967

随附单证 2：代理报关委托书协议（电子）；提/运单；发票；装箱单

申报要素：4 | 3 | 纱库型，每台 60 锭 | 无型号

申报单位：（91310106134660004C）上海德威国际货运代理有限公司

特殊关系确认：是　　价格确认：否

支付特许权使用费确认：否　　自报自缴：是

唛头：N/M

上海德威国际货运代理有限公司报关员李蓓明（证号 22009102）填报完毕的进口货物报关单见图 17－3。

代理报关委托书

编号：1 9 0 8 0 4 9 6 3 0 7

我单位现 A (A 逐票、B 长期) 委托贵公司代理 A、B、D、H 等通关事宜 (A 填单申报、B 辅助查验、C 垫缴税款、D 办理海关证明联、E 审批手册、F 核销手册、G 申办减免税手续、H 其他)。详见《委托报关协议》。

我单位保证遵守《海关法》和国家有关法规，保证所提供的情况真实、完整、单货相符。否则，愿承担相关法律责任。

本委托书有效期自签字之日起至 2019 年 9 月 25 日止。

浙江省轻工业品进出口公司(章)

委托方 (盖章)：

法定代理人或其授权签署《代理报关委托书》的人 (签字)：陈乐谦

2019 年 8 月 22 日

委托报关协议

为明确委托报关具体事项和各自责任，双方经平等协商签订协议如下：

委托方	浙江省轻工业品进出口公司 91330100609132900G
主要货物名称	自动络筒机 AUTOMATIC WINDER
H. S. 编码	8445401000
货物总价	120800.00 欧元
进口日期	2019 年 8 月 20 日
提单号	00/19/3019/CNSHA/12
贸易方式	一般贸易
原产地/货源地	意大利
其他要求：	
背面所列通用条款是本协议不可分割的一部分，对本协议的签署构成了对背面通用条款的同意。	
委托方业务签章：浙江省轻工业品进出口公司(章) 经办人签章：邱建华 联系电话：88791718 2019 年 8 月 22 日	

被委托方	上海德威国际货运代理有限公司		
*报关单编码			
收到单证日期	2019 年 8 月 23 日		
收到单证情况	合同 ☑	发票 ☑	
	装箱单 ☑	提（运单） ☑	
	加工贸易手册 □	许可证件 ☑	
	其他		
报关收费	人民币：100 元整		
承诺说明：			
背面所列通用条款是本协议不可分割的一部分，对本协议的签署构成了对背面通用条款的同意。			
被委托方业务签章：上海德威国际货运代理有限公司(章) 经办报关员签章：李蓓明 联系电话：68041341 2019 年 8 月 23 日			

（白联：海关留存、黄联：被委托方留存、红联：委托方留存） 中国报关协会监制

图 17－2

中华人民共和国海关进口货物报关单

预录入编号：　　　　海关编号：　　　　页码/页数：

境内收货人 91330100609132900G 浙江省轻工业品进出口公司	进境关别 外港海关 2225	进口日期 20190820	申报日期 20190827	备案号 *****
境外发货人 MERAVIGLIOSO INDUSTRIAL S. P. A.	运输方式 水路运输	运输工具名称及航次号 EVER ULTRA / 205	提运单号 00/19/3019/CNSHA/12	货物存放地点 外港二区堆场
消费使用单位 95306020100091329Y 绍兴越秀织造有限公司	监管方式 一般贸易	征免性质 一般征税	许可证号 *****	启运港 蒂利亚斯特 ITA301
合同协议号 ZLP19J0423	贸易国（地区） 意大利 ITA	启运国（地区） 意大利 ITA	经停港 蒂利亚斯特 ITA301	入境口岸 外高桥 310701

包装种类 塑料托盘	件数 12	毛重（千克） 7090.00	净重（千克） 6514.00	成交方式 CIF	运费 *****	保费 *****	杂费 *****

随附单证及编号

随附单证 1：电子底账 A/222503119124398076；自动进口许可证/190821967； 随附单证 2：代理报关委托协议（电子）；提/运单；发票；装箱单；

标记唛码及备注

N/M　　集装箱标箱数及号码：2；KKFU7643630

项号	商品编号	商品名称及规格型号	数量及单位	单价/总价/币制	原产国（地区）	最终目的国（地区）	境内目的地	征免
1	8445401000	自动络筒机 AUTOMATIC WINDER 4|3|纱库型，每台 60 锭|无型号	1 台 6514 千克 1 台	120800.00 120800.00 欧元	意大利 ITA	中国 CHN	35002 绍兴袍江工业区	照章征税

特殊关系确认：否　　价格影响确认：否　　支付特许权使用费确认：否　　自报自缴：是

报关人员　　报关人员证号　　电话　　兹申明对以上内容承担如实申报、依法纳税之法律责任 李蓓明　　22009102 申报单位　（91310106134660004C）上海德威国际货运代理有限公司（报关专用章）　　申报单位（签章）	海关批注及签章

图 17–3

二、测试

上海斯蒂科代理海螺服装进口的15公吨未梳含脂羊毛，5月15日从澳大利亚悉尼港出发，5月29日到达上海。请根据公司单证员何晓萍填制的代理报关委托书（图17－4）和下列其他相关资料，帮助上海中远国际货运有限公司报关员莫亮虎（证号22007801）填报进口货物报关单（图17－5）。

其他相关资料：

预录入编号：I20190001522391111　　海关编号：22252019100099890

申报日期：2019年6月5日　　贸易国（地区）：澳大利亚AUS

启运国（地区）：澳大利亚AUS　　原产国（地区）：澳大利亚AUS

消费使用单位：上海海螺服装公司91220106069128519L

进境关别：外港海关2225　　入境口岸：外高桥310701

启运港：悉尼AUS101　　经停港：悉尼AUS101

船名航次：ANL WINGARRA V.063N　　合同号：WW2019S0224

毛重：22352公斤　　净重：22112公斤

实际装运数量：14.9256公吨　　成交单价：10700.00元/公吨

成交方式：CIF

集装箱标箱数及号码：1；APZU3708672

法定第一单位：千克　　法定第二单位：无

包装种类：棉布或无纺布制包/袋　　件数：120

备注：附原产地证　　货物存放地点：外港五区堆场

唛头：NM

境内目的地：（220105）上海嘉定开发区

随附单证1：电子底账/220005119198012012；关税配额/t19250234348

随附单证2：代理报关委托协议（电子）；提/运单；原产地证据文件；发票；合同

申报要素：4｜3｜含脂｜长度46HM｜含草量2%

境外发货人：WESTCOAST WOOLS PTY LTD.

申报单位：（91310106643169040C）上海中远国际货运有限公司

代理报关委托书

编号：1 2 0 5 0 2 0 9 3 1 4

我单位现 A （A 逐票、B 长期）委托贵公司代理 A、B、D、H 等通关事宜（A 填单申报、B 辅助查验、C 垫缴税款、D 办理海关证明联、E 审批手册、F 核销手册、G 申办减免税手续、H 其他）。详见《委托报关协议》。

我单位保证遵守《中华人民共和国海关法》和国家有关法规，保证所提供的情况真实、完整、单货相符。否则，愿承担相关法律责任。

本委托书有效期自签字之日起至 2019 年 7 月 4 日止。

中国斯蒂科国际贸易上海有限公司（章）

委托方（盖章）：

法定代理人或其授权签署《代理报关委托书》的人（签字）：何寿林

2019 年 6 月 4 日

委托报关协议

为明确委托报关具体事项和各自责任，双方经平等协商签订协议如下：

委托方	中国斯蒂科国际贸易上海有限公司 91220100891237016G
主要货物名称	澳大利亚羊毛 AUSTRALIAN GREASY WOOL
H.S. 编码	5101110001
货物总价	159703.92 美元
进口日期	2019 年 5 月 29 日
提单号	APLU071915385
贸易方式	一般贸易
原产地/货源地	澳大利亚
其他要求：	
背面所列通用条款是本协议不可分割的一部分，对本协议的签署构成了对背面通用条款的同意。	
委托方业务签章： 经办人签章：何晓萍 联系电话：68025488	中国斯蒂科国际贸易上海有限公司（章） 2019 年 6 月 4 日

被委托方	上海中远国际货运有限公司		
*报关单编码			
收到单证日期	2019 年 6 月 4 日		
收到单证情况	合同 ☑	发票 ☑	
	装箱单 ☑	提（运单） ☑	
	加工贸易手册 □	许可证件 □	
	其他：关税配额证明 t191250234348		
报关收费	人民币：100 元整		
承诺说明：			
背面所列通用条款是本协议不可分割的一部分，对本协议的签署构成了对背面通用条款的同意。			
被委托方业务签章： 经办报关员签章：莫亮虎 联系电话：55218265	上海中远国际货运有限公司（章） 2019 年 6 月 4 日		

（白联：海关留存、黄联：被委托方留存、红联：委托方留存）　　中国报关协会监制

图 17－4

中华人民共和国海关进口货物报关单

预录入编号：　　　　海关编号：　　　　页码/页数：

境内收货人	进境关别		进口日期		申报日期		备案号
境外发货人	运输方式		运输工具名称及航次号		提运单号		货物存放地点
消费使用单位	监管方式		征免性质		许可证号		启运港
合同协议号	贸易国（地区）		启运国（地区）		经停港		入境口岸
包装种类	件数	毛重（千克）	净重（千克）	成交方式	运费	保费	杂费
随附单证及编号							
标记唛码及备注							

项号	商品编号	商品名称及规格型号	数量及单位	单价/总价/币制	原产国（地区）	最终目的国（地区）	境内目的地	征免

特殊关系确认：　　价格影响确认：　　支付特许权使用费确认：　　自报自缴：

报关人员　报关人员证号　电话　兹申明对以上内容承担如实申报、依法纳税之法律责任 申报单位　申报单位（签章）	海关批注及签章

图 17–5

第十八章　进口付汇

第一节　进口付汇政策

在信用证结算方式项下，进口单据到达开证行后，根据 UCP600 的规定，如果单证一致，单单一致，在五个工作日内，开证行必须付款。因此，开证行要求开证申请人（进口商）在三个工作日内正式书面通知其是否接受单据。如果到期未答复，视为开证申请人接受单据，开证行将对外付款或承兑。如果开证申请人认为的不符点不被开证行所接受，开证行照样会对外支付，因为信用证是开证行有条件支付货款的承诺。

我国从 2012 年 8 月起在全国实施货物贸易外汇管理制度改革。出口方面，外汇局通过货物贸易外汇监测系统，全面采集企业货物进出口和贸易外汇收支逐笔数据，定期比对、评估企业货物流与资金流总体匹配情况，便利合规企业贸易外汇收支；对存在异常的企业进行重点监测，必要时实施现场核查。

进口方面，外汇局根据企业贸易外汇收支的合规性及其与货物进口的一致性，将企业分为 A、B、C 三类。A 类企业进口付汇单证简化，可凭进口报关单、合同或发票等任何一种能够证明交易真实性的单证在银行直接办理付汇，出口收汇无须联网核查；银行办理收付汇审核手续相应简化。对 B、C 类企业在贸易外汇收支单证审核、业务类型、结算方式等方面实施严格监管，B 类企业贸易外汇收支由银行实施电子数据核查，C 类企业贸易外汇收支须经外汇局逐笔登记后办理。

外汇局根据企业在分类监管期内遵守外汇管理规定的情况，进行动态调整。A 类企业违反外汇管理规定将被降级为 B 类或 C 类；B 类企业在分类监管期内合规性状况未见好转的，将延长分类监管期或被降级为 C 类；B、C 类企业在分类监管期内守法合规经营的，分类监管期满后可升级为 A 类。

第二节　对外付款/承兑通知书的填制

浙江省轻工业品进出口公司是 A 类企业，按照最新付汇政策，将进口货物报关单（付汇证明联）、发票或合同提交给开证行，并填写对外付/承兑款通知书，开证行即对外支付。

对外付款/承兑通知书由开证行提供，每家银行格式不同，内容无异。现以中国银行的对外付款/承兑通知书（图 18－1）为例做介绍。

中国银行国际结算的对外付款/承兑通知书一式四联，共有 38 项内容，专门用作进口信用证或托收项下的外汇支付。如果是付汇（前 T/T 或后 T/T）项下的外汇支付，则不采用此格式。其中第（1）至（23）栏由开证行填写，开证申请人（买卖合同中的买方）审核无误后填写第（24）至（37）栏。对外付款或承兑（到期付款）后，开证行在第（38）栏盖章，将第四联“申报主体留存联”退还给开证申请人，信用证项下的一笔交易结束。

对外付款/承兑通知书的具体填制规范如下：

（1）银行业务编号：此栏由银行计算机自动给出。

（2）日期：此栏填写的日期即开证行收到进口单据，转给开证申请人，并请申请人审核单据的日期。

（3）结算方式：根据实际情况，在信用证或托收前的□内打√。

（4）信用证/保函编号：此栏填写信用证号码。

（5）来单币种及金额：此栏填写进口发票（汇票）上的金额，包括币制。

（6）索汇币种及金额：此栏填写同上。

（7）来单行名称：此栏填写寄单行或议付行的名称。

（8）收款人名称：此栏填写受益人（买卖合同中卖方）的名称。

（9）收款行名称及地址：此栏填写寄单行或议付行的名称及地址。

（10）开证日期：此栏填写信用证的开证日期。

（11）期限：此栏填写汇票期限，如果是即期汇票或即期付款信用证，则填写“0”。

（12）来单行编号：此栏填写寄单行或议付行的编号。

中国银行 BANK OF CHINA

对外付款/承兑通知书

银行业务编号 (1) 日 期 (2)

结 算 方 式	(3)□信用证 □保函 □托收 □其他	信用证/保函编号	(4)
来单币种及金额	(5)	开 证 日 期	(10)
索汇币种及金额	(6)	期 限	(11)
来 单 行 名 称	(7)	来单行编号	(12)
收 款 人 名 称	(8)		
收款行名称及地址	(9)		
付 款 人 名 称	(13)		

□对公组织机构代码	□□□□□□□□—□	□对 私	个人身份证件号码	
扣 费 币 种 及 金 额	(14)		□中国居民个人 □中国非居民个人	
合 同 号	(15)	发 票 号	(16)	
提运单号	(17)	合同金额	(18)	

银行附言 (19)

上述信用证项下单据已到，按照信用证条款和国际商会《跟单信用证统一惯例》(2007 年修订)第 600 号出版物规定，我行正在审核。如单证相符，我行将按规定对外承兑/付款；如单证不一，我行将另行通知。请贵司准备资金，或保证指定账户余额足以支付。

单据清单如下：

Draft Invoice B/L(AWB) P/L I/P Insp. C/Qut C/Qul Origin C/Benef Fax

Others

申报号码	(20)	实际付款币种及金额	(21)
付款编号	(22)	若为购汇支出，则购汇汇率	(23)
收款人常驻国家(地区)名称及代码 (24) □□□		是否为进口核查项下付款	(25)□是 □否
是否为预付款 (26)□是 □否	最迟装运日期 (27)	外 汇 局 批 件 / 登 记 表 号	(28)

付款币种及金额		(29)	金 额 大 写	(30)
其	购汇金额		账 号	(32)
中	现汇金额		账 号	
(31)	其他金额		账 号	

交易编码 (33)	□□□□□□ □□□□□□	相 应 币 种 及 金 额	(34)	交易附言	(35)

□同意即期付款 □同意承兑并到期付款 □申请拒付 联系人及电话 (36) 申报日期	付款人印鉴(银行预留印鉴) (37)	银行业务章 (38) 经办 复核 负责人

图 18 –1

（13）付款人名称：此栏分“对公”和“对私”两种情况。如果是“对公”，在“对公组织机构代码”前的□内打√，并在后面的□内对应地填写上机构代码；如果是“对私”，在“对私”前的□内打√，填写个人身份证号码，并根据个人具体情况，在“中国居民个人”或“中国非居民个人”前的□内打√。

（14）扣费币种及金额：如果信用证规定议付费、电报费、偿付费、寄单费由开证行申请人支付的，在此栏内填写金额及币种；如果信用证规定这些费用由受益人支付的，此栏留空。

（15）合同号：此栏填写对应的买卖合同的号码。

（16）发票号：此栏填写对应的商业发票的号码。

（17）提运单号：此栏填写对应的提单或运单的号码。

（18）合同金额：此栏填写对应的买卖合同的金额。

（19）银行附言：此栏内容已经印就，即开证行提请进口商（开证申请人）准备资金对外付款。单据的清单即开证行收到的单据，也就是进口商在开证时要求出口商提供的单据。

（20）申报号码：此栏是银行交易的流水号，由银行电脑自动生成。

（21）实际付款币种及金额：此栏填写外汇折换成人民币后的金额及人民币符号。

（22）付款编号：此栏留空。

（23）若为购汇支出，则购汇汇率：此栏留空。

（24）收款人常驻国家（地区）名称及代码：此栏填写出口商（受益人）所在国家（地区）的名称及代码。

（25）是否为进口核查项下付款：此栏根据实际情况，在“是”与“否”前面的□内打√。

（26）是否为预付款：此栏根据实际情况，在“是”与“否”前面的□内打√。

（27）最迟装运日期：此栏填写信用证中的最晚装运日期。

（28）外汇局批件/登记表号：此栏留空。

（29）付款币种及金额：如果开证申请人不承担上述第（14）栏的扣费，此栏与第（6）栏填写一样；如果开证申请人承担上述第（14）栏的议付费、电报费等费用，此栏的金额应是第（6）栏与第（14）栏相加的金额。

（30）金额大写：此栏用中文大写填写应支付的外汇金额。

（31）其中：此栏分三种外汇。购汇金额，即用人民币按当天牌价向开证行购买的外汇金额；现汇金额，即进口商外汇账户里的外汇金额；其他金额，即进口商用外汇账户里的其他外汇换成的信用证项下的外汇金额。

（32）账号：此栏账号有三个，因为上述外汇金额可以有三种。

（33）交易编码：一般贸易项下填写 101010。

（34）相应币种及金额：此栏留空。

（35）交易附言：此栏填写“一般贸易进口付汇”。

（36）付款人同意支付：如果是即期付款或即期议付信用证，在“同意即期付款”前的□内打√；如果是承兑或延期付款信用证，在“同意承兑并到期付款”前的□内打√；如果要拒付，在“申请拒付”前的□内打√，并且写上联系人姓名、电话号码和申报日期。

（37）付款人印鉴：进口商（开证申请人）加盖公司财务章和法人代表章。

（38）银行业务章：开证行加盖“国际结算业务专用章”。

第三节　同步实训

一、示范

7 月 22 日，浙江轻工代理绍兴越秀向意大利 MERAVIGLIOSO 公司购买的一台自动络筒机，信用证 270 – 85 – 2019 项下的全套单据到达开证行：中国银行浙江省分行。

经审核，单证一致，单单一致，开证行与浙江轻工一致同意对外付款。单证员邱建华根据进口商业发票（图 18 – 2）及其他相关资料填写对外付款/承兑通知书。

（一）进口商业发票（图 18 – 2）。

MERAVIGLIOSO INDUSTRIAL S. P. A.

TORNO 33, 29028 PORDENONE, ITALY

COMMERCIAL INVOICE

To:
ZHEJIANG LIGHT INDUSTRIAL
PRODUCTS I/E CORP.
NO. 190 BAOCHU ROAD,
HANGZHOU CHINA

Invoice No.: S19-SV-0582
Date: 26 JUN., 2019
Contract No.: ZLP19J0423
L/C No.: 270-85-2019
Remark: AT SIGHT
Ref.: 19/18858

Shipping Marks	Description of Goods	Quantity	Unit Price	Amount
	AUTOMATIC WINDER		CIF SHANGHAI	
N/M	MOD POLAR M	1SET	EUR120800.00	EUR120800.00
	WITH 60 SPINNERS		================	
				EUR120800.00

SAY EURO ONE HUNDRED TWENTY THOUSAND AND EIGHT HUNDRED ONLY.
PACKING: STANDARD EXPORT PACKING.

MERAVIGLIOSO INDUSTRIAL S. P. A.

Signature

图 18 – 2

（二）其他相关资料：

银行业务编号：AB2700719001547　　日期：2019 年 7 月 22 日

开证日期：2019 年 5 月 14 日　　到期日：2019 年 7 月 25 日

最迟装运日期：2019 年 7 月 10 日　　一般贸易，即期议付信用证支付

收款人常驻国家名称代码：意大利/380　　非进口核查项下付款

议付行名称及地址：CASSA DI RISPARNTO DT LUCCA S. P. A. , LUCCA, ITALY, INT'L DEPT. , DOC. OFF.

来单行编号：19220110328079B1　　对公组织机构代码：142938918

提单号：00/19/3019/CNSHA/12　　合同金额：120800 欧元

实际付款币种及金额：人民币 940488.40 元　　法人代表：陈乐谦

联系人：邱建华　　电话：88791718

现汇金额：120800 欧元　　账号：3301523908671181

单据清单：汇票 2，发票 3，提单 3，保险单 2，装箱单 2，质量证明 1，受益人证明信 1，无木质包装证明 1。

（三）填写妥当的对外付款/承兑通知书如图 18－3。

BANK OF CHINA 中国银行

对外付款/承兑通知书

银行业务编号 AB2700719001547　　　　日　期 2019-07-22

结　算　方　式	☑信用证 ☐保函 ☐托收 ☐其他	信用证/保函编号	270-85-2019
来单币种及金额	EUR120800.00	开证日期	2019-05-14
索汇币种及金额	EUR120800.00	期　　限	0
来单行名称	CASSA DI RISPARNTO DT LUCCA S.P.A.	来单行编号	19220110328079B1
收款人名称	MERAVIGLIOSO INDUSTRIAL S. P. A., TORNO 33, 29028 PORDENONE, ITALY		
收款行名称及地址	CASSA DI RISPARNTO DT LUCCA S.P.A., LUCCA, ITALY, INT'L DEPT., DOC. OFF.		
付款人名称	浙江省轻工业品进出口公司		
☑对公组织机构代码 1 4 2 9 3 8 9 1 — 8		☐对私	个人身份证件号码
扣费币种及金额			☐中国居民个人 ☐中国非居民个人
合同号	ZLP19J0423	发票号	S19-SV-0582
提运单号	00/19/3019/CNSHA/12	合同金额	EUR120800.00

银行附言

上述信用证项下单据已到，按照信用证条款和国际商会《跟单信用证统一惯例》(2007 年修订)第 600 号出版物规定，我行正在审核。如单证相符，我行将按规定对外承兑/付款；如单证不一，我行将另行通知。请贵司准备资金，或保证指定账户余额足以支付。

单据清单如下：

Draft	Invoice	B/L(AWB)	P/L	I/P	Insp.	C/Qun	C/Qul	Origin	C/Benef	Fax
2	3	3	2	2		1			1	

Others: NON-WOOD MATERIAL PACKING CERTIFICATE 1

申报号码			实际付款币种及金额	RMB940488.40
付款编号			若为购汇支出，则购汇汇率	
收款人常驻国家(地区)名称及代码	意大利 3 8 0		是否为进口核查项下付款	☐是　☑否
是否为预付款 ☐是 ☐否	最迟装运日期	2019-07-10	外汇局批件/登记表号	

付款币种及金额		EUR120800.00	金额大写	欧元拾贰万零捌佰整
其中(30)	购汇金额		账号	
	现汇金额	EUR120800.00	账号	3301523908671181
	其他金额		账号	

交易编码	1 0 1 0 1 0	相应币种及金额		交易附言	一般贸易进口付汇
	☐☐☐☐☐☐				

☑同意即期付款 ☐同意承兑并到期付款 ☐申请拒付 联系人及电话：邹建华 88791718 申报日期：2019.07.22	付款人印鉴(银行预留印鉴) 浙江省轻工业品进出口公司财务专用章 陈谦印乐	银行业务章 中国银行股份有限公司浙江省分行国际结算业务专用章

图 18－3

二、测试

上海斯蒂科代理海螺服装从澳大利亚进口羊毛的单据，于2019年5月27日到达开证行——中国银行上海分行。因为单证一致，单单一致，中行上海分行同意对外付款。

请根据进口商业发票（图18－4）及其他相关资料填写对外付款/承兑通知书（图18－5）。

其他相关资料：

银行业务编号：AB2500119000989　　日期：2019年5月31日

来单行编号：0600201901253　　合同金额：160500.00美元

对公组织机构代码：193282941　　提单号：APLU071915385

购汇汇率：6.3755　　购汇账号：800120043208091001

法人代表：何寿林　　购汇金额：159703.92美元

收款人常驻国家及代码：澳大利亚036　　一般贸易非进口核查项下付款

最迟装运日：2019年5月16日　　即期议付信用证

联系人：何晓萍　　电话：68025488

议付行名称及地址：ANZ BANK SYDNEY BRANCH, GPO BOX 4028 SYDNEY NSW 2001, AUSTRALIA

单据清单：汇票2，发票5，提单3，保险单2，质检证1，产地证2，重量单3，传真1。

WESTCOAST WOOLS PTY LTD

143 BARRINGTON STREET, BIBRA LAKE WA 6163

AUSTRALIA

COMMERCIAL INVOICE

Invoice To:		**Invoice No.:**	2019SDIC-0430CN
CHINA SDIC INTERNATIONAL TRADE		**Date:**	30 APR 2019
SHANGHAI CO., LTD.		**Contract No.:**	WW2019S0224
HLOOR 17,NO.2 CHANGJIAG ROAD		**Contract Date:**	24 FEB., 2019
SHANGHAI, 21008		**L/C No.:**	LCF0600201901253
P. R. CHINA		**L/C Date:**	29 FEB., 2019

Shipping Marks	Description of Goods	Quantity	Unit Price	Amount
	AUSTRALIAN GREASY WOOL		CIF SHANGHAI	
N/M		14.9256MT	USD10,700.00	USD159703.92
			PER MT	

SAY U. S. DOLLARS ONE HUNDRED FIFTY NINE THOUSAND SEVEN HUNDRED AND THREE AND CENTS NINETY TWO ONLY.

22112 NET KG @67.5% SCOURED 16% REGAIN YIELD

14925.60 KGS CLEAN WEIGHT ON IWTO SCOURED YIELD AT 16PCT REGAIN

AUSTRALIAN GREASY WOOL, GOOD COLOUR, PREMS 50PCT LAMBS 50PCT

18.5 MIC MAX AVE., 19.9 MIC MAX AOL, VM 2.0PCT MAX AVE, VM 5.5PCT MAX AOL, 46 HM, 62PCT MIN AVE YLD.

COUNTRY OF ORIGIN: AUSTRALIA

ALL TERMS AND CONDITIONS AS PER THE AUSTRALIAN-NEW ZEALAND-CHINA MODEL CONTRACT GOVERNING THE PURCHASE OF WOOL AND WOOLTOPS.

TOTAL PACKED IN: 120BALES

TOTAL TARE: 240KGS

TOTAL GROSS WEIGHT: 22352.00KGS

Certified Correct:

WESTCOAST WOOLS PTY LTD

Per *Amy Quilter*

图 18 – 4

中国银行 BANK OF CHINA

对外付款/承兑通知书

银行业务编号　　　　　　　　　　　　　　　　　　　　日　期

结　算　方　式	□信用证　□保函　□托收　□其他	信用证/保函编号	
来单币种及金额		开 证 日 期	
索汇币种及金额		期　　限	
来单行名称		来单行编号	
收款人名称			
收款行名称及地址			
付 款 人 名 称			
□对公组织机构代码 □□□□□□□□—□		□对 私	个人身份证件号码
扣 费 币 种 及 金 额			□中国居民个人 □中国非居民个人
合 同 号		发 票 号	
提运单号		合同金额	

银行附言

上述信用证项下单据已到，按照信用证条款和国际商会《跟单信用证统一惯例》(2007 年修订)第 600 号出版物规定，我行正在审核。如单证相符，我行将按规定对外承兑/付款；如单证不一，我行将另行通知。请贵司准备资金，或保证指定账户余额足以支付。

单据清单如下：

Draft　Invoice　B/L(AWB)　P/L　I/P　Insp.　C/Qun　C/Qul　Origin　C/Benef　Fax

Others:

申报号码		实际付款币种及金额	
付款编号		若为购汇支出，则购汇汇率	
收款人常驻国家(地区)名称及代码	澳大利亚 □□□	是否为进口核查项下付款	□是　□否
是否为预付款	□是 □否　最迟装运日期	外 汇 局 批 件 /登 记 表 号	

付款币种及金额		金 额 大 写	
其中 购汇金额		账　　号	
其中 现汇金额		账　　号	
其中 其他金额		账　　号	

交易编码	□□□□□□ □□□□□□	相 应 币 种 及 金 额		交易附言

☑同意即期付款 □同意承兑并到期付款 □申请拒付 联系人及电话： 申报日期：	付款人印鉴(银行预留印鉴)	银行业务章 经办　　复核　　负责人

图 18－5

附录一　跨境贸易与跨境电商的知识点

跨境贸易

跨境贸易可以从广义和狭义两个方面来理解。狭义的跨境贸易是国与国之间进行的商品和劳务交换。对贸易当事国来说是对外贸易。而广义的跨境贸易则进一步涵盖了与上述跨境贸易行为相关的对应跨境进出口安排、跨境贸易模式、跨境结算等全过程。

跨境电商

跨境电商指分属不同关境的交易主体，通过电子商务平台达成交易，进行支付结算，并通过跨境物流送达商品，完成交易的一种国际商业活动。

一般贸易与跨境贸易区别

（一）产品配方不同

一般贸易为了符合国内食品标准，会对原版配方进行“改动”。例如，以安佳袋装成人全脂奶粉为例，“中国特供版”奶粉背后一定会有中文标背，其中钠含量是 60 mg，钙含量为 200 mg，而原版中钙含量为 298 mg，钠含量为 88 mg。

（二）税率不同

跨境的进口最关键的优点是渠道短，没有中间商。一般贸易进口中国一定会有个进口商，代表着会有进口环节的增值税，可能由于渠道商层层加码，价格较高，相比跨境电商进口某些产品可高出 30% 以上。据了解，跨境电商的商品成本明显低于一般贸易。

（三）发货流程不同

1. 保税仓备货发货流程，保税仓指存放未完关税的仓库，如同境外仓库。

当用户付款后，向海关申报，海关放行后，直接从保税仓出货，再收取关税。保税仓的优势在于提高通关速度、降低成本，可以随时转口，方便快捷，同时享受便捷和免税政策。

2. 海外直邮发货流程：将商品直接从海外邮寄到用户手中。直邮模式不用压货，由海外供应商直接发货，海外直邮的商品需要通过两个国家的海关，再加运输时间，一般需几天到几周商品到达客户手中。

3. 一般贸易发货流程：当用户下单后，电商平台会产生订单数据，支付公司产生支付数据，仓储物流公司产生运单数据，此为三单（订单、运单、支付单）。

平台一般委托第三方清关公司产生进口清单。三单与进口清单数据均传输给跨境通关服务平台，服务平台再将数据传输到管理平台（即海关内网），“三单”与进口清单数据对碰，数据通过，完成清关。清关后，清关公司反馈清关结果，通过的订单开始拣货出仓，出库后交给物流公司发货，最后用户签收包裹。

现阶段国内管控依然偏向于一般贸易管控形式，有着相应的传统路径依赖。对于跨境电商这一创新形式，我国完全能够在国外市场领跑，加快形成新的管控形式，为跨境电商保证便利化，帮助跨境电商提升市场竞争力，夺取国际主战场。

跨境电商的优势

跨境电商比单纯的境内贸易所涉及的工作环节或工作要件要多，包括商品引入、线上平台、线下门店、境外物流、系统仓储、报关报检、订单配送、结算结汇、营销推广以及售后服务等。由此，跨境电商市场上派生出许多第三方专业公司，诸如，境外物流、保税仓储、报关报检、订单配送、结算结汇等。

如果上述环节委托第三方专业公司完成的话，那么组建跨境电商工作的核心内容就是商品引入线上平台与线下体验店了。跨境电商是在传统外贸基础上应运而生的时代产物，具有减少中间环节，降低信息成本、便捷支付等优势，有利于促进交易效率的提高。

跨境电商融合了“跨境”和“电商”两个核心要素，通过电商平台实现了电商的新基因，在信息化时代充分应用了互联网技术手段，实现了传统贸易的信息化、网络化和智能化的重要途径。与国内电商相比，跨境电商拓展了跨境新空间，在全球化时代将电子商务拓展到一个前所未有的高度。

跨境电商的一般进、出口模式

跨境电商企业通过事前备案，将企业信息、商品信息进行备案。当境内消费者成功支付订单后，跨境电商企业将订单信息发送至服务平台进行申报；

支付企业将订单支付信息发送至服务平台进行申报；

跨境物流企业在成功预订舱单信息后，将对应的跨境贸易相关的舱单信息（含运单信息）发送至服务平台进行申报。

服务平台集齐三单信息后，自动生成清单供有报关报检资质的企业进行申报。

清单经海关审核后，若无异常，则放行进入终端配送环节。

跨境电商清单申报

（一）清单申报（三单信息汇总）

1. 国内消费者在电商平台成功支付后，电商企业将订单信息发送至服务平台、支付企业发送支付信息至服务平台、物流企业发送舱单和运单信息至服务平台。服务平台将接收到的三单信息（订单、运单、支付单）汇总生成清单信息。

2. 清单生成后，核对主运单、分单、重量等信息是否完整，核对无误后，将生成的清单信息（三单和清单）分别批量申报至海关管理平台。

（二）平台审单

平台审单分为电子审单和人工审单两种。根据审单规则（包括企业分类管理参数等风险参数）进入电子审单和人工审单的清单，处理结果包括审单通过、退单。

1. 清单申报后，系统首先进入电子审单环节，电子审单完成后，对于有潜在风险的物品系统进入人工审单，由海关人工审核。

审单结果包括暂存（退单）、审单通过、检验查验、检验放行等。

2. 清单生成后，核对主运单、分单、重量等信息是否完整，核对无误后，将生成的清单信息（三单和清单）分别批量申报至海关管理平台。

3. 对于退单的清单，点击详情、操作日志、查找退单原因，通常退单原因大致上有以下几点：

（1）收货人信息备案异常；

（2）“三单”比对不成功订单不存在；

（3）个人信息验核不通过，系统自动退单；

（4）订单中的收货人国别与清单中不一致；

（5）担保金预扣失败，余额不足等。

（三）机检查验、放行

1. 审单完成后，通知海关人员对货品进行现场过×光机。监管场所运营人对包裹物流单进行逐一扫描，上×光机对申报货物进行同屏对比，机检正常做自动放行，机检异常的对相应的包裹进行下线查验处理。

监管科查验关员和商检科查验人员分别对下线包裹实施拆包查验，查验完毕后，记录查验结果。查验结果包括查验放行、改单、删单、移交缉私处理等。

2. 机检完毕后，在通关服务平台清单查询里，查询每一单的海关指令状态、确保每一单指令均为放行（如为查验请海关录查验结果）。

（四）出库放行、行邮税缴纳

1. 跨境电商仓库场站人员对过机放行的包裹进行逐单扫描，扫描无误后、放行出库。放行的货物由国内的物流企业进行配送、运送至消费者手中。

2. 对于产生行邮税的物品，海关管理平台自动汇总生成《海关进境物品进出口税缴款单》。企业可按照有关程序缴纳税款，税单核销完毕后，通关服务平台中的保证金账户扣款自动退回账户。

跨境电商进口商品成本计算

商品的成本费包括采购价、国内货运费、首程运输费、服务平台提成和FBA 运送费。

假定商品成本是人民币 30 元，商品毛重是 500 g，市场价 30 美元（人民币 191 元），那么中国的货运物流费（以物流价格每公斤 1.3 元为例）则是：

国内货运费：0.5 kg 乘以 1.3 相当于 0.65 元（不同的货运物流公司价钱有差别）；

首程运输费：以英国的航空件费每公斤 32 元测算，0.5kg 乘于 32 相当于 16 元（实际价钱随时随地变化）；

服务平台提成：一般为市场价的15%，30乘以15%相当于4.5美元，折算成人民币大约是29元。

FBA运送费：是2~3美元（容积越大，价钱越高），折算成人民币大约是15元。

最后相加，商品的单独经营成本是：30+0.65+16+29+15=90.65元。

单独商品利润率是：191-90.65=100.35，此商品毛利润率在50%以上。

单独商品的纯利润是：100.35元，减掉一定的退换货，减掉宣传费，减掉经营成本，再减去1%汇损的最后值。假如退换货和宣传费操纵的好，此商品净利率是35%~45%。

附录二　同步实训答案

一、第一章第三节“二、测试”答案

1. 31D 错，根据合同，应该是：DATE 200130；
2. 59 错，根据合同，应该是：ZHEJIANG JIAXING WENSANG IMP. AND EXP. CO. , LTD.
   ……；
3. 42C 错，根据合同，应该是：AT 30 DAYS AFTER SIGHT FOR FULL INVOICE VALUE；
4. 43P 错，根据合同，应该是：NOT ALLOWED；
5. 43T 错，根据合同，应该是：NOT ALLOWED；
6. 44E 错，根据合同，应该是：SHANGHAI；
7. 45 错中的合同号码错，根据合同，应该是：19JW1106；
8. 46 中的保险条款错，虽然合同中没有明示险别，但按照惯例，应该投保最低责任的险别，所以保险单应该是：INSURANCE POLICY OR CERTIFICATE IN DUPLICATE ISSUED BY PEOPLES INSURANCE COMPANY OF CHINA INCORPORATING THEIR OCEAN MARINE CARGO CLAUSES FREE FROM PARTICULAR AVERAGE DATED 01/01/2010 FOR 110 PERCENT OF CIF INVOICE VALUE INDICATING THE PREMIUM PAID；
9. 47A 第 1 款中显示的信用证号码与 20 中显示的不一致；
10. 48 错，根据合同，应该是：NOT LATER THAN 15 DAYS AFTER THE DATE OF ISSUANCE OF THE SHIPPING DOCUMENTS BUT WITHIN THE VALIDITY OF THE CREDIT。

二、第二章第三节“二、测试”答案

浙江省嘉兴市文桑进出口有限公司

ZHEJIANG JIAXING WENSANG IMP. AND EXP. CO., LTD.

中国嘉兴南湖区富润南路 **120** 号

NO. 120 SOUTH FURUN ROAD, NANHU DISTRICT, JIAXING, CHINA

商业发票

COMMERCIAL INVOICE

To:

SAVIO TESSILI S. P. A.
VIA UDINE 105
33170 CASSANO
ITALY

Invoice No.: WSE200103
Invoice Date: 03 JAN., 2020
S/C No.: 19JW1106
S/C Date: 06 NOV 2019

Credit No. 1972737604
Issued by: CASSA DI RISPARMIO DI PARMA E PIACENZA S. P. A. GENOA

Marks and Numbers	Description of goods	Quantity	Unit Price	Amount
	RATTAN BASKET		CIF GENOA	
SAVIO	WITH COTTON COVER INSIDE			
19JW1106	ORDER NO. 39972	4000PCS	USD4.00	USD16000.00
GENOA				
NO. 1—1000				

SAY U. S. DOLLARS SIXTEEN THOUSAND ONLY.
OTHER DETAILS AS PER S/C NO. 19JW1106.
PACKING: 4 PCS IN AN EXPORT CARTON. TOTAL INTO ONE 40' CONTAINER.
TOTAL PACKED IN 1000 CARTONS.
GROSS WEIGHT: 6000.00 KGS.
FREIGHT CHARGE: USD2500.00
INSURANCE PREMIUM: USD17.60.
ORDER NO. 39972.

浙江省嘉兴市文桑进出口有限公司
ZHEJIANG JIAXING WENSANG I/E CO., LTD.

张平（手签）

图 2－4（答案）

三、第三章第三节“二、测试”答案

浙江省嘉兴市文桑进出口有限公司
ZHEJIANG JIAXING WENSANG IMP. AND EXP. CO., LTD.

中国嘉兴南湖区富润南路 120 号

NO. 120 SOUTH FURUN ROAD, NANHU DISTRIC JIAXING, CHINA

详细装箱单
DETAILEI PACKING LIST

To:

SAVIO TESSILI S. P. A.
VIA UDINE 105
33170 CASSANO
ITALY

No.: WSE200103
Date: 03 JAN., 2020
S/C No.: 19JW1106

Shipment from: SHANGHAI **To:** GENOA **By Vessel**

C/No.	No. & kind of pkgs	Description of goods, Packing, Quantity, etc.	G. Weight	N. Weight	Measurement
		RATTAN BASKET			
					@(28*28*68)cms
1—1000	1000CTNS	@4/4000PCS	@6/6000.00KGS	@4/4000.00KGS	53.312CBM

THE NUMBER OF THE CREDIT :1972737604
ORDER NO.: 39972
SAY ONE THOUSAND CARTONS ONLY.

Shipping marks

SAVIO
19JW1106
GENOA
NO. 1—1000

浙江省嘉兴市文桑进出口有限公司
ZHEJIANG JIAXING WENSANG I/E CO., LTD.

张平（章）

图 3－3（答案）

四、第四章第三节“二、测试”答案

（出口商）国际货物运输托运单

托运人(Shipper) ZHEJIANG JIAXING WENSANG IMP. AND EXP.CO., LTD.	托运单编号 WSE200103	贸易方式 一般贸易	收汇方式 信用证
	运输方式 水路运输	运费支付方式(到付/预付) 预付	
收货人(Consignee) TO ORDER OF CASSA DI RISPARMIO DI PARMA E PIACENZA S. P. A. GENOA	货物备妥时间 2020 年 1 月 13 日	杂费支付方式(到付/预付) 到付	
	可否转运 否	可否分批 否	
被通知人(Notify Party) SAVIO TESSILI S. P. A. VIA UDINE 105 33170 CASSANO, ITALY	装运期限 2020 年 1 月 15 日	信用证有效期 2020 年 1 月 30 日	
	装箱方式(自送/门到门) 门对门		

装运港 SHANGHAI	卸货港 GENOA	门到门装货地址 嘉兴市秀洲区南湖路 399 号外贸仓库
最终目的地 ***	提单份数 THREE	

标记唛头	件数及包装种类	货物描述	毛重（公斤）	体积（立方米）
SAVIO 19JW1106 GENOA NO. 1-1000	1000CTNS	RATTAN BASKET	6000.00KGS	53.312CBM

备注和特殊条款

提单显示：THE NUMBER OF THE CREDIT :1972737604 和 ORDER NO.: 39972

配载要求

要求配 APL 公司的船,1 个 40 尺整箱

浙江省嘉兴市文桑进出口有限公司托运专用章

托运人签署：

联系人及联系方式：朱敏琪

手机：15875833288　　**托运日期：** 2020 年 1 月 3 日

图 4 –6（答案）

提单（图4－7）上的错误如下：

1. 收货人（抬头）错，根据信用证，应该是：TO ORDER OF CASSA DI RISPARMIO DI PARMA E PIACENZA S. P. A. GENOA；
2. 唛头错，根据有关资料，第二行应该是：NO. 19JW1106；
3. 品名错，根据有关资料，应该是：RATTAN BASKET；
4. 漏提单正本份数的显示，应该在“No. of Original B（s）/L”栏内加：THREE；
5. 漏显示信用证号码与订单号码，应该在提单空白处加上：THE NUMBER OF THE CREDIT：1972737604，ORDER NO.：39972。

五、第五章第三节“二、测试”答案

浙江省
嘉兴市文桑进
出口有限公司
(章)

中华人民共和国海关
出境货物检验检疫申请

申请单位(加盖公章) *编号

申请单位登记号：3309211009　联系人　朱敏琪　电话　68029378　申请日期　2020 年 1 月 6 日

发货人	(中文)	浙江省嘉兴市文桑进出口有限公司
	(外文)	ZHEJIANG JIAXING WENSANG IMP. AND EXP. CO., LTD.
收货人	(中文)	***
	(外文)	SAVIO TESSILI S. P. A.

货物名称(中/外文)	H. S. 编码	产地	数量/重量	货物总值	包装种类及数量
藤篮 RATTAN BASKET	4602120000	浙江嘉兴	4000 个 4000 千克	16000 美元	1000 箱

运输工具名称号码	船舶	贸易方式	一般贸易	货物存放地点	秀洲区南**湖路 399 号外贸仓库
合同号	19JW1106	信用证号	1972737604	用途	其他
发货日期	2020 年 1 月 15 日	输往国家(地区)	意大利	许可证/审批号	***
启运地	上海	到达口岸	热那亚	生产单位注册号	4158922334
集装箱规格、数量及号码	一个 40 尺集装箱				

合同、信用证订立的检验检疫条款或特殊要求	标记及号码	随附单据(划“√”或补填)	
检验证上显示：THE NUMBER OF THE CREDIT 1972737604 AND ORDER NO. 39972	SAVIO 19JW1106 GENOA NO. 1—1000	☐合同 ☑信用证 ☑发票 ☐换证凭单 ☑装箱单 ☐厂检单	☑包装性能结果单 ☐许可/审批文件 ☑代理报关委托书 ☑合理保证 ☐ ☐

需要证书名称(划“√”或补填)(30)		*检验检疫费	
☑品质证书　2 正__副 ☐重量证书　__正__副 ☐数量证书　__正__副 ☐兽医卫生证书　__正__副 ☐健康证书　__正__副 ☐卫生证书　__正__副 ☐动物卫生证书　__正__副	☐植物检疫证书　__正__副 ☐熏蒸/消毒证书　__正__副 ☐出境货物换证凭单　__正__副 ☑电子底账　__正__副 ☑出境货物工作联系单　__正__副 ☐ ☐	总金额(人民币) 计费人 收费人	

报检人郑重声明： 1. 本人被授权报检。 2. 上列填写内容正确属实，货物无伪造或冒用他人的厂名、标志、认证标志，并承担货物质量责任。 签名：朱敏琪(手签)	领取证书	
	日期	
	签名	

注：有“*”号栏由海关填写

图 5－3（答案）

六、第六章第三节“二、测试”答案

PICC 中国人民财产保险股份有限公司
PICC Property and Casualty Company Limited
总公司设于北京　　一九四九年创立
Head Office Beijing　　Established in 1949

货 物 运 输 保 险 单
CARGO TRANSPORTATION INSURANCE POLICY

发票号码 **Invoice No.** WSE200103　　保单号次 **Policy No.** PIZJ20630104903

被保险人 **Insured:** ZHEJIANG JIAXING WENSANG IMP. AND EXP. CO., LTD.

中保财产保险有限公司（以下简称本公司）根据被保险人的要求，及其所缴付约定的保险费，按照本保险单承担险别和背面所载条款与下列特别条款承保下列货物运输保险，特签发本保险单。

This policy of Insurance witnesses that The People Insurance (Property) Company of China, Ltd. (hereinafter called the Company) at the request of the Insured and in consideration of the agreed premium paid by the Insured, undertakes to insure the under mentioned goods in transportation subject to the conditions of this Policy as per the Clauses printed overleaf and other special clauses attached hereon.

标记 **Marks and No.**	包装及数量 **Quantity**	保险货物项目 **Description of goods**	保险金额 **Amount Insured**
AS PER INV. NO. WSE200103	1000CTNS	RATTAN BASKET	USD17600.00

总保险金额:
Total Amount Insured SAY U. S. DOLLARS SEVENTEEN THOUSAND AND SIX HUNDRED ONLY.

保险费 **Premium** PAID　　启运日期 **Date of commencement** AS PER B/L　　装载运输工具 **Per conveyance** S.S. APL VICTORY V. 864

自 **From** SHANGHAI　　经 **Via** 　　至 **To** GENOA

承保险别 **Conditions:**

COVERING FREE FROM PARTICULAR AVERAGE AS PER CIC OF PICC DATED 01/01/2010, WAREHOUSE TO WAREHOUSE CLAUSE INCLUDED

THE NUMBER OF THE CREDIT 1972737604 AND ORDER NO. 39972

所保货物，如发生本保险单项下可能引起索赔的损失或损坏，应立即通知本公司下述代理人查勘。如有索赔，应向本公司提交保险单正本（本保险单共有 2 份正本）及有关文件。如一份正本已用于索赔，其余正本则自动失效。

In the event of damage which may result in a claim under this Policy, immediate notice be given to the Company Agent as mentioned hereunder. Claims, if any, one of the Original Policy which has been issued in **TWO** Original(s) together with the relevant documents shall be surrendered to the Company, if one of the Original Policy has been accomplished, the others to be void.

Survey agent at the destination:
ASSICURAZIONI GENERALI S. P. A. GENOA BRANCH
105 CECIL STREET, GENOA, ITALY
TEL: 39-01-20807365

赔款偿付地点
Claim payable at GENOA

出单日期
Issuing date 10 JAN., 2020

地址：中国浙江嘉兴人民路 96 号
Address: 96 Renmin Road, Jiaxing, Zhejiang, China

中国人民财产保险股份有限公司嘉兴分公司
PICC Property & Casualty Company Ltd, Jiaxing Branch
刘建中
Authorized Signature

图 6－5（答案）

七、第七章第四节“二、测试”答案

代理报关委托书

编号：20010317101

我单位现 B(B 长期) 委托贵公司代理 A、B、D、H 等通关事宜（A 填单申报、B 辅助查验、C 垫缴税款、D 办理海关证明联、E 审批手册、F 核销手册、G 申办减免税手续、H 其他）。详见《委托报关协议》。

我单位保证遵守《中华人民共和国海关法》和国家有关法规，保证所提供的情况真实、完整、单货相符。否则，愿承担相关法律责任。

本委托书有效期自签字之日起至 2020 年 02 月 15 日止。

浙江省
嘉兴市文桑进
出口有限公司
(章)

委托方（盖章）：

法定代理人或其授权签署《代理报关委托书》的人（签字）：张平

2020 年 01 月 03 日

委托报关协议

为明确委托报关具体事项和各自责任，双方经平等协商签订协议如下：

委托方	浙江省嘉兴市文桑进出口有限公司 92370702622900382Y
主要货物名称	藤篮
HS 编码	4602120000.101
货物总价	16000.00 美元
出口日期	2020 年 01 月 15 日
提单号	
贸易方式	一般贸易
原产地/货源地	浙江嘉兴

其他要求：

背面所列通用条款是本协议不可分割的一部分，对本协议的签署构成了对背面通用条款的同意。

委托方业务签章：

浙江省
嘉兴市文桑进
出口有限公司
(章)

经办人签章：朱敏琪

联系电话：0573-68029378

2020 年 01 月 03 日

被委托方	中外运上海物流有限公司 81330203MA2973390P			
*报关单编码				
收到单证日期	2020 年 01 月 06 日			
收到单证情况	合同	□	发票	☑
	装箱单	☑	提（运单）	□
	加工贸易手册	□	许可证件	□
	其他：电子底账（后补）			
报关收费	人民币：100 元			

承诺说明：

背面所列通用条款是本协议不可分割的一部分，对本协议的签署构成了对背面通用条款的同意。

被委托方业务签章：

中外运
上海物流
有限公司
(章)

经办报关员签章：顾锡娣

联系电话：021-54642838

2020 年 01 月 06 日

图 7 -6（答案）

中华人民共和国海关出口货物报关单

预录入编号：E20200000061112239　　海关编号：222520200790444062　（外港海关）　　页码/页数：1/1

境内发货人　92370702622900382Y 浙江省嘉兴市文桑进出口有限公司	出境关别 外港海关 2225	出口日期 2020.01.15	申报日期	备案号 ******
境外收货人 SAVIO TESSILI S.P.A.	运输方式 水路运输	运输工具名称及航次号 APL VICTORY / 864	提运单号 SH20T02351	
生产销售单位　92370702622900382Y 浙江省嘉兴市文桑进出口有限公司	监管方式 一般贸易	征免性质 一般征税	许可证号 ******	
合同协议号 19JW1106	贸易国（地区） 意大利 ITA	运抵国（地区） 意大利 ITA	指运港 热那亚 ITA001	离境口岸 上海外港 23 区 25023

包装种类 纸制或纤维板制盒/箱	件数 1000	毛重（千克） 6000.00	净重（千克） 4000.00	成交方式 CIF	运费 502/2500/3	保费 502/17.60/3	杂费 ******

随附单证及编号

随附单证 1：电子底账 331200220041072000　　随附单证 2：代理报关委托协议（电子）；发票

标记唛码及备注　SAVIO　　集装箱标箱数及号码：2；APLU8663218
19JW1106
GENOA
NO. 1—1000

项号	商品编号	商品名称及规格型号	数量及单位	单价/总价/币制	原产国（地区）	最终目的国（地区）	境内货源地	征免
1	4602120000.101	藤编篮子 0|2|藤编|直径 26CM，高 40CM	4000 千克 ***** 4000 个	4.00/16000.00/美元	中国 CHN	意大利 ITA	浙江嘉兴 33080	照章征税

特殊关系确认：　否　　价格影响确认：　否　　支付特许权使用费确认：　否　　自报自缴：　否

报关人员 顾锡娣	报关人员证号 22007403	电话 021-5464 2838	兹申明对以上内容承担如实申报、依法纳税之法律责任 申报单位（签章） 中外运上海物流有限公司报关专用章	海关批注及签章
申报单位　81330203MA2973390P 中外运上海物流有限公司				

图7–7（答案）

八、第八章第三节“二、测试”答案

1. Exporter:
ZHEJIANG JIAXING WENSANG IMP. AND EXP. CO., LTD.
NO. 120 SOUTH FURUN ROAD, NANHU DISTRICT, JIAXING, CHINA

Serial No. CCPIT 3402000104081
Certificate No. 20C203307Y0605/00082

CERTIFICATE OF ORIGIN

OF

THE PEOPLE'S REPUBLIC OF CHINA

2. Consignee:
SAVIO TESSILI S. P. A.
VIA UDINE 105
33170 CASSANO
ITALY

3. Means of transport and route
FROM SHANGHAI TO GENOA BY SEA

4. Country / region of destination
ITALY

5. For certifying authority use only

6. Marks and Nos.	7. Number and kind of packages; Description of goods	8. H. S. Code	9. Quantity	10. Numbers and Date of Invoice
SAVIO 19JW1106 GENOA NO. 1—1000	ONE THOUSAND (1000) CARTONS OF RATTAN BASKET THE NUMBER OF THE CREDIT 1972737604 AND ORDER NO. 39972 ********************	4602. 120000	4000PCS	WSE200103 03 JAN.,2020

11. Declaration by the exporter
The undersigned hereby declares that the above details and statements correct, that all the goods were produced in China and that they comply with the Rules of Origin of the people's Republic of China

浙江省嘉兴市文桑进出口有限公司
ZHEJIANG JIAXING WENSANG I/E CO., LTD.
朱敏琪(手签)
JIAXING CHINA 10 JAN., 2020
Place and date, signature and stamp of authorized signatory

12. Certification
It is hereby that the declaration by the exporter is correct.

中国国际贸易促进委员会
单据证明专用章（嘉）
CHINA COUNCIL FOR PROMOTON OF INTERNATIONAL TRADE (JIAXING)
杨文新(手签)
JIAXING CHINA 10 JAN., 2020
Place and date, signature and stamp of certifying authority

图 8－4（答案）

九、第九章第七节“二、测试”答案

1. Exporter's name, address, country:
ZHEJIANG JIAXING WENSANG IMP. AND EXP. CO., LTD.
NO. 120 SOUTH FURUN ROAD, NANHU DISTRICT
JIAXING, CHINA

Certificate No. N203303A02030039

CERTIFICATE OF ORIGIN

Form for the Free Trade Agreement between the Government of the People's Republic of China and the Government of New Zealand

Issued in the People's Republic of China

(see Instruction overleaf)

2. Producer's name and address, if known:
ZHEJIANG JIAXING HAIHONG KNITTING FACTORY
28 WUTONG ROAD, TONGXIANG,
JIAXING, CHINA

3. Consignee's name, address, country:
ANTHONY TRADING CO., LTD.
20 CHARLOTTE STREET, EDEN TCE BOX 3425
AUCKLAND NEW ZEALAND

4. Means of transport and route (as far as known)
Departure Date 10 APR., 2020
Vessel/Flight/ Train/Vehicle No. FLIGHT: NZ288
Port of loading SHANGHAI
Port of discharge AUCKLAND

5. For official use only
☐Preferential Tariff Treatment Given Under China-New Zealand FTA
☐Preferential treatment Not Given (Please state reasons)
Signature of Authorized Signatory of the Importing Country

6. Remarks

7. Item number (Max 20)	8. Marks and numbers on packages	9. Number and kind of packages, description of goods	10. HS code (Six digit code)	11. Origin criterion	12. Gross weight quantity (Quantity Unit) or other measures (items, etc)	13. Number, date of invoice and invoiced value
1	A. T. C. L. ZJ20E0115 AUCKLAND NO 1—50	FIFTY (50) CARTONS OF LADIES SWEATER *****************	6104.31	WP	600PCS	WSE200402 02 APR., 2020

14. Declaration by the export
The undersigned hereby declares that the above details and statement are correct, that all the goods were produced in
CHINA
(Country)
and that they comply with the origin requirements specified in the FTA for goods exported to
NEW ZEALAND
(Importing Country)
浙江省嘉兴市文桑进出口有限公司
ZHEJIANG JIAXING WENSANG
I/E CO., LTD.
朱敏琪(手签)
JIAXING CHINA 03 APR., 2020
Place and date, signature of authorized signatory

15. Certification
On the basis of control carried out, it is hereby certified that the information herein is correct and that the goods described comply with the origin requirements specified in the Free Trade Agreement between the Government of the People's Republic of China and the Government of New Zealand.
中华人民共和国××海关(章)
张才理(手签)
JIAXING CHINA 03 APR., 2020
Place and date, signature and stamp of authorized body

图 9－15（答案）

十、第十章第四节“二、测试”答案

浙江省嘉兴市文桑进出口有限公司

ZHEJIANG JIAXING WENSANG IMP. AND EXP. CO., LTD.

中国嘉兴南湖区富润南路 120 号

NO. 120 SOUTH FURUN ROAD, NANHU DISTRIC JIAXING, CHINA

装运通知

SHIPPING ADVICE

No.: WSE200402

Date: 09 APR., 2020

TO WHOM IT MAY CONCERN:

WE ARE PLEASED TO INFORM YOU THAT THE GOODS UNDER S/C NO. 20JW0310 HAVE BEEN SHIPPED. THE DETAILS ARE AS FOLLOWS:

Description of goods: LADIES SWEATER

Quantity: 600PCS / 50CTNS

Port of loading: SHANGHAI

Port of discharge: AUCKLAND

Air Waybill No.: 999-50190081

Air Waybill date: 10 APR., 2020

Flight Number: NZ288

Invoice value: USD5460.00

Marks and Nos. A. T. C. L.
20JW0310
AUCKLAND
NO. 1—50

浙江省嘉兴市文桑进出口有限公司
ZHEJIANG JIAXING WENSANG I/E CO., LTD.

张平（章）

图 10 –5（答案）

十一、第十一章第四节“二、测试”答案

999 — 3687 7175　　　　999— 3687 7175

Shipper's Name and Address	Shipper's Account Number	Not negotiable **Air Waybill*** As Carrier	AIR CHINA 中国国际航空公司 BEIJING CHINA
ZHEJIANG JIAXING WENSANG IMP. AND EXP. CO., LTD. NO. 120 SOUTH FURUN ROAD, NANHU DISTRICT, JIAXING, CHINA		Copies 1, 2 and 3 of this air waybill are originals and have the same Validity.	

Consignee's Name and Address	Consignee's Account Number	
ANTHONY TRADING CO., LTD., 20 CHARLOTTE STREET, EDEN TCE BOX 3425, AUCKLAND, NEW ZEALAND		It is agreed that the goods described here are accepted in apparent good order and condition (except as noted) and SUBJECT TO THE CONDITION OF CONTRACT ON THE REVERSE HEREOF. ALL GOODS MAY BE CARRIED BY ANY OTHER MEANS INCLUDING ROAD OR ANY OTHER CARRIER UNLESS SPECIFIC CONTRARY INSTRUCTIONS ARE GIVEN HEREON BY THE SHIPPER. THE SHIPPER'S ATTENTION IS DRAWN TO THE NOTICE CONCERNING CARRIER'S LIMITATION OF LIABILITY. Shipper may increase such limitation of liability by declaring a higher value for carriage and paying a supplement charge if required.

Issuing Carrier's Agent Name and City: ZHEJIANG HANDA INTERNATIONAL LOGISTICS CO., LTD.

Agent's IATA Code	Account No.	Accounting information

Airport of Departure and Requested Routing: PUDONG AIRPORT, PVG

To	By first Carrier	Routing & Destination	To	By	To	By	Currency	CHGS Code	WT/VAL PPD	WT/VAL COLL	Other PPD	Other COLL	Declared Value for Carriage	Declared Value for Customs
AKL	CA						CNY			C		C	NVD	AS PER INV.

Airport of Destination	Flight/Date	For Carrier use only	Flight/Date	Amount of Insurance	INSURANCE
AUCKLAND AIR-PORT, AKL	CA933 / 10 APR.2020			NIL	If shipper requests insurance in accordance with conditions on reverse hereof indicate amount to be insured in figures in box marked "amount of insurance".

Handling Information

No of Piece RCP	Gross Weight	Kg Lb	Rate class / Commodity Item No.	Chargeable Weight	Rate / Charge	Total	Nature and Quantity of Goods (incl. Dimensions or Volume)
50	500.0	K	Q	640.0	FREIGHT COLLECT	AS ARRANGED	LADIES SWEATER 600PCS DIM.:(48*40*40)CM*50 VOL.: 3.840CBM
MARK & NOS. A. T. C. L. 20JW0310 AUCKLAND NO. 1—50							

Prepaid	Charge	Collect
	Weight charge	AS ARRANGED
	Valuation charge	AS ARRANGED
	Tax	
	Total other Charges Due Agent	
	Total other Charges Due Carrier	
Total prepaid		Total Collect: AS ARRANGED
Currency Conversion Rate		CC Charges in Dest. Currency
For Carrier use only at Dest.		Charges at Destination

Other charges: WCA: 50.00

Shipper certifies that the particulars on the face hereof are correct and that insofar as any part of the consignment contains restricted articles, such part is properly described by name and is in proper condition for carriage by air according to the Applicable Dangerous Goods Regulations.

Signature of Shipper or its Agent

Zhejiang Handa International Logistics Co., Ltd　周源（章）
As agent for the Carrier: AIR CHINA
Executed on 10 APR., 2020 at HANGZHOU

Signature of Issuing Carrier or its Agent

Total Collect Charges　　999— 3687 7175

ORIGINAL 3 (FOR SHIPPER)

图 11－9（答案）

十二、第十二章第三节“二、测试”答案

凭　　　　　　　　　　　　　　　　　　　　　　　　　　　　　　信用证　第　　号

Drawn under CASSA DI RISPARMIO DI PARMA E PIACENZA S. P. A. GENOA **L/C No.** 1972737604

日期

Dated 29 NOV., 2019 支取 Payable with interest @ % per annum 按年息 付款

号码　　　　汇票金额　　　　中国嘉兴　年　月　日

No. WSE200103 **Exchange for** USD16000.00 Jiaxing China 20JAN., 2020

见票　　　　日后（本汇票之副本未付）付交中国银行嘉兴分行

At 30 DAYS AFTER sight of this **FIRST** of Exchange (Second of exchange 金额

being unpaid) **Pay to the order of** BANK OF CHINA, JIAXING BRANCH **the sum of**

SAY U. S. DOLLARS SIXTEEN THOUSAND ONLY.

款已收讫

Value received　　　　ORDER NO. 39972

此致

To: CRPPIT2P227

CASSA DI RISPARMIO DI PARMA E

PIACENZA S. P. A., MILANO

(SEDE MILANO – VIA ARMORARI 4)

浙江省嘉兴市文桑进出口有限公司
ZHEJIANG JIAXING WENSANG I/E CO., LTD.

张平（章）

图 12－3（答案）

十三、第十三章第四节“二、测试”答案

Issuer: ZHEJIANG JIAXING WENSANG IMP. AND EXP. CO., LTD. NO. 120 SOUTH FURUN ROAD, NANHU DISTRICT, JIAXING, CHINA	商业发票 **COMMERCIAL INVOICE**	
To: ANTHONY TRADING CO., LTD. 20 CHARLOTTE STREET EDEN TCE BOX 3425 AUCKLAND NEW ZEALAND	**No.** WSE200402	**Date** 02 APR., 2020
Transport details FROM SHANGHAI TO AUCKLAND BY AIR	**S/C No.** 20JW0310	**S/C date** 10 MAR., 2020
	Country of Origin CHINA	

Marks and Numbers	Description of goods	Quantity	Unit Price	Amount
			FCA SHANGHAI	
A. T. C. L. 20JW0310 AUCKLAND NO 1—50	LADIES SWEATER 65PCT WOOL 30PCT COTON 5PCT POLYESTER KNITTED	600PCS	USD9.10	USD5460.00

SAY U. S. DOLLARS FIVE THOUSAND FOUR HUNDRED AND SIXTY ONLY.
TOTAL PACKED IN 50 CARTONS.
GROSS WEIGHT: 500.00 KGS.
20CT OF THE AMOUNT USD1092.00 HAVE BEEN PAID ON 30 MAR. 2020
AND THE BALANCE USD4368.00 SHOULD BE PAID BEFORE 10 APR. 2020.

浙江省嘉兴市文桑进出口有限公司
ZHEJIANG JIAXING WENSANG I/E CO., LTD.

张平（章）

图 13－12（答案）

详细装箱单

DETAILED PACKING LIST

Exporter:

ZHEJIANG JIAXING WENSANG IMP.AND.EXP.
CO., LTD.
NO. 120 SOUTH FURUN ROAD.,
NANHU DISTRICT JIAXING, CHINA

No: WSE200402
Date: 02 APR., 2020
S/C No.: 20JW0310

Transport Details:

FROM SHANGHAI TO AUCKLAND
BY AIR

Importer:

ANTHONY TRADING CO., LTD.
20 CHARLOTTE STREET
EDEN TCE BOX 3425
AUCKLAND NEW ZEALAND

Description of goods

LADIES SWEATER

C/No.	Nos & Kind of pkgs	Colour	Quantity	Net Weight	Gross Weight	Measurement
	CTNS	COLOUR	@12	@10.00	@8.00	@48*40*40)cms
1—20	20	N. BLUE	240PCS	200.00KGS	160.00KGS	1.536cbm
21—40	20	R. BLUE	240PCS	200.00KGS	160.00KGS	1.536cbm
41—50	10	WHITE	120PCS	100.00KGS	80.00KGS	0.768cbm
	50CTNS		600PCS	500.00KGS	400.00KGS	3.840CBM

SAY FIFTY CARTONS ONLY.

Size and quantity assortment per carton:

SIZE	34	36	38	40	42	44	
QUANTITY	1	2	3	3	2	1	=12PCS

Shipping marks:

A. T. C. L.
20JW0310
AUCKLAND
NO. 1—50

浙江省嘉兴市文桑进出口有限公司
ZHEJIANG JIAXING WENSANG I/E CO., LTD.

张平（章）

图 13 – 13（答案）

十四、第十四章第三节“二、测试”答案

图 14－10，发票上的错误有：

1. 发票应该手签，而不是盖橡皮章；
2. 发票上应该明示 1000 美元的预付款是否已到账，什么时候到账的。

图 14－11，装箱单上的错误有：

1. 毛重和净重栏目的内容填相反了；
2. 装箱单的名称有误，应该是：DETAILED PACKING LIST。

图 14－12，产地证上的错误有：

1. 第 8 栏漏结束符号＊＊＊＊＊＊＊＊＊；
2. 第 10 栏产地标准错，应该是 WP。

图 14－13，提单上的错误有：

已装船（ON BOARD）处漏日期。

十五、第十五章第四节“二、测试”答案

中华人民共和国自动进口许可证申请表（非机电类）

1．进口商： 代码： 3200623132914 中国斯蒂科国际贸易上海有限公司	3．自动进口许可证申请表号： 自动进口许可证号：
2．进口用户： 上海永发冷冻食品有限公司	4．自动进口许可证有效截止日期： 年 月 日
6．贸易方式： 一般贸易	8．贸易国(地区)： 日本
5．外汇来源： 银行购汇	9．原产地国(地区)： 日本
7．报关口岸： 上海吴淞海关	10．商品用途： 企业自用

11．商品名称：	商品编码：	商品状态：
冷冻整鸡	0207.1200.00	良好

12．规格、型号	13．单位	14．数量	15．单价(美元)	16．总值(美元)	17．总值折美元
冷冻整鸡	千克	3000.00	20.00	60000.00	60000.00
18．总 计：					

19．备注： 联 系 人：何晓萍 联系电话：021-56720958 申请日期：2019年7月15日	20．发证机关审核意见：

图15-8（答案）

十六、第十六章第三节“二、测试”答案

APPLICATION FOR ISSUING LETTER OF CREDIT

To: BANK OF CHINA, SHANGHAI BRANCH　　　Date: 28 FEB., 2019

Please issue on our behalf and / or our account the following IRREVOCABLE LETTER OF CREDIT

by ☒SWIFT/ ☐Airmail　　　L/C No.

Beneficiary: (full name and detailed address)　　　Advising Bank:

WESTCOAST WOOLS PTY LTD.

143 BARRINGTON STREET

BIBRA LAKE WA 6163

AUSTRALIA

Applicant: (full name and detailed address)　　　Date of Expiry: 31 MAY, 2019

CHINA SDIC INTERNATIONAL TRADE　　　Place of Expiry: AUSTRALIA

SHANGHAI CO., LTD.

FLOOR 17, NO 2 CHANGJIANG ROAD

SHANGHAI, 21008, P. R. CHINA

Amount: (both in figure and words) USD160500.00

SAY U. S. DOLLARS ONE HUNDRED SIXTY THOUSAND AND FIVE HUNDRED ONLY.

Dear Sirs,

We hereby issue our IRREVOCABLE LETTER OF CREDIT in your favour for account of the above applicant available with ☒any bank /☐______________by ☒negotiation /☐payment /☐acceptance /☐deferred payment against your draft(s) ☒at sight /☐____________________drawn on☒us /☐__________________ for 100 % of invoice value marked as drawn under this L/C accompanied by following documents marked with ×

A1 ☒Signed commercial invoice in 5 copies indicating Contract No. WW2019S0224 and L/C No.

A2 ☒ Full set 3/3 clean on board ocean Bills of Lading ☒made out to order and endorsed in blank / ☐ made out _______/ notifying ☒applicant /☐ ________________________ marked freight ☐collect /☒prepaid

A3 ☐Air Waybill consigned to ☐applicant /☐us marked air freight ☐collect /☐prepaid

A4 ☐Memorandum, issued by China Travel Service (Cargo) Hong Kong Ltd

A5 ☐Forwarding Agent's cargo receipt

A6 ☒Insurance policy or certificate in 2 copies endorsed in blank for 110 % of the invoice value showing claims payable at _____________ in the currency of the drafts, covering ☒Ocean marine transportation /☐Air transportation /☐Overland transportation all risks and war risk including W/W clause.

A7 ☒Weight memo in 3 copies indicating quantity / gross and net weight.

A8 ☒Quality certificate in 1 copies issued by ☐ Manufacturer /☒Public recognized surveyor / ☐__________

A9 ☒Copy of your telex advising applicant within 48 hours after shipment indicating contract No., L/C No., description of goods, quantity, invoice value, vessel's name /air light No., packages, loading port and shipping date.

AA ☐Copy of applicant's /ZHONGZU's or its agent's shipping instruction indicating vessels' name, contract No., approximate shipments date.

AB ☐Your letter certifying that one extra copy of each documents called for herein has been ☐ disposed of according to relative contract stipulations /☐________________________________.

AC ☒Other documents, if any: Certificate of Origin in 2 copies.

B: Evidencing shipment of:

AUSTRALIAN GREASY WOOL, 15M/T, GOOD COLOUR, PREMS 50PCT LAMBS 50PCT, 18.5 MIC MAX AVE., 19.9 MIC MAX AOL, VM 2 PCT MAX AVE, VM 5.5 PCT MAX AOL, 46 HM, 62 PCT MIN AVE YLD.

PRICE: USD10700.00 PER MT CIF SHANGHAI

Packing:

Price term: ☒CIF / ☐CFR/ ☐FOB/ ☐Other

C. Special instruction: (if any marked with ×)

C1 ☒Both quantity and amount more or less 5 % are allowed.

C2 ☒All banking charges except ☐L/C opening and / or acceptance charges ☒outside the issuing bank are for beneficiaries' account.

C3 ☒Short form / blank back B/L is not acceptable.

C4 ☐All documents must be forwarded in ____________ .

C5 ☐Other instructions, if any:

D. Documents should be presented within 15 days from the date of shipment, but in any event within the validity of this L/C.

E. Shipment from SYDNEY to SHANGHAI not later than 16 MAY 2019 .

Transshipment is ☐allowed /☒not allowed, partial shipments are ☒allowed /☐not allowed, on deck shipment is ☐allowed /☒not allowed, third party transport documents are☐allowed /☒not allowed.

Stamped and signed by: 中国斯蒂科国际贸易南京有限公司(章)，何寿林(章)

Account No.: 3218993507074423 with BANK OF CHINA, SHANGHAI BRANCH

Telephone No.: 68025488

图 16－3（答案）

十七、第十七章第三节“二、测试”答案

中华人民共和国海关进口货物报关单

预录入编号：I20190001522391111　　海关编号：222520191000998890　　页码/页数：1/1

境内收货人　91220100891237016G 中国斯蒂科国际贸易上海有限公司	进境关别 外港海关 2225	进口日期 20190529	申报日期 20190605	备案号 ****
境外发货人 WESTCOAST WOOLS PTY LTD.	运输方式 水路运输	运输工具名称及航次号 ANL WINGARRA / 063N	提运单号 APLU071915385	货物存放地点 外港五区堆场
消费使用单位　91220106069128519L 上海海螺服装公司	监管方式 一般贸易	征免性质 一般征税	许可证号 ****	启运港 悉尼 AUS101
合同协议号 WW20190S224	贸易国（地区） 澳大利亚 AUS	启运国（地区） 澳大利亚 AUS	经停港 悉尼 AUS101	入境口岸 外高桥 310701

包装种类	件数	毛重（千克）	净重（千克）	成交方式	运费	保费	杂费
棉布或无纺布制包/袋	120	22352.00	22112.00	CIF	****	****	****

随附单证及编号

随附单证 1：电子底账/220005119198012012；关税配额/t19250234348；随附单证 2：代理报关委托协议（电子）；提/运单；原产地证据文件；发票；合同

标记唛码及备注

备注：附原产地证　　N/M　　集装箱标箱数及号码：1；APZU3708672

项号	商品编号	商品名称及规格型号	数量及单位	单价/总价/币制	原产国（地区）	最终目的国（地区）	境内目的地	征免
1	5101110001	澳大利亚未梳含脂羊毛 AUSTRALIAN GREASY WOOL 4|3|含脂|长度 46HM|含草量 2%	14925.60 千克 ******* 14.9256 吨	10700.00 159703.92 美元	澳大利亚 AUS	中国 CHN	220105 上海嘉定开发区	照章征税

特殊关系确认：是　　价格影响确认：否　　支付特许权使用费确认：否　　自报自缴：是

报关人员 莫亮虎	报关人员证号 22007801	电话	兹申明对以上内容承担如实申报、依法纳税之法律责任	海关批注及签章
申报单位	（91310106643169040C）上海中远国际货运有限公司（报关专用章）		申报单位（签章）	

图 17–5（答案）

十八、第十八章第三节“二、测试”答案

中国银行 BANK OF CHINA

对外付款/承兑通知书

银行业务编号 AB2500119000989　　　　日　期 2019-05-31

结　算　方　式	☑信用证　☐保函　☐托收　☐其他	信用证/保函编号	LCF0600201901253
来单币种及金额	USD159703.92	开 证 日 期	2019-02-29
索汇币种及金额	USD159703.92	期　　限	0
来 单 行 名 称	ANZ BANK SYDNEY BRANCH	来单行编号	0600201901253
收 款 人 名 称	WESTCOAST WOOLS PTY LTD, 143 Barrington Street, Bibra Lake WA 6163 AU.		
收款行名称及地址	ANZ BANK SYDNEY BRANCH, GPO BOX 4028 SYDNEY NSW 2001, AUSTRALIA		
付 款 人 名 称	中国斯蒂科国际贸易上海有限公司		
☑对公组织机构代码	1 9 3 2 8 2 9 4 — 1	☐对 私	个人身份证件号码
扣 费 币 种 及 金 额			☐中国居民个人 ☐中国非居民个人
合 同 号	WW2019S0224	发 票 号	2019SDIC-0430CN
提运单号	APLU071915385	合同金额	USD160500.00

银行附言

上述信用证项下单据已到，按照信用证条款和国际商会《跟单信用证统一惯例》(2007 年修订)第600号出版物规定，我行正在审核。如单证相符，我行将按规定对外承兑/付款；如单证不一，我行将另行通知。请贵司准备资金，或保证指定账户余额足以支付。

单据清单如下：

Draft	Invoice	B/L(AWB)	P/L	I/P	Insp.	C/Qut	C/Qul	Origin	C/Benef	Fax
2	5	3		2			1	2		1

Others: WEIGHT MEMO 3

申报号码				实际付款币种及金额	RMB1018192.34
付款编号				若为购汇支出，则购汇汇率	6.3755
收款人常驻国家(地区)名称及代码	澳大利亚 0 3 6			是否为进口核查项下付款	☐是　☑否
是否为预付款	☐是 ☑否	最迟装运日期	2019-05-16	外 汇 局 批 件 / 登 记 表 号	
付款币种及金额	USD159703.92	金 额 大 写	美元拾伍万玖仟柒佰零叁圆玖角贰分整		
其中(30) 购汇金额	USD159703.92	账　号	800120043208091001		
现汇金额		账　号			
其他金额		账　号			
交易编码	1 0 1 0 1 0 / ☐☐☐☐☐☐	相应币种及金额		交易附言	一般贸易进口付汇

☑同意即期付款 ☐同意承兑并到期付款 ☐申请拒付 联系人及电话：何晓萍 68025488 申报日期：2019.05.27	付款人印鉴(银行预留印鉴) 中国斯蒂科国际贸易上海有限公司财务专用章 林何印寿	银行业务章 中国银行股份有限公司上海市分行国际结算业务专用章 经办　　复核　　负责人

图 18－5（答案）